דומלת

塔木德

·猶太人的致富寶典·

巴菲特
愛因斯坦
佛洛伊德
畢卡索

絕對
經典

他們從小到大都在看的書！

TALMUD

在《富比士》美國四百大富豪中，有45%是猶太人；
在歷屆諾貝爾獎得主中，有17%是猶太人；世界十大哲學家中，有8人是猶太人。
這些猶太人從小到大都在看的書！

趙凡禹／著

前言

　　猶太民族在人類文明史上佔有很重要的地位。他們有自己國家的歷史並不長，但他們卻為人類文明做出了巨大貢獻。

　　猶太民族是世界上最聰明、最神祕、最富有的民族之一——他們是世界上的少數人，卻擁有著世界上龐大的資產；他們遭受了千年的凌辱，備受打擊，四處流浪，卻驚人的富有；他們沒有什麼資本，卻始終處於金錢的巔峰、權力的中心。

　　猶太商人以其獨特的經營技巧及眾多的商家富甲天下之成就，摘取了「世界第一商人」的桂冠。他們在財富領域的成就讓世人刮目相看。

　　有的權威人士這樣告訴世人：「猶太富豪在家打個噴嚏，世界上所有的銀行都會感冒；五個猶太財團坐在一起，便能控制整個人類的黃金市場。」

　　從羅斯柴爾德到索羅斯，從洛克菲勒到彼德森，眾多猶太商業鉅子的功名事業，令世人翹首矚目。這個人口僅占世界四百分之一的小小民族，他們曾經一度漂泊流浪，無寸土可居，為什麼耀目全球的光環總是頻頻落到他們身上？

讀了這本書，你會為這些疑問找到答案，你會發現猶太商人積累財富的藝術並不神祕……

迄今為止，世界上獲得諾貝爾獎的科學家中，有17%是猶太人；美國富翁中，有2%是猶太人；世界十大哲學家中，有8人是猶太人；猶太人藝術家更是數不勝數。他們超凡的智慧和才能，令世人感歎折服。群星璨璨的猶太政壇鉅子、藝術精英、科學巨擘、思想大師、巨富大亨，諸如：科學巨擘愛因斯坦、精神分析學大師佛洛伊德、音樂巨匠孟德爾頌、藝術大師畢卡索、20世紀的著名猶太人「原子彈之父」奧本海默、傳奇政商哈默、美國「奇緣博士」季辛吉、「好萊塢叛逆之星」霍夫曼、以色列的倔老頭沙米爾、以色列總理沙龍等，更給猶太人披上了撲朔迷離的神祕面紗。

猶太民族造就了一大批空前絕後的偉人與名人，他們屬於各領域最出類拔萃的人物。

本書透過精彩的故事和案例，全面而簡練地展示了猶太民族的智慧。這些智慧法則都是猶太人經過多年實踐總結出來的，他們在猶太人中流傳甚廣，也日益引起了世界上各個民族學習和研究猶太人智慧法則的興趣。

如果你對這些智慧還心存疑惑，那麼就請翻開這本書，讓我們一起走進猶太民族的心靈深處吧。

目錄

דומלת

塔木德

第1輯

猶太契約經

契約高於邏輯

猶太人對契約的信奉簡直達到了崇拜的程度，所以一方面他們不可能做不履行契約的事，而另一方面，由於對契約十分諳熟與精通，他們並不像別人所想像的，會被契約束縛手腳，反倒是常常利用自己的聰明智慧和嫻熟老到，讓契約成為自己的幫手。

猶太人加利在一個猶太教區為貧民服務。那個時候，世界經濟尚未發展到今天這種程度，因此有一些猶太人的生活還處於窮困當中。冬天到了，這個教區的居民卻沒有錢買足夠的煤來過冬。當然，加利本人也沒有這麼多錢來幫助人們解決困難，但他卻想到了一個辦法，一個絕對可靠而又有效的辦法。

他找到一個經銷煤炭的商人，和他洽談買煤的事情。不過他首先表示，希望那個煤炭商人能夠看在上帝的份上，捐助一批煤炭給窮困居民。那個商人說：「我可不會白送東西給你們。不過，我可以半價賣給你50個車廂的煤炭。」

加利寫信說，請煤炭商先運25個車廂的煤炭來。煤炭運來後，這個猶太教區的人卻沒有付錢，並說煤不用再運了。

煤炭商見此情況非常氣憤，他發出了一份措辭強硬的催款書，說如果加利他們再不付款，他將提出告訴。

很快，這個商人收到一封回信，信上這樣說：「您的催款書我們無法理解。您答應賣給我們50車廂煤減掉一半，25車廂正好等於您減去的價錢。這25車廂的煤我們要了，而另外那25車廂的煤我們不要了……。」

煤炭商人自然氣憤不已但又實在沒有辦法。

猶太人這樣理解他們之間訂立的契約。從邏輯的角度講，這種理解是不能成立的。因為煤炭的一半價格並不等於一半煤炭的價格——二者僅僅在價格上沒有區別，但是在事件本質上卻有著根本的區別。由於這件事牽涉到「慈善」這樣一個敏感問題，煤炭商人只好不了了之。

契約甚至高於邏輯，這就是猶太人做生意的特點。

把合約當作商品出售

猶太民族極為重視立約與守約，並將其高度神聖化，因此，猶太民族被稱為「契約民族」。但在商業活動中，猶太人卻經常出賣合約。他們認為，合約本身也是商品，同樣可以自由買賣。當然，這種合約必須是合法的、可靠的，而且是有利可圖的。

賣合約的人相當於一個坐享其成的人，他不需要經營業務，也不需要履行合約中所指定的責任，不費吹灰之力就賺到了錢。

這對於會賺錢的猶太人來說，又何樂而不為呢？因此，只要他們覺得買賣雙方的條件都能接受，就十分樂意把合約賣掉。當然，他們所收買的合約，僅限於他們的確認為有信用而且信得過的商人。

我們常說的「代理商」就是指這種靠買合約而穩賺利潤的人。猶太人稱「代理商」為「販克特」，他們把別的公司企業已訂立的合約買下來，代替賣方履行合約，從中獲利。

猶太的「販克特」生存於世界的每一個角落。他們通常會瞄準一些信得過的大公司或大廠商。銀座猶太人藤田先生的公司就常與「販克特」來

往。

「您好，藤田先生，現在您做什麼生意？」猶太「販克特」常常會這樣問。

「我剛好和紐約的一家高級女用皮鞋商簽了個10萬美元的合約。」

「太好了！您能不能把這個合約讓給我？我給您兩成的現金利潤。」

雙方有意，於是一樁合約買賣很快便成交了。藤田先生不費吹灰之力，取得兩成利潤，猶太「販克特」也因此獲得女用皮鞋輸入權利，再從皮鞋銷售中獲取更大利潤。交易的結果，雙方都十分滿意。這就是「販克特」的快速生意，真可謂雷厲風行。

當雙方成交後，「販克特」手持合約立刻飛往紐約那家皮鞋公司，稱10萬美元輸入的權利是屬於他的了。他們這麼做所帶來的好處是沒必要直接進行簽約，而是直接買來滿足自己需求的合約。

當然，合約買賣需要步步小心，它要求「販克特」們洞察力敏銳，以減少不必要的損失。猶太人驚人的心算度，淵博的知識面，深刻的理解力，使他們成為做「販克特」的天才。

絕不許合約出現漏洞

很多因經濟糾紛引起的案件是源於合約糾紛，要麼是合約模糊，當事人雙方的意思不清楚；要麼就是合約的一方故意鑽漏洞，因為合約不可能將一切情況都說清楚。

一天，有位美國律師請求預約面會「日本的猶太人」藤田先生。這時，藤田手頭正忙，就沒答應對方。

「無論如何請您抽出一點時間。」對方懇求道。

「抱歉，我實在沒空。」藤田婉言謝絕。

「那好吧，每談一小時，給您奉上酬金200美元。」對方開了價，如此誠懇的態度使藤田很難為情，這說明定有要事。

「好吧，那就給你30分鐘。」

律師是美國一家猶太人公司的法律顧問，該公司與日本一家商社達成了合作意向，現在需要一名監視日本公司是否守約的監督人，一個月付1000美元，請藤田推薦一名合適人選。律師拿出公司老闆給藤田先生的信：「因為您是猶太人的朋友，所以您介紹的監督員一定可靠。」之後，律師又拿出了該公司與日本商社的合作協定。

藤田看完後，不覺笑了起來。從美國人眼裡看來，這也許是一份完善的協議，而在日本人看來，則是一份漏洞百出、暗算人的合約。於是，藤田不僅給律師指出了該合約的漏洞，而且介紹了一位可靠的監督員。這個人幾乎不費什麼力氣，每月就可以輕而易舉地獲得1000美元的收入。儘管如此，律師卻非常滿意，因為他不僅及早發現了合約的漏洞，而且找到了一名合適的監督員。否則，一旦日本商社鑽其漏洞，損失可能就不堪設想了。

聰明的猶太人在訂立合約時謹小慎微，絞盡腦汁，絕不許出現任何漏洞。商場就是戰場，實際商業操作中，即使和別人簽一個很小的合約，也不能大意，否則很容易被對方鑽漏洞。

猶太人經商時要把該防範的問題變成白紙黑字，從而盡可能地堵住漏洞，這種精神很值得生意人學習。

毀約就是褻瀆上帝

「契約」是猶太人經商的祕訣。世界每時每刻都在不斷地變化，但契約的內容是一蹴而就的。遵守契約，維護契約可以保證雙方的利益不受侵犯，是做生意能夠賺錢的保障。猶太人就是在這「契約」的保障下賺錢致富的。

在猶太人的信仰中，違反契約必會遭上帝的嚴厲懲罰。相反，若信守約定，上帝則會垂青你，使你能夠獲得成功。

猶太人從小就接受《塔木德》的教育，他們深切瞭解恪守契約的重要性。很多商人都很樂意和猶太人訂約，因為這份合約可以得到猶太人毋庸置疑的執行。

在全世界商界中，猶太商人的重信守約是有口皆碑的。猶太人認為「契約」是和上帝的約定。既然「契約」是和上帝的約定，那麼每一次訂立契約就意味著指天發誓、絕不反悔。若毀約，就是褻瀆了上帝的神聖。

猶太人一旦簽訂了契約就一定執行，即使有再大的困難和風險也要自己承擔，這是他們成功的一個重要原因。他們篤信契約，相信對方也是嚴格執行契約的商人。所以在猶太商人中，根本就不會有「不履行債務」這句話。

對於違約者，猶太人自然深惡痛絕，一定要嚴格追究責任，毫不客氣地要求賠償損失。對於不履行契約的猶太人，就會被認為違反了神意。猶太人是絕不會允許這樣的，大家都會對他唾罵，並把他逐出猶太商界。

變通的最高境界是法律再造

在通常情況下，猶太人懂得變通法律。既能從形式上遵守，同時又不改變自己原有的活動方式。

猶太商人素以守約守法著稱。在實際經營活動中，猶太商人同樣也會遇到種種法律規則與經營目標發生衝突的時候。猶太商人的基本策略是化兩難為兩全。

有這麼一個笑話，恰是猶太商人這一策略的幽默解說。以色列的住房問題很嚴重，幾個德裔猶太人只好將一個報廢的火車車廂作臨時住舍。有一天晚上，幾個德裔猶太人穿著睡衣，在寒風中顫抖不已地來回推著車廂。一個本地猶太人不解地問：「你們到底在幹什麼？」

「因為有人要上廁所，」推車人耐心地說明，「車廂裡寫著：停車時禁止使用廁所。所以，我們才不停地推動車廂。」

凡乘過長途火車的讀者，想必都有機會看到這一條規定。其意圖何在，大家也都清楚。現在既然車廂已經成為固定居所，此規定作為列車運行中的規定理當自然失效，雖然在保障「住宅」周圍的環境衛生中還有必要遵守，可是這幾個德裔猶太人卻不知變通，死守規定，弄得兩頭不討好：人凍得要命，環境衛生仍沒搞好。

這是對笑話的一般理解。然而，要是換一個角度來看，事情就完全不是一個「迂腐」的問題，反倒是「變通」的表現了。

這幾個猶太人是寄居在火車車廂之中的，就像猶太商人長期寄居在其他民族的社會中一樣。這條規定是鐵路主管部門制定的，無論其是否有效，應由列車車廂的所有人或鐵路主管部門宣佈，這幾個猶太人沒有立法

的權力，自然也沒有廢除某項法律的權力。

規定既然不能廢除，用廁所又在情理之中，聰明的德裔猶太人就想出了讓列車「動起來」的點子。只要車廂一動，規定便從其本意上不適用了，無需再由任何人來廢除，既然鐵路主管部門從未規定是否允許人力推車，他們當然可以自行決定。而就在他們幾個人的瑟瑟發抖之中，規定沒有違反，上廁所的要求也滿足了，不是兩全其美嗎？

這則笑話顯示：在通常情況下，猶太人懂得變通法律。既能從形式上遵守，同時又不改變自己原有的活動方式。

信守合約分釐必爭

在商場上的關鍵問題不在於道德不道德，而在於合法不合法，守約不守約。

猶太人信守合約幾乎達到令人吃驚的地步。在做生意時，猶太人分釐必爭，絲毫不讓。但在合約面前，縱然吃虧也絕對遵守。

有一位出口商與猶太商人簽訂了1萬箱蘑菇罐頭合約，合約規定為：「每箱20罐，每罐100克。」但出口商在出貨時，卻裝運了1萬箱150克的蘑菇罐頭，貨物的重量雖然比合約多了50％，但猶太商人拒絕收貨。出口商甚至同意超出合約的重量不收錢，而猶太商人仍不同意，並要求索賠。出口商無可奈何，賠了猶太商人的全部損失，還要把貨物另作處理。

猶太商人看似不通情理，但事實並非那麼簡單。首先因為猶太人極為注重合約，猶太人可以說是「契約之民」。猶太人生意經的精髓在於合約。他們一旦簽訂合約，不管發生任何困難，也絕不毀約。當然他們也要

求簽約對方嚴格履行合約，不容許對合約不嚴謹和寬容。相反，誰不履行合約，就會被認為違反了神意，猶太人絕不會允許的，一定會嚴格追究責任，毫不留情地提出索賠要求。

《聖經》分為舊約全書和新約全書，把《聖經》稱為舊約，是因為猶太人把舊約視為上帝與以色列人簽訂的契約。認為人之所以存在，是因為與神簽訂了合約所致。因而，猶太人被稱為「契約之民」。契約之民把合約引進了生意之中，並且認為合約是生意的精髓，是神聖不可侵犯的。

所以，猶太人一旦與對方談判成功，達成一致意見的協定，不管是口頭協定還是文字協定，他們都認為這是與神簽訂的協定。在執行期間，無論發生任何困難，他們也不毀約。

談判中簽訂合約，雙方都要目標明確，語意表達準確無誤，不允許有任何模棱兩可的東西混藏其中。此後，雙方必須遵照合約，絕對不可以毀約。

猶太人就是這樣，在執行合約上嚴於律己，也嚴於律人。把別人和自己一樣看待。若對方不嚴格履行合約，猶太人必會嚴加追究，毫不留情地要求賠償損失。

在商業往來或發展中，其前提是彼此的安全感。要建立這種安全感，需要交往雙方都信守所訂的合約，謹守規則。但他們卻常在不改變合約的前提下，巧妙地變通合約為自己所用。因為在猶太人看來，商場上的關鍵問題不在於道德不道德，而在於合法不合法，守約不守約。

違約就會遭到懲罰

想博得猶太人的信任，最重要的一件事情就是遵守契約。無論發生什麼突變，無論在什麼樣的特殊環境之下，都要不遺餘力地遵守契約。因為對於信奉猶太教的猶太人來說，他們絕對不會原諒一個對他們的神不尊敬的人。

《聖經》上記載了上帝耶和華和猶太人之間的契約關係：上帝要猶太人作為自己的「特選之民」，猶太男人出生的第八天就要在父母的帶領下做「割禮」（即將男子的包皮割去），作為上帝和猶太人之間契約的證明。耶和華要求猶太人歷盡流浪之苦最後等待救世主彌賽亞的到來。到時候，所有的人都必將得到救贖。他將降下彩虹作為和猶太人簽約的見證。因此，猶太人極為注重契約，認為契約是和耶和華簽訂的，是無比神聖的事情。

《塔木德》裡有一個故事說明了猶太人對違約者的態度。在很久以前，有一家人外出旅行。途中，這家的女兒出去散步卻迷了路，正當她口渴的時候，她發現了一口水井。沒有別的工具，她只好攀援吊桶，去井裡喝水。喝完水後，卻怎麼也上不來。此時恰好有個男孩路過此地，聽到哭喊的聲音，便將女孩救了上來。這個女孩為了報答他的救命之恩，就與他私訂了終身。兩人訂下婚約後，正找不到合適的證婚人，恰好見到一隻黃鼠狼。於是，黃鼠狼和那口水井就成了他們的證婚人。

兩人就此分別。

若干年以後，女孩仍然癡心地等待自己未婚夫的歸來。不料。那個負心人已在他鄉結了婚，生了孩子，早把山盟海誓的婚約忘了。再說那個

男人，他的妻子為他生了兩個孩子，而他們的兩個孩子其中一個有天在戶外玩耍時，被一隻黃鼠狼咬死了；另一個在井邊玩耍的時候掉進井裡淹死了。這時候，男人才想起了當年他和女孩的婚約以及作證的黃鼠狼和水井。於是，他就和妻子離了婚，終於回到那個忠貞不渝的女孩身旁。

這個故事就是猶太人告訴違約者應得的下場，任何人都不得違約，否則，就一定會遭受上帝的嚴厲懲罰。

不允許隨便踐踏規則

商人和國家是有規則的，國家提供了經營的條件和管理的責任，那商人就應該履行對國家和社會的責任——交納賦稅。如果大家都不遵守這樣的規則，那麼這個國家就不會存在。

猶太人特別講究規則和契約，他們認為契約是人能夠存在的理由和根據。他們做事情也就形成了這樣的習慣，無論是什麼事情，有了契約，形成了規則，他們就覺得十分放心、保險，倘若沒有形成合約，也沒有規則，那樣即使條件再優惠，他們也絕對不會做。

一個寒冷的冬天，牛奶店一大早就大排長龍，顧客都要購買熱的鮮牛奶。當大家都在等候按次序購買的時候，邁克來了，他一來就擠進了隊伍。排在最後面的猶太青年約翰覺得不可容忍，於是想搞個小惡作劇。他跑過去，突然一把拉下邁克的帽子，然後又回到自己原來的位置，他把胳膊放在身後，高舉起帽子，笑嘻嘻地對邁克喊：「朋友，你的帽子都在排隊，你還不來排隊嗎？」

這就是猶太人的規則意識，他們自己不違反規則，也不容許別人隨意

地踐踏大家形成的規則。

　　為什麼非要有一個規則呢？可以找出一個事例來說明。

　　有一輛擁擠的公車駛來，進了月臺，車門打開，於是大家一窩蜂似的往上湧。結果，年輕力壯的人擠在了前面，而年老體弱的被擠在了一邊。車上的人們十分著急卻由於上車的人擠得太厲害而無法下車，而下面的人因為車門被堵而無法上去，無數人的腳被踩，無數人的東西被擠壞，經過很長時間的喧鬧，車才勉強開動。大家紛紛叫著、罵著，整個車站一片混亂。這是一個沒有規則的車站常出現的一幕。而一個有規則存在的車站，情況就大不一樣，所有的人都在安靜地等待，車來了，大家按照先下後上的規則就可以有序地上下車，而上車的人們可以排成隊伍按先來後到的次序上車，大家為年老體衰的人讓座，車廂裡整潔有序。這就是規則帶給人們的方便。

　　正是規則意味著井然有序的活動，確保了整個活動的高效率，因此才需要有高度地崇尚規則的意識。

　　猶太人在生活中講究規則，在商務上，他們也同樣地重視規則，典型的例子就是猶太人在經營的時候，絕不偷稅漏稅，也極少做違法的事情。在猶太人看來，偷稅漏稅是可恥的行為，是一件讓人痛恨的事情。猶太人說商人和國家是有規則的，國家提供了經營的條件和管理的責任，那商人就應該履行對國家和社會的責任——交納賦稅。如果大家都不遵守這樣的規則，那麼這個國家就不會存在。這個社會和國家之所以存在，是由於大家都遵守了這樣的規則的緣故。

　　一切的違法活動，都是對規則的破壞和挑戰，是絕不可饒恕的錯誤。於是猶太人在經商的時候，極少發生違法犯罪活動，他們的犯罪率之低是世界罕見的。

猶太人會投機，但他們的投機都是在國家許可範圍內的，因為沒有法律明文規定的條文就不算是違法。既然沒有明文規定那就是默認與許可，猶太人就會抓這樣的機會。而明目張膽地犯罪，就是直接地破壞，所以，尊重規則和契約的猶太人是不會這樣做的。

在一個企業中，最有效的管理莫過於那些通行的規則和慣例，通常我們叫它制度。

有一個猶太人管理著一家很大的公司，但是大家看到他顯得十分輕鬆，他經常出去考察，他不無自豪地說：「我的公司即使我一年不回來，大家也會做好自己的事情，公司不會出現任何問題。」

這就是規則的魅力。

對自己不利也不能違約

千金一諾是非常有意義的原則，它可以在你受挫的時候給你必要的支持，保證你有足以東山再起的人際關係，它可以給你帶來可靠的機遇，因為你已經贏得了別人的信賴和承諾。

《塔木德》要求：「立誓之事就算是對自己有害也不能反悔。」謹守此道的猶太商人奧斯曼善於從長遠考慮問題，為了信譽寧願暫時賠錢，他目光遠大的作風給世人留下了深刻的印象。

1940年，奧斯曼以優異的成績畢業於開羅大學並獲得了工學院學士學位，重新回到了伊斯梅利亞城。貧窮的大學畢業生想自謀出路，當一名建築承包商，這在許多人看來簡直是白日做夢。奧斯曼也陷入窘境：「我身無分文，但我立志於從事建築業。為了這種目的，我可以委曲求全，從零

開始。」

奧斯曼的舅父是一名建築承包商，他曾經開導奧斯曼：要有自己的思想，不要人云亦云。

奧斯曼為了籌集資金，學習承包業務，鞏固大學所學的知識，便到了舅父的承包行當幫手。

在工作中奧斯曼注意積累工作經驗，瞭解施工所需要的一切程序，瞭解提高工效、節省材料的方法。一年多的實踐後，奧斯曼收穫不小，但也有不少感慨：「舅父是一個缺乏資金的建築承包商。設備陳舊，技術落後，無力與歐洲承包公司競爭。我必須擁有自己的公司，成為一名有知識、有技術、能與歐洲人競爭的承包商。」

1942年，奧斯曼離開舅父，開始實現自己成為建築承包商的夢想，他手裡僅有180埃及鎊，卻籌辦了自己的建築承包行。

奧斯曼相信事在人為，人能改變環境，不能成為環境的奴隸。根據在舅父承包行所獲得的工作經驗，他確立了自己的經營原則：「謀事以誠，平等相待，信譽為重。」創業初期，奧斯曼不管業務大小、盈利多少，都積極爭取。他第一次承包的是一個極小的專案——為一個雜貨店老闆設計一個店面，合約金只有3埃及鎊。但他沒有拒絕這筆微不足道的買賣，仍是頗費苦心，毫不馬虎。他設計的店面滿足了雜貨店老闆的心意，雜貨店老闆逢人便稱讚奧斯曼，於是奧斯曼的信譽日益上升。奧斯曼的經營原則獲得了顧客的信任，他的承包業務日漸發展。

1952年，英國殖民者為了鎮壓埃及人民的抗英鬥爭，出動飛機轟炸蘇伊士運河沿岸村莊，村民流離失所。奧斯曼承包公司開始了為村民重建家園的工作，用兩個月時間，為160多戶村民重建了房屋，他的公司獲利5.4萬美金。

דומלת

塔木德

第2輯

猶太財富經

賺錢無高低貴賤之分

錢是貨幣，是一個人擁有物質財富多少的標誌，它本身不存在貴賤的問題。錢在誰的口袋都一樣是錢，它不會到了另一個人的口袋就不是錢了。

猶太人狄克不僅是一位出色的鑽石商，更是一位偉大的演講家。

為了證明人在任何時候都要看得起自己，認同自我價值，他經常在公開場合進行這樣的演講：

面對觀眾，狄克拿起50美元，高舉過頭，說：「看，這是50美元，嶄新的50美元。有誰想要？」

所有的人都舉起了手。

然後，他把這張紙幣在手裡揉了揉，紙幣變得皺巴巴的了，然後又問觀眾：「現在有人想要這50美元嗎？」所有的人舉起了手。

狄克又把這張紙幣放在地上，用腳狠狠地踩了幾下，錢幣已經變得又髒又爛了。他拿起來錢，又問：「現在還有人想要嗎？」

結果還是所有的人都舉起了手。於是狄克就說：「朋友們，錢在任何時候都是錢，它不會因為你揉了它，你把它踩髒，它的價值就會有什麼變化，它依然可以在商店裡花出去。」

為什麼鈔票在狄克的手裡揉皺了，踩髒了，還是有人想要它呢？因為鈔票就是鈔票，鈔票是沒有高低貴賤的，它不會因為受到了什麼「待遇」就有所差別，它還是以前一樣的價值，和其他的等面值鈔票的價值是一樣的，只要他們的價值一樣，鈔票就都是平等的。

錢是貨幣，是一個人擁有物質財富多少的標誌，它本身不存在貴賤問題。猶太人的賺錢觀念和我們的傳統觀念不一樣，他們絲毫不認為當工人就低賤，而當老闆就高貴。錢在誰的口袋都一樣是錢，它不會到了另一個人的口袋就不是錢了。因此他們在賺錢的時候，不會覺得錢是低賤或高貴的，他們不會因為自己目前所從事的職業不好而感到羞愧，他們在從事所謂的低賤職業的時候，心態也表現得十分平和。

享受賺錢的過程

對金錢不感興趣自然賺不到錢，然而倘若把金錢看得太重，也就給自己背負了沉重的包袱。這個時候，你所需要的就是徹底地忘掉金錢，不要再把它當作是負擔才好。只有這樣，金錢才不至於有燙手的感覺。

猶太人這樣形容自己——在賺錢的時候你就進入了一個遊戲的世界，作為遊戲的參與者，你要不停地和對手進行較量和角逐，你要採用一切辦法和手段來勝過其他的人，你要超越所有的人，才可以贏得最後的勝利。

著名的金融家摩根就擁有這樣的賺錢觀念：絕不讓賺錢變成一種沉重的負擔，而是一種新鮮刺激的遊戲。他認為只有這樣遊戲的心態才是良好的賺錢心態。

摩根賺錢甚至達到癡迷的程度，他一直有一個習慣，每當黃昏的時候，就到小報攤上買一份載有股市收盤資訊的當地晚報回家閱讀。他說：「有些人熱衷於研究棒球或者足球的時候，我卻喜歡研究怎麼賺錢。」

在談到投資的時候，摩根總是說：「玩撲克的時候，你應當認真觀察每一位玩者，你會看出一位冤大頭。如果看不出，那這個冤大頭就是

你。」

　　他從來不亂花錢去做自己不喜歡的事情，而總是琢磨怎麼賺錢的辦法。有的同事開玩笑說：「摩根，你已經是百萬富翁了，感覺滋味如何？」

　　摩根的回答讓人玩味：「凡是我想要的東西而又可以用錢買到的時候，我都能買到，至於其他人所夢想的東西，比如名車、名畫、豪宅我都不為所動，因為我不想得到。」

　　摩根並不是一個為金錢而生活的人，他甚至不需要金錢來裝飾他的生活，他喜歡的僅僅是遊戲的感覺，那種一次次投入資金，又一次次地利用自己的智慧把錢賺回來的感覺，充滿了風險和艱辛，但是也頗為刺激，他喜歡的就是刺激。

　　摩根說：「金錢對我來說並不重要，而賺錢的過程，即不斷地接受挑戰才是樂趣，不是要錢，而是賺錢，看著錢滾錢才是有意義的。」

　　有許多猶太大亨，當手中掌握著數以百萬，千萬，甚至億萬財富的時候，他們感覺手裡拿的不過就是一堆紙張而已，並不覺得這就是可以時刻給人帶來禍福安危的東西。要想賺錢，就絕對不能給自己增加心理的負擔，而是應該十分從容地、冷靜地對待。

存錢成不了富翁

　　窮人之所以窮，就因為他們把自己辛苦賺來的錢都存起來，讓「活錢」變成「死錢」。富人之所以富有，就因為他們把自己賺的錢活用，他們從不存錢，而是把錢繼續投入到能夠賺錢的行業，用所賺的錢去賺更多

的錢。

《塔木德》說：上帝把錢作為禮物送給我們，目的在於讓我們購買這世間的快樂，而不是讓我們存起來還給他。

猶太人的經營原則是：沒有錢或錢不夠的時候就借，等你有錢了就可以還了，不敢借錢是永遠不會發財的。

存錢是成不了富翁的，只有賺錢才能成為富翁，這是一個再普通不過的道理。並不是說存錢是錯誤的，關鍵的問題是一味的存錢，花錢的時候，就會極其吝嗇，這會讓你獲得貧窮的思想，讓你永遠也沒有發財的機會。

一個人所具有的思維和感覺，決定了他將來是否可以擁有財富。富有的思維創造財富，表現出富人的慷慨和大度；而貧窮的思維造成真正的貧窮，體會到的是窮人的卑微和小氣。

人太窮，就會整天為生存而奔忙和勞碌，他所想到的就是簡單的生存，長此以往，便沒有時間去想任何其他的事情，他的頭腦裡就沒有對更多財富的渴望，也就失去了成為富人的條件。

猶太巨富比爾·薩爾諾夫小時候生活在紐約的貧民窟裡，他有六個兄弟姐妹，全家只依靠父親當一個小職員的微薄收入，所以生活極為困苦，他們只有把錢省了又省，才可以勉強度日。到了他15歲的那年，他的父親把他叫到身邊，對他說：「小比爾，你已經長大了，要自己來養活自己了。」小比爾點點頭，父親繼續說：「我努力了一輩子也沒有為你們存下什麼，我希望你能去經商，這樣我們才有希望改變我們貧窮的命運，這也是我們猶太人的傳統。」

比爾聽了父親的忠告去經商。3年之後，他改變了全家的貧窮狀況，5年之後，他們全家搬離了那個社區，7年之後，他們竟然在寸土寸金的紐約

買下一套房子。

　　猶太人世代都在經商，經商成為他們改變人生的首選，因為他們知道只有經商才能賺取很多的利潤，才能徹底地改變自己貧窮的命運。一代代猶太人從事經商，賺取了讓世人瞠目的財富。

　　賺錢是一個智慧的思維，想要成為一個富人，不但要有能夠巧妙賺錢的智慧，更要有與之相應的行動。只有這樣，才能躋身富人的行列。

　　「大手大腳地花錢，過舒適的生活，始終記住：不要按你的收入過日子，這樣能使一個人變得自信。」好萊塢巨頭之一的路易斯·塞爾茲尼就這樣教育他的兒子大衛。

　　大衛後來成為電影《亂世佳人》的製片人，這句話後來成為風行好萊塢的經營原則。只有使勁地賺錢，使勁地花錢，這才是富人的做法。

　　財富的真正主人永遠都是那些從大處著眼、小處著手的人，他們不會放棄任何賺錢機會，並不停地將賺來的錢投入市場，讓這些錢持續地滾動，直到滾成一個「大雪球」。

　　不論在古代還是現代，金錢在社會中的作用是絕不可以低估的。如果沒有金錢，就很少有人會器重你，你也處於一種孤立的邊緣地帶，處於社會的弱者地位。

　　猶太人這樣說：「富親戚是近親，窮親戚是遠親。」

　　猶太人的歷史一再地驗證了這個事實，他們沒有金錢的時候，就處於社會的底層，人們都看不起他們，說他們是「猶太鬼」，他們走到哪裡都會受到凌辱和壓迫。而等到他們有了錢，就可以和貴族平起平坐，讓人們對他們仰慕，但更多的是妒忌。

　　在經歷千年的流離失所和磨難之後，猶太人終於認識到了：一個人特別是猶太人要想順利地在社會上生活，要獲得尊嚴和尊敬就必須有錢。沒

有錢的人註定是可憐的人，沒有錢的人必定會成為社會的棄兒。

　　猶太人認為，金錢來自天堂，是上帝派來人間的特使，它代替上帝說話。錢是沒有善惡之分的。他們說，既然是錢，我就可以去賺，我關心的是錢，而不是錢的性質。

沒有智慧就沒有財富

　　《塔木德》中說：「葡萄長得越豐碩，就越會低下頭來。同樣，越有智慧的人，便越懂得謙虛。」

　　猶太人普遍注重學習文化知識，他們認為「書中自有黃金屋」。所以，不管條件怎麼惡劣，他們都教育和供養自己的子女讀書。有的猶太人因家庭經濟條件不允許，則半工半讀堅持讀完大學。更有突出者，則利用一切業餘時間學習科學和技術。

　　為什麼猶太人那麼注重學習呢？因為他們堅信知識就是力量，知識不是天生擁有的，人類只有付出努力才能得到。猶太人每天辛勤地學習，使他們的知識文化高人一籌，使他們在各行各業處於競爭的優勢。

　　猶太人認為，沒有知識就沒有智慧，沒有智慧就不可能成為一個成功的商人，既然不是成功的商人，就沒有和他做生意的必要。猶太人尊重有文化、有修養的人，對沒有文化、沒有修養的人最瞧不上眼。

　　很多猶太商人都學識淵博、頭腦機敏。他們認為，擁有知識勝過擁有財富，智慧是致富的武器。他們希望用自己的智慧來獲取巨大的財富。因此這成了猶太民族比其他民族更重視教育的原因之一，也是他們成為世界上最優秀民族的原因之一，同時也是他們傑出智慧的表現。

在猶太人眼裡，智慧和金錢是成正比例增長的。只有具備豐富的閱歷和廣博的知識，才能有過人的智慧。有了過人的智慧就能在商場上少走一些彎路、少犯錯誤，這是賺錢的根本保證，也是商人的基本素質。

知識是最可靠的財富，是唯一可以隨身攜帶、終身享用不盡的資產。這種觀念並非一時的看法，而是早已植根於猶太民族的腦海之中。《塔木德》聖典，就充分體現出猶太人的求知熱忱。

在猶太人看來，不管一個人到了多大歲數，也不論他有多麼貧窮，只要他是人，就可以學習。因此，猶太人認為人們可以透過學習保持「青春」，保持年輕人的心態，還可以透過學習而獲得「財富」，取得精神上的富足。

玫瑰花叢中的人身上充滿馨香

知識和金錢是成正比的；只有具備豐富的閱歷和廣博的業務知識，在商場上才能少走彎路少犯錯誤，這是能賺錢的根本保證，也是商人的基本素質。

猶太人有「雜學博士」之稱，你和他在談判的時候，他講得頭頭是道、條理清晰，內容豐富精彩，所談內容左右逢源，似乎世界上沒有他不知道的事情。

有個日本人和猶太人談判之後給他留下了終身難以忘記的印象：「那個猶太人太厲害了，那天我們談判了兩個多小時，一直是他在不停地說。他給我的印象好極了，他穿著很整潔，講話極有道理，條理極為清晰，態度又極為謙和，他的談話讓我那樣地神往，我簡直不想說任何話，而只是

願意聽他來講。老實說，我不是在和他談判而是他在給我上課。」

在這樣博學的對手面前，你會不會覺得害怕呢？

如果有幸成為猶太人的朋友，你和他交談越多，你就越會佩服他的學識淵博了，他談政治、論經濟、說軍事、講歷史，還滔滔不絕地聊體育、娛樂、時事，真是天文地理，無不涉獵，似乎天下沒有他們不通曉的道理。尤其是吃飯的時候，他們的話語更是滔滔不絕，讓你大開眼界。

有個西班牙商人，他對猶太商人的經商原則很欣賞並且盡力地學習，於是取得了不小的成功——他的女式手提包生意很好，在服飾品貿易的經營中也站穩了腳跟，但是看到了猶太人經營鑽石更為賺錢，於是他也想去經營鑽石。他看到身邊不少西班牙人經營的鑽石生意很不理想，為了避免遭受同樣的命運，他就找到世界著名的鑽石大王瑪索巴士請教，這位鑽石大王是位博學的猶太商人。這位鑽石大王聽完他的來意，突然問了他一句：「你知道澳大利亞海域有什麼熱帶魚嗎？」西班牙人心想這個鑽石大王問這個幹嗎？這個和鑽石生意有關嗎？

看到西班牙人啞口無言的樣子，這位鑽石大王語重心長地說：「鑽石生意是需要豐富的知識才可以做的，你對這顆鑽石的來源、歷史、種類和品質都不知道，就不知道它的價值。要積累這些判斷鑽石價值的基本經驗和知識就要不斷地學習和積累，至少需要20年，所有相關的知識你都要瞭解才可以真正培養出市場的眼光。」西班牙人聽了不禁為自己所知道的知識太少而羞愧不已。他早就知道猶太人是繼承了幾千年祖先的經驗，加上最新的知識才擁有了這樣豐富的學識。他們可以贏得顧客的尊敬和信任，沒有多年的學識和良好信譽是根本不可能的。他自知沒有這麼浩瀚廣博的知識，很自覺地退出了這個行業。

學識廣博的人就可以放眼世界。猶太人站在經營大師們的肩膀上俯

瞰腳下的財富，把自己放在了世界巨富們那裡學習他們最為精髓的賺錢祕訣。

正因為擁有如此淵博的知識，他們才具有高智商的頭腦。從而才在生意中永遠立於不敗之地。

在任何時代，學識淵博的人都會得到人們的尊敬。

有位猶太人某次應邀出席英國的金融會議。在蘇格蘭參會期間，一日晚餐後他外出散步，走到一處風景優美的地方，不禁觸景生情，乘著酒興吟誦了英國詩人史考特的詩，英國人聽後大為歎服，認為這位先生學識淵博。此後對他另眼相看，猶太商人在談判桌上自然贏得了不少的好處。

猶太人由於自身的水準比較高，他們不喜歡和見識淺薄的人、教育水準低下的人交往，他們說：「在玫瑰花叢中的人身上充滿馨香。」而和學識淵博的人交往，他們之間可以經常討論學習，相得益彰。

沒有思考就談不上致富

致富有捷徑嗎？成功學大師拿破崙・希爾的回答是肯定的。

捷徑的定義是，比通常的途徑更直接且更快完成某件事情。

走捷徑的人一定知道自己的目的地。他必須走出去，不論中途遇到何種障礙，都必須繼續下去，否則永遠到達不了目的地。致富的捷徑只有簡單的一句話：「用積極的態度去追求財富。」

當你確實以積極的態度思考，自然會有所行動，達成你所有正當的目標。

喬治・哈姆雷特曾在伊斯諾州的退伍軍人醫院療養，他的時間很多，

但是除了讀書和思考之外，能做的事情並不多。他懂得思考的價值，他對自己充滿信心。

喬治知道很多洗衣店，在燙好的襯衫領加上一張硬紙板，防止變形。他寫了幾封信向廠商洽詢，得知這種硬紙板的價格是每千張4美元。他的構想是，在硬紙板上加印廣告，再以每千張1美元的低價賣給洗衣店來賺錢。

喬治出院後，立刻著手進行，並持續每天研究、思考、規劃這一構想。

廣告推出後，喬治發現客戶取回乾淨的襯衫後，衣領的紙板丟棄不用。他問自己：「如何讓客戶保留這些紙板和上面的廣告？」答案閃過他的腦際。他在紙卡的正面印上彩色或黑白的廣告，背面則加進一些新的東西——孩子的著色遊戲、主婦的美味食譜、或全家一起玩的遊戲。有一位丈夫抱怨洗衣的費用激增，他發現妻子竟然為了搜集喬治的食譜，把可以再穿一天的襯衫送洗！

喬治並未以此自滿。他野心勃勃，要讓自己的事業更上一層樓。他把每千張1美元的紙板寄給美國洗衣工會，工會便推薦所有的會員採用他的紙板。因此，喬治有了另外一項重要的發現，給別人你所喜歡及美好的事物，你會覺得得到更多！

縝密的思考和規劃為喬治帶來可觀的財富，他認為一段獨處的時間，是招徠財富必要的投資。

喬治這樣說——不論你是誰，不管年齡大小，教育程度高低，都能夠招徠財富，也可以走出貧窮。各行各業的人士，都不要低估思考的價值。即使躺在床上也能思考！即使你躺在醫院的病床上，研究、思考及規劃，也能致富。

金錢是沒有國界的

　　猶太商人對顧客總是一視同仁，不帶有一絲成見。在他們看來，因為成見而壞了可以賺錢的生意，簡直是太不值得了。

　　猶太人散居世界各地，雖然依地區有美系及俄系之別，但是他們都自視為同胞。無論是住在華盛頓、莫斯科或倫敦等地，猶太人之間都經常保持密切的聯繫。例如，住在美國的一位名叫哈利・威爾斯頓的鑽石商人，他聯合全世界的猶太鑽石商組成一個龐大的集團，與其他國家的人做生意。又如居住在瑞士的猶太人，最能利用中立國的特性，同時聯絡美國的猶太人和俄國的猶太人來從事國際性的交易。

　　要想賺錢，就得打破既有的成見，這是猶太人經商得出的經驗，就像金錢沒有骯髒和乾淨之分一樣，猶太人對賺錢的對象也是不加區分的。只要能賺錢，達成生意協定，能從對方手中得到錢，就可以做。在猶太人的腦海裡，沒有資本主義和社會主義的意識存在。無論是資本主義社會裡的猶太人，還是社會主義社會裡的猶太人，為了各自共同的目的，他們可以緊密地結合在一起，共同對付外人。在進行貿易往來時，無論你是美國人還是俄國人，無論你是歐洲人還是非洲人，只要你和他的這筆交易能給他帶來利潤，他就可以和你交易。因此，如果有人對他們與前蘇聯商人做生意而指責他們時，猶太人會疑惑不解地歪著頭反問：「和他們做生意有什麼不好呢？」

　　猶太人的觀念中，除了猶太人外，不管是英國人、德國人、法國人或義大利人等，一律被稱之為外國人。為了賺錢，不管你是哪國人，主張何種主義，信仰何種宗教，都是他們交易的對象。他們絕對不會因為你的信

仰或者種族而放棄一樁能賺錢的生意。

　　要賺錢，就不要顧慮太多，不能被原來的傳統習慣和觀念所束縛。要敢於打破舊傳統，接受新觀念，同樣，要想賺錢，也是要打破成見的。試想一想，如果因為對方的思想意識不同，自己在原來成見的作用下，主動放棄了一次賺大錢的機會，豈不是太可惜，太不值得了！

　　金錢是沒有國籍的，所以，賺錢就不應當區分國籍，為自己賺錢設立種種限制。猶太人聰明地認識到這點，他們認識得早，所以他們很團結，結合在一起共同賺外國人的錢，這就是他們成功的所在！

　　猶太人分散在世界各地，如果他們沒有這種意識，卻因為國籍、思想意識形態的制約，而拒絕相互間的聯繫，他們的力量薄弱，在世界各地又受歧視，那麼，他們何以對付這複雜的世界呢？他們還能在商業上取得如此高的榮譽嗎？他們能成為當今的金融之王嗎？當然不能！

學識是財富的近鄰

　　學會思考是人類智慧的最高境界，它必須在知識被理解、掌握而融會貫通、舉一反三的基礎上才可能達到，並且還必須輔以敏銳的直覺能力、開闊的視野和胸懷。

　　在猶太人的商業法則中，重要的是要學會思考。所謂「思考」不單是指對知識的理解、咀嚼，更是指對環境、變化的一種反應。

　　我們每天都在經歷著變化，也在耳聞目睹種種變動，可是，又有幾人可以洞悉到變化的規律，預見到變化的趨勢呢？應該說，學會思考是人類智慧的最高境界，它必須在知識被理解、掌握而融會貫通、舉一反三的基

礎上才可能達到，並且還必須輔以敏銳的直覺能力、開闊的視野和胸懷。

　　連鎖店先驅猶太人盧賓就是一個善於觀察的人。他最早在淘金熱中做一些生意，以滿足那些淘金者的生活需要，後來他的生意越做越大。但是，經過幾年的經商實踐，並深入市場調查研究，他發現：商店不標價，靠買賣雙方討價還價的交易方法既不利於自己業務的發展，也消除不了顧客對商店的諸多不信任和猜忌；而且，由於價格不一且變化莫測，沒有一個參照的標準。

　　針對這些情況，盧賓反覆思考，終於研究出一種經營方式，叫「單一價格店」，即對每一種商品明碼標價並按此價格銷售。這樣，顧客一目了然，也一掃當時的商業欺詐行為，既增加了交易的效率，也贏得了顧客的信任。

　　於是，盧賓的單一價格生意非常好。隨著顧客的增多，他又發現，大多數的顧客光顧造成了購物空間的擁擠，使得交易速度難以提高，而且也浪費了顧客寶貴的時間；另一方面，一個商店總有一個輻射範圍，讓太遠的顧客前來顯然不太可能。

　　後來，他又發展了「連鎖經營」的方式，也就是多個店同貨同價，且店面設計、佈局、裝潢也相同。這樣，就等於將一家店開在了更多、更廣的地方，當然生意也就越做越大。

　　盧賓為什麼能創新？因為他善於觀察、發現問題，進而能針對問題運用知識提供解決方案。

　　其實，盧賓的這種見識、這種謀略也是一種財富。學識是財富的近鄰，正是有了這種卓爾不群的思索，令別人不可企及的直覺能力、判斷能力，他才擁有了巨額財富。

賺錢從幫助別人開始

既能幫助他人，又能使自己受益。只有從這種思路出發的生意，才是最有發展前途的生意。

一個晴朗的夏日，一個髒亂的火車候車室內，坐著一位衣著隨便、滿臉疲態的老人。

火車進站，老人起身向檢票口走去。

忽然，候車室外走來一個胖婦人，她提著一隻很大的箱子，顯然也要趕這班列車，可箱子太重，累得她直喘粗氣。

她看到了那個老人，對他大喊：「喂，老頭，快給我提箱子，我待會兒給你小費！」

老人拎過箱子就朝檢票口走，雖然看起來他是那麼的不堪重負。

火車慢慢啟動了。胖婦人抹了一把汗，慶倖地說：「要不是你，我就搭不上車了。」說著，掏出一美元遞給老人。

老人並不推辭，微笑著伸手接過。

這時，列車長走了過來，對老人說：「您好，尊敬的洛克菲勒先生，歡迎您乘坐本次列車，如果有需要幫助的地方，我很樂意為您效勞。」

「謝謝，不用了，我只是剛剛做了一個為期三天的徒步旅行，現在我要回紐約總部。」老人客氣地回答。

「什麼？洛克菲勒？」胖婦人驚叫起來，「上帝，我竟讓石油大王洛克菲勒先生給我提箱子，居然還給了他一美元小費，我這是在幹什麼啊？」她忙向洛克菲勒道歉，並誠惶誠恐地請洛克菲勒把那一美元小費退給她。

「太太，你不必道歉，你根本沒有做錯什麼。」洛克菲勒微笑著說道，「這一美元，是我賺的，所以我收下了。」說著，洛克菲勒把那一美元鄭重地放在了口袋裡。

和洛克菲勒一樣，猶太商人最愛做的交易就是——既能幫助他人，又能使自己受益。現在，有越來越多的猶太人也認為——只有從這種思路出發的生意，才是最有發展前途的生意。

多射幾箭就能中靶

《塔木德》上有這樣一句話：「箭法再差，多射幾箭也可能碰在靶子上。」這句看似平常的話卻啟發了很多人賺錢的思維。

有一天，喬治在刪除垃圾電子郵件的時候，看到這樣一個標題：《令人吃驚的足總杯比賽預測》，他好奇地點開了它，裡邊寫著：「親愛的球迷，我們知道你是個懷疑論者，凡事不會輕易相信，可是我們確實已經設計出了絕對準確地預測足球比賽結果的奇妙方法。今天下午，英格蘭足總杯將進行第三輪比賽，對壘的是考文垂隊和謝菲爾德聯隊，我們預測考文垂隊將會取得勝利。」

喬治看過後，輕蔑地一笑，沒有當回事，晚上，他收看電視裡的比賽結果，考文垂隊果然勢如破竹地贏了。

三個星期後，喬治又收到了那個人的一封電子郵件：「親愛的球迷，你是否還記得，在上一輪足總杯比賽中，我們曾事先準確地預測了考文垂隊獲勝？今天考文垂隊要和米德斯堡隊交手了，我們的預測是，米德斯堡隊獲勝。同時我們強烈地奉勸你不要和別人去賭輸贏，但請你密切關注比

賽結果，看看我們的預測結果是否準確。」

那天下午，雙方打成了1比1和局。考文垂隊本來很強，卻完全沒有發揮出來。而在次日延長賽時，米德斯堡隊卻以2比0的比分勝出，這回喬治有點驚訝了。

過了幾天，那個人的電子郵件又來了，預測米德斯堡隊將在第五輪比賽中失利，特倫米爾隊將會打敗它，結果果然如此。

而在四強決賽之前，那封電子郵件又告訴喬治：特倫米爾隊將輸給陶頓亨隊。事實果然如此，四次預測，四次全都說中了。

接著，那個人在電子郵件中對喬治說：「我們買斷了一個數學家最新的研究成果。現在你大概相信，我們確實很有把握，能夠料事如神。在半決賽中，兵工廠隊將會打敗伊普斯威奇隊。」

喬治是個不服氣的人，他通知了許多朋友，下午一起看球賽直播，並且計畫在兵工廠輸掉後，大肆羞辱那個信口開河的傢伙。但是在落後的情況下，兵工廠隊奮起直追，最後竟以2比1獲得了勝利。太不可思議了！

第二天，那個不可思議的郵件又來了，它這次說：「親愛的球迷，你已經體驗了我們神奇的足球預測，現在你信服了吧？我們已經做出了五次正確的預測，五發五中，你一定會同意它絕非運氣，尤其是所有的冷門我們都猜中了。現在我們和你做一筆特殊的交易：在一個月的時間內，我們向你提供比賽預測，你只需支付200美元的訂金，然後發一封電子郵件，把參賽的兩個隊告訴我們，我們就會將預測結果通知你。我們殷切地盼望收到你的訂單。」

200美元的要價確實不低，但如果事先能知道哪一個隊會贏，就完全可以從彩票商的手中贏來20萬美元。

當然，喬治也懷疑過，他們是暗地裡操控球賽的財團，或者是黑社

會，但是這一切都與喬治沒關係，只要預測結果準確就行了。於是，他掏出了200美元。

事實上，這些人不過是一群想賺錢的「奸商」，他們只是懂得一些數學知識，知道經多次試驗，小機率事件也會頻頻出現，這和「箭法再差，多射幾箭也可能碰在靶子上」的意思是一樣的。

一開始，他們向球迷發了6400封郵件，一半是預測甲隊獲勝，另一半是預測乙隊獲勝，於是，就有3200人得到的預測是準確的，另一半人則會把它當成一個笑話忘掉。

下一次，他們只給得到「正確預測」的3200人發送郵件，一半是預測丙方獲勝，另一半是預測丁方獲勝……依此類推。所謂的「預測者」，總是繼續給得到「正確預測」的一部分人發送新郵件，最後，剩下200人收到的預測結果便全部是正確的，他們當然會認為這個預測絕對靈驗。其中假如有50人掏出200美元，對於騙局的策劃者來說，就是一筆很可觀的收入了。因為他們除了發電子郵件，不需要任何本錢。

只靠勤奮發不了財

企業家不需要依靠個人的勤奮來爭取企業的成功，關鍵在於他是否有能力讓他的下屬更加勤奮。所以，企業家的心思應主要放在如何將手上的資源最充分地加以利用，而不是對自己最充分地加以利用上。

猶太人的生存法之一是培養勤勉的習慣。在猶太人的家庭裡，父母很注意培養他們子女的勤勉精神。猶太人認為對於勤勞的人，造物主總是給他最高的榮譽和獎賞，而那些懶惰的人，造物主不會給他們任何禮物。但

是，猶太人同時還認同《塔木德》中這樣的教誨：「僅僅知道不停地工作顯然是不夠的。」

很多成功的猶太人，對成功要素的理解與我們普通人是不同的。他們認為，企業家不需要依靠個人的勤奮來爭取企業的成功，關鍵在於他是否有能力讓他的下屬更加勤奮。所以，他們的心思主要是放在如何將手上的資源最充分地加以利用，而不是對自己最充分地加以利用上。

一位下屬在喝醉的時候曾經這樣自嘲地對猶太老闆說：「講到勤奮，你不如我；論成功，我根本不敢和你比！這是為什麼呢？」

老闆聽了，露出一臉的愕然，然後說道：「為什麼你們會以為我應該比你們更加勤奮呢？為什麼我非要比你們勤奮才能賺錢呢？我從來沒有想過自己的錢是靠勤奮賺來的。儘管我也曾經勤奮過，那已經是在很多年以前的事了。那時候，我替自己的老闆工作。在那個年代，我比你們要勤奮、刻苦得多，卻沒有你們現在所賺的多。在這個社會，大部分的人都勤奮，但不是大部分的人都能夠發財，靠勤奮發不了財！」

下屬詫異地問道：「發財不是靠勤奮，那靠什麼呢？」

老闆調侃著說：「既然大家都那麼勤奮，難道缺我一個，地球就不轉了嗎？我的長處，是提供讓別人有機會勤奮的工作職位，而不是我要比他們更加勤奮！」

我們有理由相信，勤奮只是成功的其中一個原因，甚至只是人的一種品德，卻肯定不是他們取得成功的首要條件。

人類智慧的進步，讓我們有可能既過得舒適，同時又能夠享受富足的生活，不再依靠沉重的勞動強度，這要歸功於建立在這種智慧基礎上的技術和效率。現實早已經證明了這個真理——我們並不比自己的祖先勤勞得多，但我們現在的生活水準卻是他們遠遠不能相比的！這要歸功於什麼

呢？顯然，勤勞並不是唯一的原因，經營這種有別於通常性勞動的行為，為我們解開了其中的疑問，它也是我們要為經營歌功頌德的理由。

這正如《塔木德》中所說：與其默默無聞地埋頭苦幹，不如多動些腦子！

דומלת

塔木德

第3輯

猶太訊息經

比別人更早一步

一個優柔寡斷的人，是很難賺到大錢的。只有動作迅速，行動敏捷，才有可能在激烈的競爭中獲得勝利。這就像在拳擊場上，不論你有多好的素質，多高的水準，多硬的功夫，只要你的動作不夠敏捷，就會失去那稍縱即逝的機會。猶太人在這方面，可以說是訓練有素。

巴魯克，著名的美國猶太實業家。他在30歲時，就成為讓人羨慕的百萬富翁。他知識豐富，聰明過人，曾被美國政府委以多項重任。他的發跡，不能不歸功於他那迅速的行動能力。

1898年，年輕的巴魯克和父母親住在一起。當時，正在迅速崛起的美國和老牌帝國主義國家西班牙進行了一場戰爭。西班牙威名遠揚的艦隊遠征美洲，卻在聖地牙哥附近被美國海軍一舉戰敗。

這天晚上，巴魯克從廣播裡面聽到了這一消息，知道各地證券市場的美國股票將會大幅度上揚，於是連夜向自己的辦公室趕去。

其實，第二天是星期一，按照美國證券交易市場的規矩，星期一是不開盤的，但英國的證券市場卻會照常營業。他這麼著急趕回去，就是要利過長途通信來著手運作自己的股票資金。可是，時間實在是太晚了，開往紐約的客運火車已經沒有班次。巴魯克卻毫不猶豫地租下一列專車，終於在黎明之前趕到自己的辦公室。當倫敦股市開始交易的時候，他果斷地出手做成了幾筆「大生意」。他的財產就此大幅升值，而他從此也聲名鵲起。

從巴魯克的行為，我們可以反省一下自己：

首先，你能從一條與經濟沒有任何直接關係的新聞中，獲得自己致富的資訊嗎？

第二，你獲得了這條資訊，能夠立刻做出相應的決策嗎？

第三，你做出了決策，能夠立即起身行動，而不是按照正常的作息規律行事嗎？

第四，你開始行動了，但在行動受到阻礙時，能夠有辦法克服那些阻礙嗎？

實際上，巴魯克在面對第四個問題時，如果不是果斷地租用專車的話，那麼他就不可能及時趕回自己的辦公室；如果按照本地正常的交易時間，那他也就不可能在第一時間裡完成自己的交易。現在回過頭來看，巴魯克採取的措施，似乎並沒有什麼特別，但是在當時，正是這些措施使他完成了果決而迅速的決策。

巴魯克的經商經歷，最能說明猶太生意人的原則：如果能夠比別人更早一步，便總是能夠及時搶佔制高點。

過時的資訊也能幫人賺錢

商場上機會均等，在相同的條件下，誰能搶佔先機，誰就能穩操勝券。而搶佔先機最有效的途徑就是獲取並破譯有關資訊。

對於一個長期缺乏保障的民族來說，有時一個資訊就可能決定生死存亡。從這樣的傳統出發，猶太商人形成了對資訊的高度重視與敏感。

事實上，猶太人的消息靈通是世界聞名的。

在這方面，羅斯柴爾德家族為我們提供了一個最好的實例。羅斯柴爾

德家族遍佈西歐各國，這種分佈既使這個家族較易於獲得資訊，也使各種資訊具有了特別重大的價值：在一地已經過時了的資訊，在另一方可能仍具有巨大的價值。為此，羅斯柴爾德家族特地成立了一個專為其家族服務的資訊快速傳遞網，在交通和通訊尚未快捷的時代，這個快件傳遞網發揮的作用絕不容忽視。

19世紀初，拿破崙和歐洲聯軍正艱苦作戰，戰局變化不定、撲朔迷離，誰勝誰負，一時很難判斷。後來，聯軍統帥英國威靈頓將軍在比利時發起了新的攻勢，一開始打得十分糟糕，為此，歐洲證券市場上的英國股票比較疲軟。

倫敦的納坦·羅斯柴爾德為了瞭解戰局的走向，專程渡過英吉利海峽，來到法國打探戰況。當戰事終於發生逆轉，法軍已成敗勢之時，納坦·羅斯柴爾德就位在滑鐵盧戰地上。納坦獲悉確切消息後，立即動身，趕在政府急件傳遞員之前幾個小時回到倫敦。羅斯柴爾德家族靠資訊之便而占了先手，他們動用了大筆資金，趁英國股票尚未上漲之際大批買進。短短幾小時後，隨著政府資訊的公佈，股價直線上升，轉眼之間，羅斯柴爾德發了一筆大財。

這則軼事屬於金融界的傳說，猶太人把這種捕捉資訊提前決策的金融技巧歸之於羅斯柴爾德家族，顯然是人們對他們資訊方面「精明之處」的認可。

積累知識比積累金錢更重要

許多天賦很高的人，終生處在平庸的職位上。他們寧可把業餘時間消

磨在娛樂場所或閒聊中，也不願意看書。他們對目前所掌握的職業技能倍感知足，意識不到新知識對自身發展的價值；他們心甘情願陷於頹廢的境地，尚未做任何努力就承認了人生的失敗。

猶太人非常討厭這種人，他們認為沒有足夠的知識儲備，一個人難以在工作和事業中取得突破性進展，難以向更高的地位發展。

在成功之前，一個人要積蓄足夠的力量。即使在商業領域也如此。那些學識淵博、經驗豐富的人，比那些庸庸碌碌、不學無術的人成功的機會更大。

有位在商界赫赫有名的猶太人這樣說：「我的所有職員都從最基層做起。對工作有利的，就是對自己有利的。任何人在開始工作時如果能記住這句話，前途一定不可限量。」

有一句格言說：「只因準備不足，導致失敗。」這句話可以寫在無數可憐失敗者的墓誌銘上。有些人雖然肯努力、肯犧牲，但由於在知識和經驗上準備不足，做事大費周折，始終達不到目的，實現不了成功的夢想。

比如有一種人：在商店裡工作多年，只會按顧客的要求拿東西，對商業一竅不通。他只是在賺錢糊口，不思考，不關心商品的特點和顧客的需求，如果他不被淘汰的話，只能當一輩子售貨員。那些精明強幹、善於思考的年輕人，卻能在短時間內發現一個行業的祕密，時機一旦成熟，就能獨當一面。

猶太青年漢姆在一個律師事務所任職三年，儘管沒有獲得晉升，但他在這三年中，把律師事務所的門道都摸清了，還拿到了一個業餘法律進修學院的畢業證書。最終，漢姆開辦了自己的律師事務所。但也有不少在律師事務所的人，按從業時間來說，他們的資格夠老的了，但他們仍然擔任著平庸的職務，賺著低微的薪金。

兩相比較，前者立志堅定、注意觀察、勤於思考、善於學習，並能利用業餘時間深造，他將獲得成功；後者恰恰相反，不管他們是否滿足於現狀，他們這樣庸庸碌碌地混日子，永無出頭之日。

永遠不把錢存入銀行

在猶太人眼裡，衡量一個人是否具有經商智慧，關鍵看其能否靠不斷滾動周轉的有限資金，把營業額做大。

猶太人普利茲出生於匈牙利，17歲時到美國謀生。開始時，他在美國軍隊服役，退伍後開始探索創業路子。經過反覆的觀察和考慮後，普利茲決定從報業著手。對於一個毫無資本和辦報經驗的人來說，想通過報紙賺錢無疑是癡人說夢。但普利茲卻堅定不移地按這個奮鬥目標前進。

為了籌措資本，他靠運籌自行做工積累的資金賺錢。為了從實踐中摸索經驗，他到聖路易斯的一家報社，向該老闆求一份記者工作。開始老闆對他不屑一顧，拒絕了他的請求。但普利茲反覆自我介紹和請求，言談中老闆發覺他機敏聰慧，勉強答應留下他當記者，但有個條件，半薪試用一年後再商定去留。

普利茲為了實現自己的目標，忍耐老闆的剝削，並全身心地投入到工作之中。他勤於採訪，認真學習和瞭解報館的各環節工作，晚間不斷地學習寫作及法律知識。他寫的文章和報導不但生動、真實，而且法律性強，不會引起社會的非議和抨擊，能吸引廣大讀者。面對普利茲創造的巨大利潤，老闆高興地吸收他為正式員工，第二年還提升他為編輯。普利茲也開始有些積蓄。

經過幾年的打工，普利茲對報社的運營情況瞭若指掌。於是他用自己僅有的積蓄買下一間瀕臨歇業的報館，開始創辦自己的報紙——《聖路易斯郵報》。

普利茲自辦報紙後，資本嚴重不足，但他很快就渡過了難關。19世紀末，美國經濟開始迅速發展，商業開始興旺發達，很多企業為了加強競爭，不惜投入鉅資進行宣傳廣告。普利茲盯著這個焦點，把自己的報紙辦成一份以經濟資訊為主的刊物，加強廣告部，承接多種多樣的廣告。就這樣，他利用客戶預交的廣告費使自己有資金正常出版發行報紙，發行量越來越大。報紙發行量越多，廣告也越多，他的收入進入良性循環。即使在最初幾年，他每年的利潤也超過15萬美元。沒過幾年，他就成為美國報業的巨頭。

普利茲最初時身無分文沒有，靠打工賺的半薪，加上節衣縮食省下的極有限的錢，一刻不置閒地滾動起來，是一位做無本生意而成功的典型。

猶太人很少把錢存入銀行生利息。猶太人善於精打細算：如果把錢存入銀行，年息最多不超過10%；而把錢投資在有潛力的項目上，如果對市場走勢觀察分析準確的話，每次周轉贏利不少於30%，一年滾動周轉4次，所得利潤就會超過100%。

在18世紀中期以前，猶太人熱衷於放貸業務，就是把自己的錢貸出去，從中賺取高利。到了19世紀後，猶太人寧願把錢用於高投報率的投資或買賣，也不肯把錢存入銀行。

由此看來，不做存款是猶太富翁們經商智慧中不可忽視的部分。

相信自己的預感

　　預感是以事實為基礎的推論，對這些事實你的大腦已經進行過準確的觀察、存儲和加工處理，然而你卻沒有自覺地意識到它們。這是因為這些事實是在某種不自覺的形態下被儲存起來的。

　　旅館經理康拉德‧希爾頓應當把自己的巨大成功部分，歸功於一種靈活調諧自己敏銳預感的技能。有一次，他打算買一所芝加哥的老旅店，拍賣人決定賣給出價最高的投標人，而投標的數額將在指定的一天公佈於眾。就在到達這一期限的前幾天，希爾頓提出了一份價值17.5萬美元的投標。那天晚上，他睡覺時模糊地感到一種內心的煩亂，醒來時強烈地預感到他的投標將不會獲勝。「這僅僅是感覺不妙。」他後來說。由於服從了這一奇怪的直覺，他又提交了另一份投標數額，18萬美元。這是最高的投標，比他少一點的第二號投標額是17.98萬美元。

　　希爾頓的預感本來就是湧上心頭的、原來儲存在他心靈深處的那些事實。自從他年輕時在德克薩斯州買下了第一所旅館，他一直在收集關於這一行的知識。不僅如此，在對芝加哥旅館的投標中，他毫無疑問是知道很多競爭投標人的情況的，僅僅是知道，卻無法把它們清楚明晰地結合起來。當他有意識在大腦集合了已知的材料並且提出一個投標額時，他的潛意識正在一間巨大而隱祕的倉庫裡翻找著其他相關資訊，並且推論出那個投標額：太低了。他相信了這個預感，它竟是令人吃驚的準確。

　　怎樣才能知道是否應當相信一種預感呢？一位成功的預言家、已經退休的證券經紀人說：「我問我自己，我在沒有意識到的情況下已經收集了有關這一問題的資料，這點是否可信呢？對於這一問題我是否已經發現了

我所能夠發現的所有情況，做了我所能做的一切？如果回答是肯定的，而且預感是強烈的，那麼我就打算照這樣辦。」

這裡要提出兩個警告：

第一，千萬不要相信諸如買彩券和賭博這類事情上的預感，這樣的預感絕不可能是出自於隱藏在你內心深處的資料庫，因為它沒有事實可依。

第二，千萬不要把預感和希望混為一談。許多拙劣的預感只不過是經過偽裝的強烈的願望而已。

有速度才有優勢

猶太巨富羅斯柴爾德有幾個兒子，他的三兒子尼桑年輕時在義大利經營棉、毛、菸草、砂糖等商品，並且很快便成了大亨。這位傳奇式的人物最令人稱奇的是，僅僅幾個小時，他就在股票交易中賺了幾百萬英鎊。

1815年6月19日，英國和法國之間發生了滑鐵盧戰事。如果英國獲勝，無疑英國政府的公債將會上揚；反之如果拿破崙獲勝的話，必將銳減。因此，交易所裡的每一位投資者都在焦急地等候著戰場的消息，只要能比別人早知道一步，哪怕半小時、十分鐘，也可趁機大撈一把。

戰事發生在比利時首都布魯塞爾南部，與倫敦相距非常遙遠。因為當時既沒有無線電，也沒有鐵路，除了某些地方使用蒸汽船外，主要靠快馬傳遞資訊。而在滑鐵盧戰役之前的幾場戰鬥中，英國均吃了敗仗，所以大家對英國獲勝抱的希望不大。

這時，尼桑面無表情地靠在「羅斯柴爾德之柱」上開始賣出英國公債了。「尼桑賣了」的消息馬上傳遍了交易所。於是，所有的人毫不猶豫地

跟進，瞬間英國公債暴跌，尼桑繼續面無表情地拋出。正當公債的價格跌得不能再跌時，尼桑卻突然開始大量買進。

滑鐵盧戰役的勝負決定英國公債的行情，這是每一個投資者都十分明白的，所以每一個人都渴望比別人搶先一步得到官方情報。唯獨尼桑例外，他根本沒有想依靠官方消息，他有自己的情報網，可以比英國政府更早瞭解到實際情況。正是因為有了這一高效率的情報通訊網，才使尼桑比英國政府搶先一步獲得滑鐵盧的戰況。

果斷是經商的重要素質，果斷出擊是取勝的天規。速度與力量成正比，有速度才有優勢。

在強手林立、人才雲集的商戰中，機會一旦來臨，許多人可能同時發現機會，幾個競爭對手共同指向一個目標。這是力量的角逐、智慧的競爭，速度的較量更為重要。

猶太人的觀念是：經商時，究竟鹿死誰手，很大程度上取決於速度。流水之所以能漂石，在速度；飛鳥之所以能捕殺鼠兔，在速度。有速度才有優勢。搞不清這一點，經商就比較困難。而這一切都在於果斷地出擊。

幫助的人越多，生意做的越大

在猶太商人看來，生意成功沒有固定的模式。幸運從來不主動光顧你，要靠自己去尋找、去爭取。生意經營中，給予別人幫助的同時，其實也為自己創造了最好的成功機會。

20世紀50年代初期，有個叫丹尼爾的年輕人，從美國西部一個偏僻的山村來到紐約。走在繁華的都市街頭，啃著乾硬冰冷的麵包，他發誓一定

要闖出一片屬於自己的天空。

然而，對於沒有進過大學的丹尼爾來說，想在這座城市裡找到一份稱心如意的工作，簡直比登天還難，幾乎所有的公司都拒絕了他的求職。

就在他心灰意冷時，有一天，他接到一家日用品公司讓他前往面試的通知。他興沖沖地前往面試，但是面對主考官有關各種商品的性能和如何使用的提問，他吞吞吐吐一句話也答不出來。說實話，擺在他眼前的許多東西他從未接觸過，有的連名字都叫不出來。

眼看唯一的機會就要消失，在轉身退出主考官辦公室的一刹那，丹尼爾有些不甘心地問：「請問閣下，你們到底需要什麼樣的人才？」主考官彼特微笑著告訴他：「這很簡單，我們需要能把倉庫裡的商品銷售出去的人。」

回到住處，回味著主考官的話，丹尼爾突然有了奇妙的感想：不管哪個地方招聘，其實都是在尋找能夠幫自己解決實際問題的人。既然如此，何不主動出去，去尋找那些需要幫助的人？他想，總有一種幫助是他能夠提供的。

不久，在當地一家報紙上，登出了一則頗為奇特的啟事。文中有這樣一段話：「……謹以我本人人生信用作擔保，如果你或者貴公司遇到難處，如果你需要得到幫助，而且我也正好有這樣能力給予幫助，我一定竭力提供最優質的服務……」讓丹尼爾沒有料到的是，這則並不起眼的啟事登出後，他接到了許多來自不同地區的求助電話和信件。

原本只想找一份適合自己工作的丹尼爾，這時又有了更有趣的發現：老約翰為自己的花貓生下小貓照顧不過來而煩惱，而凱茜卻為自己的寶貝女兒吵著要貓咪找不到賣主而著急；北邊的一所小學急需大量鮮奶，而東邊的一處牧場卻奶源過剩……諸如此類的事情，一一呈現在他面前。

丹尼爾將這些情況整理分類，一一記錄下來，然後毫不保留地告訴那些需要幫助的人。而他，也在一家需要市場推廣員的公司找到了適合自己的工作。不久，一些得到他幫助的人匯款給他，以表謝意。

據此，丹尼爾靈機一動，辭了職，註冊了自己的資訊公司，業務越做越大，他很快成為紐約最年輕的百萬富翁之一。

請記住《塔木德》中的話：幫助的人越多，生意做的越大。

成交值不單指價錢

在猶太商人看來，生意談判的協議是靠生意雙方的信守來保證的，談判者要同時兼顧自己與對方的利益。

美國前國務卿、著名談判家季辛吉就說過：「在外行人眼裡，外交家是狡詐的。而明智的外交家相當清楚，絕不能愚弄對方。從長遠的觀點看，可靠和公平是一筆重要的資產。」

坦誠對於商人是絕對重要。如果你的談判對手從心底不信任你，那麼你不會從對方那裡得到任何重要的資訊。相反，當對方信任時，他就會告訴你一些無從得到的東西。

甲：瞧，我知道我們的出價是低了點，不過，我們確實對貴公司的產品很感興趣。

乙：可是，你們在價格上的態度讓人感到一點兒餘地也沒有。

甲：我知道。可是，如果貴公司稍微讓步，我們的價碼還會變化。

這段看似平常的對話可能會成為談判成功的臺階。這並不是因為你用陰謀詭計控制了對方，而是因為你得到了對方的信賴。只有當人品正直無

可置疑時，祕密的關鍵資訊才會透露給你。如果你被對方認為值得信賴，你就要盡力維護這一形象，這對你下次談生意有用處。要知道，經過接觸和瞭解，相互尊敬和體諒，雙方會形成一種良好的工作關係，從而使每次談判變得順利而有效。要把對手看成解決問題的夥伴，設法用坦誠的態度和誠懇的語言感化對方，把對手拉向共同解決問題的軌道。

猶太商人在談判過程中，總是彬彬有禮，殷勤謙恭，儘管他們內心隱藏著一定要贏的戰略。猶太商人經常說說笑笑地討價還價。為了與對方建立信賴關係，他們首先會向對方表示好感，然後進行一些有人情味的閒談，以便建立起相互之間的親密關係。他們或聊各自的家庭關係，或談雙方共同感興趣的話題，或「坦誠」表示對將來合作的渴望。等對方的戒備逐漸放鬆了，他們便開始討價還價。這樣在不知不覺中，對方就已進入圈套，失去了利益。

只有在談判中以誠為本、以誠待人，才能得到寶貴的信譽籌碼。成交值不單指價錢，它還包括了交易中的其他利益。比如賣方的信用就隱含在買主所付的價錢裡。從買方的角度來看，偵查、確認所見所聞，和購買商品、爭取服務品質一樣，都是交易的重要部分。為了更有效地與談生意對手交涉，猶太商人認為有必要向他們提供一些自己的資訊給他們參考，這樣做對買賣雙方並無壞處。

擁有一隻捅破窗戶紙的手指

賺錢的途徑很多，只不過每個賺錢的途徑都被蒙上了一層薄薄的窗戶紙，關鍵在於你是否有能力看到這層窗戶紙，以及你是否擁有一根捅破窗

戶紙的手指。

　　狄奧力‧菲勒出生在一個貧民窟裡，和所有出生在貧民窟的孩子一樣，他爭強好鬥，也喜歡翹課。唯一不同的是，菲勒擁有天生會賺錢的眼光。他把一輛從街上撿來的玩具車修理好，讓同學們玩，然後向每人收取10美分，他竟然在一個星期內賺回一輛新玩具車。菲勒的老師對他說：「如果你出生在富人家庭，你會成為一個出色的商人。但是，這對你來說已是不可能的，你能成為街頭商販就不錯了。」

　　中學畢業後，菲勒真的成了一名商販。正如他的老師所說的，與貧民窟的同齡人相比，他已是相當體面了。他賣過小五金、電池、檸檬水，每一次他都得心應手。

　　菲勒真正起家靠的是一堆絲綢。這些絲綢來自日本，因為貨船在運輸當中遭遇風暴，這些絲綢被染料浸濕了，數量足足有一噸之多。這些被浸染的絲綢成了日本人頭痛的東西，他們想處理掉，卻無人問津，就想搬運到港口，扔進垃圾箱，又怕被環境部門處罰。於是，日本人打算在回程路上把絲綢拋到大海裡。

　　港口的一個地下酒吧，是菲勒夜晚的樂園，他每天都來這裡喝酒。那天，菲勒喝醉了。當他步履蹣跚地走到幾位日本海員旁邊時，海員們正在對酒吧的服務生抱怨那些令人討厭的絲綢。說者無心，聽者有意，他感到機會來了。

　　第二天，菲勒來到貨船上，用手指著停在港口的一輛卡車對船長說：「我可以幫助你們把這些沒用的絲綢處理掉。」結果，他不花任何代價便擁有了這些被化學染料浸過的絲綢。然後，他把這些絲綢製成迷彩服、迷彩領帶和迷彩帽子。幾乎在一夜之間，他就靠這些絲綢擁有了10萬美元的財富。

תלמוד

塔木德

第4輯

猶太成本經

如果贏大利甘願做最小

猶太富翁威爾在1981年6月做了一件出人意料的大事情，他把自己辛辛苦苦花費了20年時間創建的希爾森公司，出售給資本雄厚的美國捷運公司。美國捷運公司是一家大公司，經營著全國的信用卡、旅行支票和銀行等業務，但威爾的希爾森公司發展前景很好，而且威爾合併到美國捷運公司並未引起公司的足夠重視。因此，許多人認為威爾這次賠了進去。

然而不久，人們就不得不嘆服威爾的英明。現在威爾在捷運公司的職位只在董事長和總裁之下，他的股份總額有2700萬美元，個人年收入高達190萬美元。

當然，威爾為發展捷運公司也是兢兢業業，在他的一手策劃下，捷運公司用5.5億美元買進了南美貿易發展銀行所屬的外國銀行機構，這家銀行經營外匯、通貨市場、珠寶貿易、銀行業務等。這樁大生意的成交不僅是威爾津津樂道的一件值得自豪的事，而且使威爾在捷運公司身價百倍，成為華爾街的熱門人物。

由於公司董事長常要外出應酬，所以美國捷運公司的實權掌握在威爾手中。在威爾的領導下，公司各部門齊心協力，互助配合，使捷運公司的利潤不斷增加。威爾管理公司有方，突出的一點是善於協調上下級的關係。他常說：「領導者的責任在於給下級鼓勁。當然，辦法很多，但是我善於和下級融洽相處，不時傾聽他們的呼聲。同樣道理，下級有責任發表意見，不讓問題愈積愈多，最終不可收拾。領導者要當機立斷，不能含糊，使下級無所適從，或讓有些人鑽了漏洞。」

猶太富翁威爾的成功有許多因素，例如好勝心強烈，非常自信等，然而最重要的一條卻是：他知道在什麼時候做什麼事，能夠果斷地抓住機會，敢想敢做——創業之初，對於合併與否，他果斷地拍板；後來，他吃小虧獲大利，與捷運公司合併，並在不久後成為該公司第二號實權人物。可以說，是威爾的膽識與果斷照亮了他不凡的未來。

做種子的小麥不可食用

《塔木德》中說：種子是用來交換金秋的，因此，種子是不可食用的。可以將小麥借給佃戶做種子，但做種子的小麥不可食用。

這一箴言在猶太人中間已經盛傳了幾千年。它的意思是說：本錢是用來賺更多的錢的，它的所有者必須小心經營，不可把它揮霍掉。更進一步說，這句話還包括「不可把錢存進銀行，指望它給人帶來利息」、「不可把錢轉借給他人，指望它給人帶來好處」等意思。

猶太人對這句話的理解非常深刻。他們認為，把小麥借給佃戶做播種之用，至少還有歸還的可能；把做種子的小麥磨成粉，做成麵包果腹，就是純粹的消費行為——吃完以後只好再去借，借麥者這樣就會陷入越來越窮的境地，而出借者的利益也會受到損害，這種帳就很可能成為呆帳。

對「可以將小麥借給佃戶做種子，但做種子的小麥不可食用」他們是有如下的詮釋：消費借貸、生產借貸都可能有因資本的流通不暢而出現無法回收借貸物的情況。正因為這樣，商人們就有必要考慮好資本的運作，使從商者和消費者都擁有可供順利運作的資本。

猶太人認為，商人充分考慮好順利回收資本的環境和條件，考慮好如

何制訂合理的價格，考慮好如何提供合乎消費者要求的商品和令消費者滿意的服務，這是使經濟活動中貸款或貨款順利支付的基礎。

種子是用來交換金秋的。種子是不可食用的。靈魂的純潔是最大的美德。經商者應當牢記，抓住屬於自己的錢，放棄不屬於自己的錢！

該獲取的利潤絕不放手

該獲取的利潤絕不應放手。既要計較清楚，又能迅速地計算出結果。把兩者結合起來，是猶太人的聰明之處，也是他們善於做生意的訣竅。

猶太人的心算本領成為其對經營判斷和對外談判的高招。事實上，猶太人這種本領不是天賦的，而是經過長期訓練得來的。

在長期的商場磨練中，猶太人練就了閃電般迅速的心算能力。如牛仔褲創始人李維·施特勞斯，因家境不佳，1850年跟隨別人從德國到美國西部淘金，希望能藉此發財。到了舊金山後，經過幾星期的淘金生活，他發現那裡人山人海，淘金者中確有人因此賺到了一些錢。但他想，每日從早到晚疲於淘挖不止，一個月也只不過獲得幾十美元。如果在礦場上做生意，供應給千千萬萬的礦工生活必需品，每100美元營業額賺得20美元，每天做100美元的生意，一個月足可以賺600美元。何況那麼多的礦工在這裡，每天何止做100美元的生意呢？

經此謀算後，李維決定不做淘金工作了，他開始擺賣涼水及一些小百貨。果然不出所料，李維第一個月經營的營業額就達5000美元，他的利潤超過1000元，比一名淘金者多賺了幾十倍的錢。以後，隨著他經營品項的增多，賺的錢就更多了。

對於猶太人來說，精於計算，是為了錙銖必究。他們不像大多數東方人一樣，羞於「斤斤計較」。他們認為，該獲取的利潤絕不應放手。他們既要計較清楚，又能迅速地計算出結果。把兩者結合起來，是猶太人的聰明之處，也是他們善於做生意的訣竅之一。

智慧的種子比金錢更珍貴

猶太人把商業人才稱之為「智慧的種子」，他們懂得智慧和金錢一樣都是可以通過播種、經營而收穫的。對智慧收穫的意義遠大於對金錢的收穫，這正是決定商業前途的重要因素。與之相反，有許多非猶太商人對於智慧的培養這種重要的事，都不願意用心去做，一心只想取巧，其結果恰恰是弄巧成拙。

美國土木建築業大王猶太人比達・吉威特不僅稱霸於建築業界，在煤礦、畜牧、保險、出版、電視公司，甚至在新聞事業界，也獲得了巨大的利益。

身為實業家的比達・吉威特，其成功的關鍵在於他那種獨特的經營哲學：「倘若可以賺1美元，只要有這種機會，我絕對不放棄。」他還有一種近似未卜先知的天賦，當一件事尚未來臨，他便能預見它將在何時發生。比達・吉威特作為經營者，能夠展開很巧妙的人事政策，激發手下的才能和工作情緒，因此工作效率非常高，人人願為他奮鬥。我們可以從下面的實例中見其一斑。

1950年左右，比達・吉威特在同一時間內在兩項工程中得標。一項是在俄亥俄州建設原子爐，一項是在懷俄明州建設克大利巴堤防工程。在這

兩項工程同時得標、且同時施工的情況下，比達‧吉威特便表現出他那獨特的用人方法。

　　土木建築工程師通常都有共同的特性，那就是面對越困難的工程，越能提起工作興趣，做起來越能發揮所長。原子爐建設既能體現出站在時代的尖端，又含有國家意義，因此他們的情緒的確都非常高昂。對於堤防工程，大家無不認為是舉手之勞的小事，覺得做起來不夠過癮。比達‧吉威特時刻在注視著這兩項工程的進展，並且根據從事堤防工程的技術人員在工作中的實際表現，隨時調配他們去從事原子爐工程。相反地，在從事原子爐工程方面能力表現較差的，便送去做堤防工程。這種人事管理辦法實施的結果，使得每個從業人員競爭意識大大增強，個個爭先，也使得這兩項工程很快完工。

　　比達‧吉威特不僅在用人方面表現出非凡的才幹，對於新人的發掘與培養也是十分積極的。對於剛出校門的年輕技術人員，頭一年使其接受廣大範圍的建築技術的在職訓練，使技術人員能學以致用，激發潛能。在形形色色而且為數眾多的工程中，人力和物力密切配合，事事如意，工程完成得盡善盡美。

　　自己在所經營的事業上，比達‧吉威特並不親自參與，始終只是指示做法，然後把某一項工程全託付給實際負責人，至於工作效果，他能迅速地給予評價，絲毫不放鬆，這就是他的一貫作風。

節約本錢就等於增加利潤

　　生意人該捨得的時候要大方，該節省的時候要節儉。

猶太經典《塔木德》中說：「凡成大業者，無不以節儉為要訣。」對於商人而言，更是要講究節省開支，從而降低成本，增加利潤，把生意做大做強。

猶太著名的船商銀行家出身的斯圖亞特曾經有一句名言，他說：「在經營中，每節約一分錢，就會使利潤增加一分，節約與利潤是成正比的。」

斯圖亞特努力提高舊船的操作等級以取得更高的租金，並降低燃油和人員的費用。

也許是銀行家出身的緣故，他對於控制成本和費用開支特別重視。他一直堅持不讓他的船長耗費公司一分錢，他也不允許技術工作的負責人直接向船塢支付修理費用，原因是「他們沒有錢財意識」。因此，水手們稱他是一個「十分討厭的吝嗇鬼」。直到他建立了龐大的商業王國，他的這種節約的習慣仍保留著。

一位在他身邊工作多年的高級職員曾經回憶說：「在我為他工作的日子裡，他給我的辦事指示都用手寫的條子傳達。他用來寫這些條子的白紙，都是紙質粗劣的信紙，而且寫一張一行的窄條子，他會把寫的字撕成一張長條子送出，這樣的話，一張信紙大小的白紙也可以寫三、四張『最高指示』。」一張只用了五分之一的白紙，不應把其餘部分浪費掉，這就是他「能省則省」的原則。

可見，無論生意做多大，要想取得更多的利潤，節約每一分錢，實行最低成本原則仍然是非常必要的。

節約每一分錢。把錢用在刀刃上，這是每個猶太商人對自己的基本要求。

大富是借出來的

　　找一個有實力的利益追求者，想盡一切辦法把他與自己的利益捆綁在一起，使之成為一個不可分割的共同體，讓他幫助自己實現自己的目標。

　　著名的希爾頓從被迫離開家庭到成為身價5.7億美元的富翁，只用了17年的時間。他發財的祕訣就是借用資源經營。他借到資源後不斷地讓資源變成新的資源，最後成為了全部資源的主人———一名億萬富翁。

　　希爾頓年輕的時候特別想發財，可是一直沒有機會。一天，他正在街上閒晃，突然發現整個繁華的優林斯商業區居然只有一個飯店。他就想：我如果在這裡建設一座高級的飯店，生意一定會興隆。於是，他認真研究了一番，覺得位於達拉斯商業區大街拐角地段的一塊土地最適合做飯店用地。他調查清楚了這塊土地的所有者，是一個叫老德米克的房地產商人之後，就去找他。老德米克給他開了個價，如果想買這塊地皮就要希爾頓掏30萬美元。

　　希爾頓不置可否，卻請來了建築設計師和房地產估價師給「他」的飯店進行測算。其實，這不過是希爾頓假想的一個飯店，他問，按他設想的那個飯店需要多少錢，建築師告訴他起碼需要100萬美元。

　　希爾頓只有5000美元，但是他成功地先用這些錢買下了一個旅館，並不斷地使之升值。不久，他就有了5萬美元，然後找到了一個朋友，請他一起出資，兩人湊了10萬美元，開始建設這個旅館。當然這點錢還不夠購買地皮的，離他設想的那個旅館還相差很遠。許多人覺得希爾頓這個想法是癡人說夢。

　　希爾頓再次找到老德米克，簽訂了買賣土地的協定，土地出讓費為30

萬美元。然而就在老德米克等著希爾頓如期付款的時候，希爾頓卻對土地所有者老德米克說：「我想買你的土地，是想建造一座大型飯店，而我的錢只夠建造通常的旅館，所以我現在不想買你的地，只想租借你的地。」

老德米克有點發火，不願意和希爾頓合作了。希爾頓非常認真地說：「如果我可以只租借你的土地的話，我的租期為100年，分期付款，每年的租金為3萬美元，你可以保留土地所有權，如果我不能按期付款，那麼就請你收回你的土地和在我這塊土地上所建造的飯店。」老德米克一聽，轉怒為喜，「世界上還有這樣的好事，30萬美元的土地出讓費沒有了，卻換來270萬美元的未來收益和自己土地的所有權，還有可能包括土地上的飯店。」於是，這筆交易就談成了，希爾頓第一年只需支付給老德米克3萬美元，而不用一次性支付昂貴的30萬美元。就是說，希爾頓只用了3萬美元就拿到了應該用30萬美元才能拿到的土地使用權。這樣希爾頓省下了27萬美元，但是這與建造旅店需要的100萬美元相比，差距還是很大的。

於是，希爾頓又找到老德米克，「我想以土地作為抵押去貸款，希望你能同意。」老德米克非常生氣，可是又沒有辦法。

就這樣，希爾頓擁有了土地使用權，於是從銀行順利地獲得了30萬美元，加上他已經支付給老德米克的3萬美元後剩下的7萬美元，他就有了37萬美元。可是這筆資金離100萬美元還是相差得很遠，於是他又找到一個土地開發商，請求他一起開發這個飯店，這個開發商給他了20萬美元，這樣他的資金就達到了57萬美元。

1924年5月，希爾頓飯店在資金缺口已不太大的情況下開工了。但是當旅店建設到了一半的時候，他的57萬美元已經全部用光了，希爾頓又陷入了困境。這時，他還是來找老德米克，如實介紹了資金上的困難，希望老德米克能出資，把建了一半的建築物繼續完成。他說：「如果飯店一完

工，你就可以擁有這個飯店，不過您應該租賃給我經營，我每年付給您的租金最低不少於10萬美元。」

這個時候，老德米克已經被套牢了，如果他不答應，不但希爾頓的錢收不回來，自己的錢也一分都回不來了，他只好同意。而且最重要的是自己並不吃虧——建希爾頓飯店，不但飯店是自己的，連土地也是自己的，每年還可以拿到10萬美元的租金收入，於是他同意出資繼續完成剩下的工程。

1925年8月4日，以希爾頓名字命名的「希爾頓飯店」建成開業，他的人生開始步入輝煌時期。

希爾頓就是用借的辦法，用5000美元在兩年時間內完成了他的宏偉計畫。不能不說他是善於利用別人的高手。

其實這樣的辦法說穿了也十分簡單：找一個有實力的利益追求者，想盡一切辦法把他與自己的利益捆綁在一起，使之成為一個不可分割的共同體，讓他幫助自己實現目標。

不思考資產也會變成負債

《塔木德》說：「獨特的眼光比知識更重要。」

美國一所著名學院的院長，繼承了一大塊貧瘠的土地。這塊土地，沒有具有商業價值的木材，沒有礦產或其他貴重的附屬物，因此，這塊土地不但不能為他帶來任何收入，反而成為支出的一項來源——他必須支付土地稅。

州政府建造了一條公路從這塊土地上經過。一位「未受教育」的人剛

好開車經過，看到了這塊貧瘠的土地正好位於一處山頂，可以觀賞四周連綿幾公里長的美麗景色。他同時還注意到，這塊土地上長滿了一層小松樹及其他樹苗。他以每畝10美元的價格，買下這塊50畝的荒地。在靠近公路的地方，他建蓋了一間獨特的木造房屋，並附設一間很大的餐廳，在房子附近又建了一處加油站。他又在公路沿線建造了十幾間單人木頭房屋，以每人每晚3元的價格出租給遊客。餐廳、加油站及木頭房屋，使他在第一年淨賺15萬美元。

第二年，他又大肆擴張，另外增建了50棟木屋，每一棟木屋有三間房間。他現在把這些房子出租給附近城市的居民們，作為避暑別墅，租金為每季150美元。而這些木屋的建築材料根本不必花他一毛錢，因為這些木材就長在他的土地上。

還有，這些木屋獨特的外表正好成為他擴建計畫的最佳廣告。通常人如果用如此原始的材料建造房屋，很可能被認為是瘋子。

故事還沒有結束，在距離這些木屋不到5公里處，這個人又買下占地150畝的一處荒廢老農場，每畝價格25美元，而賣主則相信這個價格是最高的了。

這個人馬上建造了一座100公尺長的水壩，把一條小溪的流水引進一個占地15畝的湖泊，在湖中放養許多魚，然後把這個農場以建房的價格出售給那些想在湖邊避暑的人。這樣簡單的一轉手，使他共賺進了2.5萬美元，而且只花了一個夏季的時間。

正是這個有遠見及想像力的人，卻未受過正規的「教育」。

且讓我們牢記這項事實：只要能運用各種知識，人立即可以變得有教養及有權勢。

那人沒有知識，但他把他的無知和50畝荒地混合在一起之後，所獲得

的年收益，卻遠超過很多人靠所謂的教育方式所賺取的五年總收入。

一位猶太富翁亨利・福特說：「思考是世上最艱苦的工作，所以很少有人願意從事它。」

你的頭腦是你最有用的資產，但如果使用不當，它會是你最大的負債。

推銷開始於收回帳款

堅持「先收後賣」的原則，先與客戶結清積久款項，再進一步探求顧客的需要，這樣才能順利地進行貨物推銷。

精明的猶太人認為，解決債務問題的關鍵在於對債務人的情況有全盤的瞭解。

通常債務人包括公民和法人兩種，因法人團體為單個公民所組成，所以其心理狀況通常區別不大，但其境況和心理外在表現卻是不同的。

以下是猶太商人成功收帳的幾個技巧：

要與客戶約好收款及付款的時間。「定期造訪」是經營者順利回收貨款的基本功。經營者與客戶約定收款時間時，要推己及人。賣主收款時，要選擇顧客與自己雙方都覺得方便和適當的時間。如果一味順著客戶的時間拜訪，容易讓客戶產生「隨波逐流」的不良印象。但也不能強求客戶配合自己的時間而得罪客戶。

收款前應將帳目事先確認。傳統的收款方式，都是由賣方到客戶營業所在地提示有關的債權憑證，供客戶逐筆核對，等客戶確認與其擁有的「副聯」核對無誤後，再簽發票據或點交現金給賣方。這種當面結款的方

式，最大的缺點是對帳時賣方必須陪侍在側，與客戶逐筆核對，結果是浪費了賣方不少寶貴的時間。

為克服這一點缺點，賣方可在約定的收款時間以前，先行編制客戶的「帳單明細表」，表內詳細逐筆記載訂貨日期、數量、單價、總金額。統一發票號碼等專案，郵寄給客戶，供其做核對付款之用。客戶收到「帳單清單明細表」，就可先行做核對工作，若內容所載正確無誤，客戶就可根據雙方約定的付款期限，預先簽發票據或準備現金，等賣方準時來收款時，雙方就能在極短的時間內完成交款收款的工作。這樣，能節省雙方當面對帳的時間。

收款時「先收後賣」。許多高明的賣主，常利用同一次拜訪客戶的機會來做「一魚兩吃」——推銷和收款同時展開。其優點是可節省專程收款的拜訪時間，其缺點是腳踏兩條船，經常出現兩頭落空的結果。因此，要實施「一魚兩吃」的策略，必須堅持「先收後賣」的原則，先與客戶結清款項，再進一步探求顧客的需要，這樣才能順利地進行貨物推銷。

碰到客戶抱怨困難時，實行化整為零的收款方式。賣方偶爾碰到一些經濟情況較差的客戶，這些客戶會大唸「賠錢經」，並且沒有確定付款日期，含糊其辭。

面對這種情況，賣方可以根據客戶的經濟情況考慮分期付款，但必須要求客戶明確每期應付的金額及付款日期。這種「化整為零」的付款方式，由於在契約中明確指出客戶每期付款的金額和日期，並請客戶在契約上簽字，這在無形中增加了客戶的壓力，對拖欠的貨款收回是較為有效的方法。

對愛打折扣型的客戶先禮後兵。愛打折扣型的客戶最喜歡貪小便宜，在付款時，不是對於零頭尾數拒絕給付，就是對於事先談好的折扣要求降

低。這類客戶認為能多爭取就不擇手段地爭取，為了自己的利益可以犧牲別人的利益，只要有利可圖，必然在付款時設法將貨款大打折扣。

對付這類客戶，收款時要以和藹的語氣，堅決的態度，向其解說按契約條件付款的長期利益。如果客戶要求折扣的金額不多，且客戶以往付款信用良好，不妨適當遷就一些。如果客戶信用不佳，且經常短付，最好不要接受客戶折讓的要求，以建立「買賣算清」的收款形象。對於這類客戶，絕對不可姑息養奸，以防給今後的收款增加更多的麻煩。

儘量避免爭辯收款。有時因收款不順而引起爭辯。買賣雙方爭辯時，所用的無情、尖刻字眼和證據，很容易使客戶的自尊心受到傷害。為此，當客戶無理地爭論付款票期，不合行情時，收款的賣方一定要保持冷靜態度，避免和客戶直接爭辯，設法以「心平氣和」的方式和其「討論」解決之道，千萬不能以「辯」制「辯」。否則，縱然贏了爭辯，卻可能失去收款的良機。

דומלת

塔木德

第5輯

猶太行銷經

嘴巴生意是個無底洞

嘴巴是消耗的無底洞，地球上當今有50多億個「無底洞」，其市場潛力是巨大的。為此，猶太商人設法經營凡是能夠經過嘴巴的商品，如糧店、食品店、魚店、肉店、水果店、蔬菜店、餐廳、咖啡館、酒吧、俱樂部等等。

猶太人認為，吃完的東西要消化和排泄，1美元一枝霜淇淋，10美元一份牛排，進入人口中幾小時後，都會化做廢物排泄掉。如此不斷地循環消耗，新的需求不斷產生，商人可以從經營中不斷賺到錢。

當然，任何一種生意，要想做好它，依循生意常規還是不夠的，它還需要有聰明的頭腦和深邃的洞察力。「嘴巴」生意也不例外。請看一例：有個住在大阪的日本人，他是當今有名的大富翁，也是日本肉餡麵包店的創始人。20世紀70年代初，當時日本的主流麵包是無內餡的，後來，他與美國麥當勞公司合作，向日本人提供價廉物美且有包肉餡的麵包。

剛開始經營的時候，日本的商人都笑他，認為在日本推銷肉餡麵包，無疑是自找死路，絕不可能有市場。但他不這麼認為，他看到日本人體質弱，身材矮小，這可能與飲食有關，同時他又看到，美國肉餡麵包店的效應正向全世界發展。基於這兩點，該日本商認為，同樣是「嘴巴」的商品，在美國能暢銷，在日本為什麼不可能？再說，按照猶太人的觀點，「嘴巴」生意絕對賺錢，他只要經營得法，為什麼不可以獲取利潤？

憑著這些信念，該日本商人的肉餡麵包店開業了。不出所料，開業的第一天，顧客爆滿，利潤還大大超過該日本商人原來想像的程度。以後利

潤日日升高，一連用壞了幾台世界上最先進的麵包機器，還是滿足不了顧客的消費需求，該日本商人利用肉餡麵包，即利用「嘴巴」生意輕而易舉地發了大財。

現代社會，什麼東西都可以成為商品，可謂「商機無限」，但做生意總有個利潤厚薄之分，也有個「長短線」的問題。有的商品可能很好銷，但利潤卻很低，而有的商品可能銷路不是很廣，但其利潤很高。同樣，有的東西只在特定的環境和時間才能賺錢，而有的東西無論什麼時候都賺錢。

我們總想知道究竟什麼東西最能賺到錢，當大多數商人還在摸索總結的時候，猶太人卻早已把商品分了類，他們認為：不管過去，現在還是將來，「女人」和「嘴巴」是最能賺錢的商品。「嘴巴」生意無疑是猶太生意經中最耀眼的部分之一。

公益策劃與善意行銷兩不誤

眾多猶太鉅賈在發財致富中，都無一例外地有一個共同舉措——注重慈善事業和公益事業。19世紀中期至20世紀初俄國銀行家金茲堡家族，從1840年創立第一家銀行起，經過幾十年的經營，在俄國開設了多家分行，並與西歐金融界建立了廣泛的業務關係，發展成為俄國最大的金融集團，其家族成為了世界知名的大富豪。

金茲堡家族像其他猶太富豪一樣，在其發跡過程中做了大量的慈善工作。他在獲得俄國沙皇的同意下，在彼得堡建立了第二家猶太會堂；1863年，他又出資建立俄國猶太人教育普及協會；用他在俄國南部莊園的收入

建立了猶太農村定居點。金茲堡家族第二代繼續從事慈善工作，曾把其擁有的歐洲最大的圖書館捐贈給耶路撒冷猶太公共圖書館。

美國猶太商人施特勞斯從商店記帳員開始，步步升遷，最後成為美國最大的百貨公司之一的總經理，在20世紀30年代成為世界上首屈一指的巨富。他也做了大量的慈善活動。除了關心員工的福利外，他曾多次到紐約貧民窟察訪，捐資興建牛奶消毒站；並先後在美國36個城市分發牛奶給嬰幼兒；到1920年止，他捐資在美國和國外設立了297個施奶站；他還資助建設公共衛生事業，1909年在美國新澤西州建立了第一個兒童結核病防治所；1911年，他到巴勒斯坦訪問，決定將他1/3的資產用於該地興建牛奶站、醫院、學校、工廠，為猶太移民提供各項服務。

事實上，猶太商人做善事的同時，也遵循「以善為本」的生意經。他們大量的捐資為所在地興辦公益事業，會贏得當地政府的好感，對他們開展各種經營十分有利。有些猶太富商由於對所在國的公益事業有重大義舉，獲得了國王的封爵，如羅斯柴爾德家族有人被英王授予勳爵爵位；有些猶太人還獲得當地政府的優惠條件，開發房地產、礦山、修建鐵路等，從而取得了賺錢的機會。

歸根結底，猶太人熱心捐錢辦公益事業是一種行銷策略，這種行銷策略為企業提高知名度，擴大影響，博取消費者的好感有重大作用，對企業鞏固已佔有的市場，及今後擴大市場佔有率會產生巨大作用。

猶太商人向來都把「以善為本」作為一項重要的經營策略，除了與其民族的歷史背景有關外，也是一種促銷好辦法。他們認為，人類的內心都有希望被人注目、受人重視、被人容納的願望。所以，猶太商人為了充分利用人類內心深處的欲望，他們用善意的、親切的、溫和的態度與人交往。

暗示術是一切廣告的核心

每個人都有一道心理防線。在他神智清晰的時候，職業刺探者也束手無策。

「怎麼辦？」

「將他擊昏。」心理學家的回答肯定讓你吃驚不小。

憑藉「心理暗示術」，來實現自己推銷產品的目的，可以說是猶太人的一個特長。事實上，他們並非真正去把顧客打昏，而是對顧客進行心理催眠，讓其「神志不清」，甚至「休克」過去。

催眠的方法很多，暗示是其中較為有效的一種。暗示過程實際上是使人不發動自己的判斷力，陷入某種精神狀態或採取某種行動的過程。

催眠可以強化回憶的能力，使人想起很久以前的往事。例如，一位男士經過催眠之後，竟能將20年前的汽車廣告詞一字不漏地講出來。

例如，一家電影院在放映過程中，突然插入了一段霜淇淋廣告，時間很短，一晃而過，觀眾還沒有意識到是怎麼回事時，廣告已經消失。但在潛意識之中卻留下深刻印象。看完電影之後，大家都到劇院門外的售貨亭買霜淇淋，效果極佳。這則廣告對於人們的購買行動產生了暗示作用。

可口可樂公司也用過這種方法，結果發現，影院旁的可口可樂銷量提高了18%。

哪些人更容易受暗示影響？女性容易受到暗示的影響，男性通常比較理性，不易受影響。所以，以女性為對象的商品，利用這種暗示效果一定不凡。

按年齡來講，年輕人較易受到暗示的影響，特別是兒童。

某家食品公司，印製了一些兒童玩具畫冊，與通常畫冊一樣，只是在每頁的左下角若無其事地印有自己的商標圖案。這些圖案，在幼兒的腦海中留下深刻的商標印象。兒時的記憶對於將來的購買行為會產生一定的影響。一些開發兒童智力的產品，對孩子及其父母都有一定的暗示。它的目的就是讓兒童下次見到商品時，會有購買的衝動。

暗示需要講究策略。暗示過程通常分兩個階段：首先使消費者產生一種想法，然後在想法的基礎上採取行動。暗示者要針對不同的商品、不同的人採取不同的策略。

例如我們常見的一種名叫命令性策略的暗示。這種策略將內容和目的直接告訴對方，使他們產生危機感，迫使自己果敢行動。如「數量有限，欲購從速」「清倉大拍賣」「緊急行動，除夕大贈送」，以及「跳樓」、「倒店」之類的廣告語。

命令性策略要求暗示語言精練。現代生活節奏緊張，消費者沒有過多的時間去思考為什麼拍賣。因此，這種暗示會條件反射地引起消費者的興趣，「跳樓大拍賣」會使消費者想到降價拍賣，於是消費者就會產生一種購買欲望。

贊助社會就是銷售產品

沒有社會的發展，就不可能有商業的繁榮。對於一個公司來說，參與社會發展比單純追求經濟利益更為重要。

《塔木德》上說：「與眾人為善，聲名永存。」

縱觀眾多猶太鉅賈的成功歷程，就會注意到，他們有一個共同的舉

措，即致富後都特別注重慷慨解囊做各種善事和公益事業。

猶太人篤信中的一個信條上說：猶太人生活在哪裡，就應該在哪裡生根。他們不但誠信經商，還用自己的財富和實業去幫助和庇護猶太同胞或非猶太人，他們相信，只有以誠相待，取信於人，猶太人才會擁有朋友，而不是到處樹敵。

美國的菲利浦—莫里斯公司是一家有名的熱衷於贊助社會公益事業的公司，這家公司是美國500家大公司之一，是生產「世界銷量第一」的「萬寶路」香菸和食品、飲料的跨國公司。總部設在紐約，生意遍及五大洲，每年的營業額超過百億美元，他們雇的員工多達114000人。

菲利浦——莫里斯公司把贊助作為長期的推銷術，它每年都制訂贊助計畫，撥出大量財力和人力支持世界各國的文化事業活動。它所贊助的範圍很廣，包括美術、音樂、舞蹈、戲劇。

這個以生產香菸和食品為主的公司，在每年都要花上千萬美元的鉅款去贊助一些與本公司經營的產品毫不相干的事情。有些眼光短淺的人認為這是浪費錢或愚蠢之舉，而菲利浦—莫里斯公司董事會主席兼首席執行官漢米許・麥斯威爾卻認為：「我們作為社會的一員，除了像其他公司一樣生產產品，提供勞務和就業機會，向政府納稅，為股東增加利潤外，我們還懂得社會的其他需要。為此，我們準備履行和我們公司地位相適應的義務，為社會福利做出貢獻。」

他還進一步解釋說：「沒有社會的發展，就不可能有商業的繁榮。對於一個公司來說，參與社會發展比單純追求經濟利益更為重要。作為菲利浦—莫里斯公司的人，我們一直在探索創造性思想。我們想透過我們作為法人團體的努力使這種探索方式生動、活潑一些。這樣使我們的員工們意識到，他們都是在一個有促進力的環境裡工作，還可以使他們以及我們與

之打交道的其他人，都以和菲利浦—莫里斯公司合作為榮。」

菲利浦—莫里斯公司就是透過把自己和整個社會的利益結合起來，經由贊助文化事業密切了公司與社會的關係，進而擴大了公司的影響和知名度，反過來又促進本公司的產品銷售。事實證明這確實發揮了有效作用。如「萬寶路」香菸在泰國市場原來是沒有銷路的。自從它贊助了「大都會環球歌劇使者」在泰國和東南亞巡迴演出以後，就逐漸就打開了這個國家的市場。

猶太商人明白這個道理。在一切經營活動中，與人為善，把人與人的關係處理好，這是他們成功致富的祕訣，不失為一種生存立足的策略，也是我們應該明白的一個道理。

關注有錢人的流行趨勢

猶太商人想盡辦法賺有錢人的錢，而且還利用有錢人來引領人們的消費。

我們知道，要使某種商品流行起來，最重要的是先讓它在那些有錢人當中流行，特別是對比較昂貴的奢侈品更是這樣。一種商品，當它在有錢人中流行時，就會在通常老百姓中形成一種示範效應。

人往高處走，水往低處流，通常人都羨慕上流社會，且願意與上流社會接近，上流社會流行的衣飾、運動、口味、風格無疑對通常人有很大影響，尤其對女性、少男少女影響更大，他們總會去趕潮流，競相模仿。

猶太人深諳此道，並以此來操縱流行趨勢。比如猶太富豪羅斯柴爾德的發跡，就是利用古錢幣讓其先在上流社會中流行起來然後再普及大眾

的。此外，日本的漢堡大王藤田的發跡史也體現了這一點，不僅靠漢堡大發其財，而且還做女人和小孩的生意，如鑽石、時裝、高級手提包、玩具等。

在經營過程中，他首先把對象放在上流社會中有錢人的流行趨勢上，無論是鑽石的花樣，服飾的色彩，還是手提包的樣式，都是按照有錢人的喜好特製的。結果，他的生意不僅暢銷，而且20年來經久不衰，從未發生過「流血大拍賣」的事。

當然，藤田先生之所以能戰勝競爭對手，還在於他善於從實際出發，靈活多變，絕不是只知道選購在歐美最風行的服飾。因為歐美的服飾只適合那些金髮碧眼、身材修長的歐美女孩，而日本的婦女黃皮膚、黑頭髮、個子嬌小，和那些服飾很難搭配。

有錢的人，即使錢再多，也不會拿錢去買不適合自己的東西。所以，那些只知其一不知其二的商人們，雖然片面地趕上了有錢人的時髦，但不針對問題分析，恐怕最終還免不了虧本。

藤田先生之所以被稱之為「銀座猶太人」，恐怕與他靈活地運用猶太生意經有很大關係。現代市場瞬息萬變，能夠把握住流行時尚，無疑就握住了賺錢的法寶，但把握一種流行趨勢談何容易，猶太人從有錢人下手的商業策略值得我們學習和借鑑。

關注有錢人的流行趨勢，從而引領有錢人的流行時尚，再加上仔細分析研究市場，商家就可以趕上潮流，甚至超前於潮流。這樣也就把握了主動，賺錢自然是水到渠成的事了。

雜草也有用處

猶太經典《塔木德》中說：「世上沒有廢物，只是放錯了地方。」

猶太人認為，在這個世界上沒有一件無用的東西，任何無用的東西都是可以利用的，都能尋找到它存在的價值和用途。

猶太人善於從別人輕視的東西中，尋找到它存在的價值和用途。所以有句猶太名言說：「雜草亦有用處。」

據說，這句格言來自一則寓言故事：

有一天，一位農夫彎著腰在院子裡鋤草。天氣很熱，他滿頭大汗，汗珠不停地順著臉頰流下來。

「可惡的雜草！假如沒有這些雜草，我的院子一定很漂亮，神為什麼要造這些討厭的雜草來破壞我的院子呢？」農夫這樣嘀咕著。

有一棵被拔起的小草正躺在院子裡，它回答農夫說：「你說我們可惡，也許你從來就沒有想到過，我們也是很有用的。現在，請你聽我說一句吧。我們把根伸進土中，等於是在耕耘泥土，當你把我們拔掉時，泥土就已經是耕過的了；此外，下雨時，我們防止泥土被雨水沖掉；在乾涸的時候，我們能阻止強風吹起沙塵；我們是替你守衛院子的衛兵，如果沒有我們，你根本就不可能享受種花、賞花的樂趣，因為雨水會沖走泥土，狂風會吹散泥土……所以希望你在看到花兒盛開之餘，能夠想起一些我們的好處。」

農夫聽了這些話，不禁肅然起敬，站得直直地，從那天以後，他就再也沒有瞧不起任何東西了。

猶太人的這種觀念，強調每一件東西都有用處。他們認為，事物的好

壞在互相轉換、變化，好東西並不是絕對的好，它也必定會有一些缺陷；壞東西也並不是絕對的壞，它也有自身的特殊用途，凡事就在於人的發掘了。

猶太人還認為，遇到的苦難愈艱深，敗北的次數愈多，就會愈堅強。

人生有成功，也有失敗，這是必然的，猶太人普遍地對失敗持一種容忍的、接受的態度。猶太人認為，如果一個人沉湎於成功的甜美，而忘掉了失敗的苦澀，那麼終有一天他會嘗到失敗的苦果。因為成功會使人鬆懈，使人自滿；而失敗卻使人緊張，使人警戒，是一個很好的老師，人們可以從它那裡學到一些本事，沒有捨棄它的道理。

猶太人甚至還認為，失敗比成功還要珍貴。失敗不可怕，如果能振作起來，能夠從失敗中學習成功的經驗，就會像雜草一樣有用處，有作為。

猶太人能夠在接踵而來的磨難中前進，就是因為他們堅信雜草也有用處。為此，他們善於在困難和失敗時發現自身存在的價值。這就是猶太人不尋常的經商智慧。

讓腦子多走些路

猶太商人認為：想要取得經商的成功，取得利潤，必須要讓腦子多走些路。

讓腦子多走些路，首先要做的是突破思維定勢。所謂思維定勢，就是「過去的思維經驗和習慣」。思考過程通常會自然地按照頭腦中已有的思考程序和思考模式運行。如果按照昨天的模式行動，只能得到和昨天一樣的結果。

要想獲得利潤，必須長於思索，善於發現。這樣，才能夠不斷地搶佔商機。

思維定勢對人們思考問題顯然有很多好處。它能使思考者省去許多摸索、試探的步驟，少走彎路，大大縮短思考的時間，提高思考的效率，還能使思考者在思考過程中感到駕輕就熟、輕鬆愉快。思維定勢在日常工作和生活中的作用更是不可低估。有人曾估計，思維定勢可以幫助人們解決每天所碰到的90%以上的問題。

思維定勢卻不利於創新思考。而經商必須要創新思考。只有創新思考才能解決在經商過程中所遇到的新問題，才能對舊有的問題作出新的解決方式。創新思考最主要的是突破思維定勢。突破定勢作為一種創新思考方法是指在思考有待創新的問題時，能打破常規的思考路徑，獨闢蹊徑地找出解決問題的方法。這就是所謂的「別出心裁」。

下面我們來看一個別出心裁的創富例子。

在日本川崎市有一家叫做「岡田屋」的百貨商店。在其他商店只能勉強維持的時候，岡田屋卻長期保持利潤增長，業務不斷擴展，銷售額年年增加。這是為什麼呢？原來這家商店的老闆在長期的經營活動中善於觀察，創造出許多與眾不同的經營策略和行銷戰術。

在零售業中，常常有因零錢不足而找不開錢的問題。岡田屋百貨公司早在1961年就想出了一個解決問題的辦法，既解決了零錢不足的問題，又招徠了顧客。這個辦法就是在百貨公司門口營業廳的銷售點設立一個個「抽獎處」，顧客每支付一日元就可獲一次抽獎的機會。顧客購物時往往要求不用找零，而用零錢抽獎。這種別出心裁的手法，不但滿足了顧客用小錢獲大獎的投機心理，而且本身也為商店增加了又一筆收入。商店恰恰抓住了顧客的心理，每個顧客都樂於到這個商店來「購物」和「碰運

氣」。

　　這是一種別出心裁的創富路徑，是一種智力創富。經商就得讓腦子多走些路。

向女人推銷不如讓女人觸摸

　　在猶太商人看來，瞄準女人，賺取女人所持有的金錢，就等於賺取了男人工作所賺的錢。女人不僅是賺錢的商品，而且是賺錢的第一商品。

　　關於做女人生意，猶太人中流傳著許多民諺：「從男人身上賺錢，其難度要比以女人為對象大10倍。」

　　「賺錢的是男人，用男人的錢養家的是女人。」

　　「錢是男人賺的，開銷權卻在女人手裡。」

　　「讓女人掏腰包的機會遠比讓男人掏腰包的機會多。」

　　「打動女人的心，我們的生意才容易成功。」

　　有人說，女人是感性的動物，這話不錯。女性在消費時，除了關注商品的品質、價格等指數，還容易被許多能影響其情感的因素所左右。所以，在做女性生意的時候，如果能關注女性的情感需求，從人性化、人情味的角度出發，拉近與消費者的距離，生意就已經成功了一半。

　　在這一點上，猶太人不僅自己是高手，而且還將這套生意經傳授給了他人。猶太人總結出以下女性消費者的特點或者弱點：「原價100元的東西降價為98元，三位數降到兩位數，女人的感覺便是便宜多了。」

　　「男人會花2元去買標價1元而且是他所需要的東西；女人則會花1元去買標價2元但她不需要的東西。」

「只要某廣告提到某廠商正在某地舉辦大拍賣，大多數女人就甘願花30元的車費，去購買一樣只便宜10元的東西。」

「3個蘋果90元，女人們大多知道1個蘋果30元；若3個蘋果80元，大多數女人為了知道1個蘋果的價格，往往會掏筆演算一番。」

「女人比男人喜歡觸摸。男人只是比女人喜歡想入非非地觸摸；女人的觸摸往往表現為一種暗自揣摩。若沒有摸一摸、揉一揉衣物，女人是很難下決心購買的。其他商品也是一樣。」

「不可試吃的食品，女人也要用手捏捏，以鑑定其品質。精美的商品被不透明的紙袋精美地包裝著，女人們就不敢作購買的嘗試。」

「與其大費唇舌地向女人推銷，不如讓女人摸一下，看一下。」

日本著名猶太商人佐藤說，把商品以高價賣給女人，還要讓女人把眼睛看花。

在佐藤70大壽時寫給兒子的信中，他這樣說道：「一方面盯緊別人的女人，賺女人掌管的錢；另一方面盯緊自己的女人，別讓她花銷無度。」

的確，做女人生意，一直是猶太商人的看家行當。如今，這塊「蛋糕」非但沒有削減，反而越做越大。我們若能把握市場脈絡，洞悉女性消費者的心理，就能從這筆買賣中分得一杯羹。

盯緊肥羊

日本商人藤田在經營之初，曾接受一位猶太人的教誨。

這位猶太人告訴他，一種商品在社會上流行的情形可分為兩類，一類是先流行於高收入的階層，即富翁，然後再漸次普及於大眾；另一類是突

如其來爆炸性地流行於大眾，但是很快就會銷聲匿跡。自富翁階層流行的商品，其壽命就長得多了，根據統計，至少可維持兩年以上。這類商品又以高級的舶來品為數最多。事實上，某種舶來品，其品質和本國的產品一樣，但價格遠超過本國的數倍以上，可是有錢的人往往情願買舶來品，似乎越買得起貴的東西，才越顯得出自己的身份地位比別人高。因此商人們便抓住顧客的此種心理，競相把舶來品上的標籤售價定高，顧客反而樂於搶購，商人便厚利多銷了。

藤田便抓住通常人的心理，輸入服飾品時，以國內上流階層最有錢的人為對象，輸入一流的昂貴服飾品，讓一流階層的人選購。不久，次一層收入的人為了向第一流的人「看齊」，也爭相搶購。如此一來，顧客便增至原先預想數目的兩倍。如此類推，陸續增至4倍、8倍、16倍……終至擴大到社會大眾。

因此他所販賣的商品，都是以高收入階層的人為對象，極為暢銷，絕對不會有貨物無法脫手的顧慮。他做了20年的生意，從來沒有採取過削價大拍賣的方法來推銷商品，仍然在商業上獲得了巨大的成功。

現在，薄利多銷為很多經商者所採用，但這種做法一再壓縮自己的微利空間，久而久之就無利可圖。結果只是飲鴆止渴，得不償失。它還容易導致惡性競爭的價格戰，最終雙方兩敗俱傷。

對於厚利適銷，有人形象地將其比做「擠油」，即從最肥的地方下手，從市場「肥羊」身上獲得好處。這不失為一種明智之舉，盯緊這批「肥羊」，不僅可以有固定的市場，不至於在商業大戰中迷失，而且利潤頗豐，一本萬利。

用贈送的資料教育顧客

　　猶太人從不盲目信任商品。他們知道，只自己對商品有把握還遠遠不夠，他們要千方百計地為自己的商品提高透明度、知名度。

　　很多人特別相信高價貨物，認為價錢越高，貨物自然越好。要是商品價錢很低，即使商品外觀再美，推銷者把商品說得再好，問津者也寥寥無幾。這是大多數顧客的心理，猶太商人也抓住了這種心理，他們認為高價出售商品，絕對賺錢。

　　一位日本遊客到歐洲某旅遊勝地觀光，想坐纜車上山，便來到纜車售票處。看到纜車比其他旅遊區豪華、舒適，但價錢幾乎比其他地方高出一倍。於是這位遊客跑到售票處去建議：「為什麼不把價錢定低一點呢？這樣我保證你們能招攬到更多的顧客。」

　　售票員笑盈盈地說：「我們實行的是『高價服務』原則，我們這兒的纜車有其他地方纜車所無法比擬的好處，服務價值越高，需要得到的報酬當然也越高。因此，我們怎麼能和服務品質比我們差的纜車經營點去相提並論？雖然現在我們的顧客似乎比其他地方少，但以近兩倍價格來除這個差額，我們還是賺了。而且顧客坐過我們的纜車後，反應都很好，也不怨我們票價貴了。先生，你不妨試試。」

　　這位遊客一盤算，果然如售票員所說，他們現在顧客為14人，而其他地方顧客比這兒多，有20人，而前者的票價將近是後者的兩倍，這樣一換算，前者所賺的錢還是比後者的多。

　　猶太人對商品有把握，所以才不減價。他們認為只有對自己的商品沒有信心才減價，這是一種搬石頭砸自己腳的愚笨做法。在這一點上，猶

太人對「薄利多銷」的做法嗤之以鼻：「為什麼要為了獲取『薄利』而多銷？難道商人追求的不是高額的利潤？這種做法簡直是自欺欺人！」

在這一方面，猶太人的技巧很多，他們會利用社會的各種管道來向世人說明高價推銷的道理和自己商品的好處。他們或運用統計資料、宣傳小冊子，或配合使用者贈送資料卡片，其名目之多，真讓人招架不住。有個商人曾深有感觸地說：「在我的辦公桌上，最多的大概就是猶太人贈送的資料了，它們在那裡堆積如山。幾乎每個消費者手中都擁有一份猶太人免費贈送的資料，猶太人的商品似乎無孔不入。」

猶太人用這些資料來為他們加強輿論宣傳。他們說，用贈送的資料來教育消費者。

聰明商人賣自己不喜歡的東西

一個比較明智的商人，在選擇其要銷售的商品時，一定不會選擇自己所偏好的東西，而是賣自己不喜歡的東西。只有這樣，才可能獲得更大的盈利。

一個商人，如果只按照自己的喜好去做生意，那麼他就無法成功。

人對自己喜歡的東西，有強烈的佔有欲望。這是人的本性，很難控制。即使控制得住，也是要付出感情代價的。

喜歡刀劍就賣刀劍，喜歡古董就賣古董，喜歡珠寶就賣珠寶。這樣的話，生意絕對做不好。因為自己喜歡這類東西，那麼購入這些東西時，一定是按照自己的喜好精心挑選的，在要售出時，當然是萬分不捨，要下很大的決心才能把它賣出去。這是其一。其二，這類東西是他們按照自己喜

歡的挑選，於是大多比較片面，種類也不齊全，這也將影響經營的效果。

　　猶太人認為，真正的生意人是賣自己不喜歡的東西。譬如說，不喜歡古董的人要賣古董，不喜歡珠寶的人要賣珠寶。為什麼呢？原因很簡單，因為他們要賣的是自己不喜歡的東西，才會想辦法儘快把它賣出去。否則，只壓在那兒對自己毫無益處，反而是一種浪費。如果是他們喜歡的東西，他們就總想把它多留一段時間。

　　所以，在商場上，那些賣珠寶的商人，大多數是對珠寶沒有偏好的人士。珠寶通常對女人最有吸引力，是女人們鍾愛的東西，所以那些珠寶商，很少是女的，大多數是對珠寶無偏好的男士們。同樣，那些做服飾商品的商人大多數也是男士。

　　一位猶太商人分析，正是因為賣的不是自己喜歡的東西，所以在購進商品時，總是能作出比較客觀、全面的分析，而不會因為自己的偏見而忽略了其他人的需求。因此，一個明智的商人，在選擇其要銷售的商品時，一定不會選擇自己偏好的東西，而是賣自己不喜歡的東西。只有這樣，才可能獲得更大的盈利。

דומלת

塔木德

第6輯

猶太買賣經

現金主義

　　猶太商人做生意，是以現金為標準的，不願意賒帳。他們在評估交易夥伴的信譽時，首先考慮的是他的公司值多少錢，他的財產可換成多少現金。然後在此基礎上與其做生意或確定價格條款。

　　他們認為，世事多變，風雨無常，一旦發生天災人禍，除了現金鈔票外，別無他物可以讓人立即東山再起。

　　對這一點，無論猶太商人自己，還是其他民族的商人都有覺察。我們先看一則關於猶太商人迷戀現金的笑話：

　　有一位猶太人，病危臨終之際，立下遺囑：「請將我的財產全部兌換成現金，用這些錢買一張高級的毛毯和床，然後把剩下的錢放在我的枕頭裡面，等我死後再將它們一起放進我的墳墓，我要帶這些錢到天國去。」

　　富翁死後，親人依遺囑準備將死者所有財產換得的現金一同埋進他的墳墓，這時，他的一個朋友覺得這樣太可惜，就靈機一動，飛快地掏出支票和筆，簽下了同等的金額，撕下支票，放入棺材。他輕輕地對死者說：「夥計，金額與現金相同，你會滿意的。」

　　這則笑話說明了猶太人對現金的偏愛。

　　我們知道，自從羅馬帝國淪亡以來，猶太人便開始受到驅逐，過著四處流浪的生活。政治風雲變化莫測，當地對猶太人政策完全隨其主觀意識變動，這種不安定的生活，使猶太人為了免遭殺戮和迫害的命運而隨時都得做好遷徙的準備。動盪的生活和社會環境，決定了猶太人在財產選擇上與眾不同。他們通常是持有現金，或把錢換成黃金及鑽石，固定財產少之

又少。因為土地、建築物等固定財產是無法攜帶的，一旦時局緊張就得棄之而走，這對愛財的猶太人來說是非常巨大的損失。聰明的猶太人很少去購買土地營建奢侈豪華的別墅，尤其在兵荒馬亂的年代。一看政治風向不對，他們就馬上帶著家產而逃，能隨身攜帶的財產是他們逃難時的生活依靠，有了它們，無論遇上什麼天災人禍他們都不會擔心。現金是他們生活的保障和依靠，猶太人對現金的偏愛程度是無以復加的。

事實上，在當今的貿易活動中，現金仍是十分重要的，瞬息萬變的市場，風險潛伏在各種買賣活動中，如果忽視了現金主義，往往會導致血本無歸。所以，猶太商人的現金主義觀念是很有道理的。

徹底採取現金主義，是猶大人的商法之一。他們只信任自己和現金，他們認為，唯有現金才能保障他們的生命及生活，以對抗天災地變以及人禍。

正因為如此，猶太人對銀行存款不感興趣。他們認為銀行存款雖然有利息，但利息是微乎其微的，而且利息的增長幅度還不如物價上漲速度快。現金雖然沒有利息，但因沒有銀行存款之類的證據，也不需要交納遺產稅，所以，現金雖然不增加，但也不減少——對於猶太人來說，不減少就是不虧本的最起碼條件。

生意就是生意

在商場上，一切都是商品，而商品則只有一個屬性；那就是增值、生錢，除了犯法的事不能做，違背合約的事不能做，其他的一切都應該服從這個最高目的。

猶太人在進行商業操作之前，先排除了眾多倫理道德規範的掣肘和情感的障礙，放下包袱，輕裝上陣，眼界看得寬，手腳放得開，處處得心應手，無往而不勝。

　　在猶太人看來，創立公司無非是為了賺錢，只要能賺錢，出售自己的公司也是一種商業形式。同樣的道理，猶太人在進行商業操作時，對於所借助的東西，也從來沒有什麼顧忌，只要是有利於賺錢，且不違犯法律，就怎麼好用怎麼用，完全不必考慮過多。

　　猶太民族在生活上的禁忌之多、之嚴格，在世界各民族中是很少見的，並且這些禁忌歷經2000多年而能堅持貫之，極少改變。但是在另一方面，猶太人在經營商品時的百無禁忌也是在各民族中不多見的。許多原先非商業性的領域大都是被猶太人打破禁區而納入商業範圍的。

　　前蘇聯剛剛成立時，許多資本家把前蘇聯看作洪水猛獸，只有猶太人哈默不受局限，獨闢蹊徑。結果在蘇聯發了大財。

　　成功使哈默信心大增，他想：我為什麼不回美國一趟，聯合機器和其他產品的生產企業，與蘇聯進行更多的貿易呢？他說服的第一個人是亨利‧福特。

　　福特汽車早已聞名世界，其創始人亨利‧福特不僅是個有名的倔老頭，也是個有名的反蘇派。哈默經人介紹與福特見了面，福特不否認在蘇聯市場上銷售自己公司的產品可以賺錢，但是，「我絕不運一隻螺絲釘給敵人，除非蘇聯換了政府」。

　　福特的態度非常堅決，但是哈默並沒有氣餒，他說：「您要是等蘇聯換了政府才去那裡做生意，豈不是丟掉一個大市場嗎？」哈默把自己在蘇聯的見聞、經商的經歷以及列寧如何對自己開綠燈的事，一五一十地講給福特聽，哈默說：「我們是商人，只管做我們的生意，而生意就是生

意。」

　　福特對哈默的話漸漸產生了興趣，留哈默共進午餐。餐後，福特又陪哈默去參觀自己的機械化農場，兩人談得非常投機，最後，福特終於同意哈默作為自己產品在蘇聯的獨家代理人。哈默從福特這裡首先打開了缺口，很快又成了美國橡膠公司、美國機床公司、美國機械公司等許多家企業在蘇聯的獨家代理商。

不得從事買空賣空行為

　　《聖經》時代，猶太人還處於農業社會，少有交易行為，所謂「商人」是一個陌生的詞語。當時，猶太人幾乎不做買賣，僅有簡單的商業道德，譬如斤兩公道，童叟無欺之類等等。但是，這些簡單的商業道德也體現了猶太人重視公平和「講道理」的交易準則。

　　隨著社會上的商業興盛、交易活躍，《塔木德》出現了，它對商業交易也做出了許多規定。拉比（是猶太人的特別階層，主要為有學問的學者，是老師的意思，也是智者的象徵。）們基於在社會逐漸進步的前提下編纂《塔木德》，將進步的社會描寫成商業極其鼎盛發達的社會。在法典中，拉比們花費了很多篇幅，談論有關經商時應該遵守哪些道德的事情。

　　在《塔木德》中，商業交易成為一種特殊的原則，具有超乎通常生活領域的行為規範。這意味著即使是非常虔誠之人，也可根據「在商言商」的原則從事交易。

　　但是，《塔木德》裡，拉比們探討的多是如何成為有道德的商人，而不是教導世人成為唯利是圖的大商賈。由此而來，猶太人形成了商人必須

具備商業道德的傳統。

在交易中，猶太人認為，縱使事先未獲任何保證，也有權利要求購買的商品具有良好的品質。去購物，就是意味購買沒有瑕疵的商品。就算商家在交易中，宣稱「貨物出門，概不退換」，一旦該商品確有瑕疵，買方仍然有權要求退貨。並且，商人們也得同意退貨。

在猶太社會裡唯一的例外是，賣方預先告知該項商品有點兒瑕疵，譬如賣驢子時事先說明這條驢已有患病，這種情況下完成的交易，買方不得要求退貨。

因此在《塔木德》規定，賣方販賣具有瑕疵的商品時，必須事先向買方具體說明該項瑕疵才行。只有這樣，買方的權益方能獲得保障，避免遭到偽劣商品、賣方疏忽乃至故意詐欺等侵害。

猶太人在交易中買賣是由兩項要件構成，一是支付貨款，或者相當於貨品的代價，二是移交貨品。這表示賣方有義務將該項貨品安全地移交買方手中，交易才算告成。此外作為商人必須確實持有該項貨品，否則不得從事買空賣空的行為，猶太人從頭至尾都在保護買方的權益。

在做生意過程中，猶太人很注意「交易要講道理」這一從商諍言。可以說，猶太商人是世界上最講道理的買賣人。其中所謂的道理，就是公平、不欺詐。

猶太人在全世界各民族中能夠崛起，成為最會做生意最成功的商人，與他們的這一經商智慧取信於人大有關係。

只拿付過錢的東西

　　金錢具有誘惑力，許多人因為金錢而銹蝕了靈魂。猶太人是如何看待金錢的呢？這與猶太人的賺錢觀念有直接關係，即他們這些人只抓屬於自己的錢，而不抓不屬於自己的錢。

　　猶太人在追求財富方面沒有止境，這一點世人皆知。然而，猶太人追求財富的前提是，他們要靠自己的頭腦和雙手光明正大地賺。在猶太人的眼中，拿不義之財就會受到神的懲罰。

　　有個猶太婦女購買東西，當她從百貨公司回到家裡從袋中取出東西時，忽然發現裡面有一枚戒指。她並沒有買這東西。她把此事告訴了小兒子，並帶著孩子一併去找拉比，請教怎樣處理此事。

　　拉比給他們講了《塔木德》中的一則故事：有位拉比平日靠砍柴為生，每天要把砍的柴從山裡背到城裡去賣。拉比為了節省走路的時間，以便研究《塔木德》，決定買一頭驢來代替。

　　拉比向阿拉伯人買了一頭驢牽回家。徒弟們看到拉比買了頭驢回來，非常高興，就把驢牽到河邊去洗澡，結果驢脖子上掉下來一顆光彩奪目的鑽石。徒弟們高興得歡呼雀躍，認為從此可以脫離貧窮的樵夫生活，專心致志地研讀《塔木德》了。

　　可是出乎徒弟們意料的是，拉比領他們趕快去街上把鑽石還給阿拉伯人，拉比說：「我買的只是驢子，沒有買鑽石，我只能擁有我所買的東西，這才是正當行為。」

　　阿拉伯人非常驚奇：「你買了這頭驢，鑽石是在驢身上，你實在沒有必要拿來還我，我不理解，你為什麼要這樣做呢？」

拉比回答：「這是猶太人的傳統，我們只能拿支付過金錢的東西，所以鑽石必須歸還給你。」

阿拉伯人聽後肅然起敬，說：「你們的神必定是宇宙最偉大的神。」

聽罷這則故事，婦人立即決定回去把戒指還給百貨公司，但不知如何解釋，拉比告訴她：「不知道戒指屬不屬於百貨公司。如果對方問到你退還戒指的原因時，你只需說一句話就行：『因為我們是猶太人。』請帶著孩子一塊去，讓他親眼目睹這件事。他一定會對自己母親的正直與偉大永記不忘。」

從這個故事可以得到啟示：金錢對靈魂很具有誘惑力，而要抵禦這種誘惑又是非常需要原則的。如果民族的靈魂變骯髒了，民族就會徹底完蛋。猶太人的生存經歷是一面明鏡，值得人類學習和借鑑。靈魂的純潔是最大的美德。經商者應當牢記，抓住屬於自己的錢，而不抓不屬於自己的錢！

面子一文錢不值

商人都重利，猶太人也不例外。他們會以「變臉術」去爭利，從沒有過半步退讓。猶太人會慷慨大方地把笑容「贈送」給他人。可是在金錢問題上，猶太人會擦亮眼睛，高度警惕地瞧著。一旦進入角色，多半是斤斤計較。

商定有關價錢問題時，緊盯金錢的猶太人，態度非常認真。猶太人對每個有關價錢的問題，都會深思熟慮。對於利潤的一分一釐及契約書的形式等，也細緻入微。在這些問題上，他們絲毫不含糊，即使談得滿嘴白沫

也不甘休，發生激烈的爭吵也在所難免。

　　猶太人絕對不可容忍的是敷衍了事，馬虎大意。如果雙方意見不一致，他們的一貫作風是必須深究到底，及時決定方甘休。猶太人在探討問題、辯論是非之時是無「面子」之說的，他們不問對方是何人，對的就是對，錯的就是錯。有時辯論甚至會演變成相互謾罵而糾纏不清。

　　通常，猶太人在商談時的第一天，很多時候都是不歡而散的，更不用說商談出什麼圓滿的結果。在爭吵後的第二天，猶太人一改昨天的態度，依舊笑容可掬地前來唔談，這一點不能不令人感到驚訝。他們態度轉變之快，實在令人嘆服。不過，商談中他們還是以利益為重，始終不會做出絲毫的讓步。猶太人的「變臉術」，他們的理智，足以戰勝一切——在利益面前，「面子」算什麼，值多少錢？

　　為了達到爭取利益的目的，猶太人善於向對手施加壓力。他們通常使用三種方法：

　　（1）在進行交易時不斷保持明顯的競爭。你能得到的選擇越多越好——直到某個限度為止。到了某一階段時，為了向對方施加壓力，代替方案越多越好。

　　（2）經常反對對方，持續引起對方的反對和不滿。在不讓對方產生敵意的情況下，有人情味地施加壓力，同時輔以個人的關切和鼓勵，對方就會慢慢地把自己的期待降到最低。

　　（3）削弱對方的地位。為了達到這個目的，必須謹慎從事，操縱對方。如果能佔有優勢的話，事情就更好辦了。不要害怕向對手施壓會觸怒對手，因為對方也會壓制你。當然，要連續不斷地向對手施壓，以達到控制對手，最後贏得談判的目的。

敢向上帝討價還價

企業一旦面臨顧客的壓價，就應不屈服於這種壓價，不要將顧客拱手送給自己的競爭者，從而「失去顧客」。

猶太討價還價的傳統由來已久。在《舊約》中，就有猶太人與上帝討價還價的故事。上帝欲降罪索多瑪和俄摩拉城，以色列的先祖亞伯拉罕勇敢地站出來，依照約定和上帝談判，與上帝「討價還價」。這種做法在猶太民族中得到了傳承——既然與上帝都敢談價錢，那麼，與一幫凡夫俗子討價還價也就在情理之中了。

猶太人的精明，首當其衝就數殺價侃價了。他們認為：

首先，買東西都要殺價，而且要殺得狠，絕不能心軟或者不好意思，否則就可能因為不夠精明而被狡猾之人騙了。

其次，殺價時得有理由，非得處處挑毛病，但這些毛病又不是實質性的或不可彌補的毛病。否則只圖少花幾個錢，買回來後，盡是真毛病，派不上用場，那就犯下了討價的大忌。

最後，不要因討價還價的順利，樂昏了頭。付錢時潛意識做主，殺下的價格在付款時可能又被加上了。拿錯鈔票、算錯找錯甚至忘記索回的找錢比貨款還多，都有可能。

同樣，從賣方的角度來看，猶太人也有不少經驗之談。

首先，要準備應付別人還價，所以先得把價提高，來個漫天要價，高達實際售價的200％。殺不到這個價的，是我白賺，殺到這個價以下的，一律不賣，主動權都在我手中。其次，對於買方的每一次挑剌，都要給予積極的回答，使毛病不成其為毛病。如果所有批評都被駁回去了，說不定

這個價格也就站住了。現實生活中，猶太商人確實特別善於說服。談判之前，他們會預先準備好充分的資料，用於說服對方，最後，對買方的明顯失誤，不可掉以輕心，更不能被買方的失誤弄得過於緊張，自以為得意而實際上連本都賺不回。

討價還價不是貪小便宜。如果將這套原則放到企業的經營管理中，它所操縱的，就不是幾角幾分的問題了。哈佛大學商學院教授邁克・波特針對企業的競爭環境，提出了著名的「波特模型」。

波特認為，企業最關心是它所在產業的競爭強度，而競爭強度又取決於「潛在的競爭者」、「現有的競爭者」、「替代品的生產」、「供應者的討價還價的能力」及「購買者的討價還價的能力」這五種基本的競爭力量。購買者之所以要討價還價，背後的直接原因就是「競爭者」能夠提供更高品質和更低價格的同類產品。因此顧客壓價實際上間接地轉化成了企業與「競爭者」之間的競爭。所以，企業一旦面臨顧客的壓價，就應不屈服於這種壓價，不要將顧客拱手送給自己的競爭者，從而「失去顧客」。

別怕沒人買不起

一個日本的猶太商人受80/20法則的指引，在鑽石生意獲得了意想不到的成功。

鑽石是一種高級奢侈品，它主要是高收入階層的專用消費品，通常收入的人是購買不起的。而從統計數字來看，擁有巨大財富，居於高收入階層的人數比通常人數要少得多。因此，人們都存在這麼一個觀念：消費者少，利潤肯定不高。絕大多數人都不會想到，居於高收入階層的少數人卻

持有多數的金錢。

　　日本猶太商人就看中了這一點，他把鑽石生意的眼光投向占人口比例20%的有錢人身上。猶太商人抓住時機開始尋找鑽石市場。他來到東京的某百貨公司，要求借該公司的一席之地推銷他的鑽石，但是該公司根本不理他那套：「這簡直是亂來，現在正值年末，即使是財主，他們也不會來的，我們不冒這種不必要的風險。」斷然拒絕了他的請求。

　　但他並不氣餒，堅持以80/20這條萬無一失的法則來說服百貨公司，最後取得該公司一角：郊區分店。分店遠離鬧市，顧客很少，生意條件不利，但猶太商人對此並不過分憂慮。鑽石畢竟是高級的奢侈品，是少數有錢人的消費品，生意的著眼點首先得抓住財主，不能讓他們漏網，以賺取富人的錢。當時百貨公司曾滿不在意地說：「鑽石生意一天最多能賣2000萬日元，算不錯了。」猶太商人立即反駁：「不，我可以賣到2億日元給你們看。」這在商人看來，無疑是狂人的說法了。但猶太商人胸有成竹地說出這句話來，無疑是源於對80/20法則的信心。

　　事實上，80/20法則的魔力很快就顯示出來了。首先，在地點不好的分店，取得了一天6000萬日元的好業績，大大突破通常人認為500萬日元的效益估量。當時正值年關賤價大拍賣，吸引了大量顧客，猶太商人就利用這個機會，和紐約的珠寶店聯絡，運來各式大小鑽石，幾乎都搶購一空。接著，猶太商人又在東京郊區及四周，分別設立推銷點推銷鑽石，生意極佳。任何商店都沒有創下過每天6000萬日元的記錄。相反地，百貨公司由於開始沒有抓住機會，當全國各地銷路大開時，才低頭提供攤位，結果效益反而不如其他本來相對蕭條的商點。

　　這樣到了第二年春天，猶太鑽石商的銷售額突破了3億日元，就連四周地區的買賣，也超過了2億日元，猶太商人實現了曾許下的狂言。

鑽石生意成功了，奧祕在哪裡？

別怕沒人買不起。

百貨公司對此有過懷疑，他們認為鑽石商品就好比美國卡迪拉克或林肯豪華轎車，國人能夠購買的很少，因此銷路一定不好。而猶太商人卻不這麼想，他把鑽石看成稍微高級的國產小轎車，是有錢人都買得起的奢侈品，這一部分人雖占全國人口的少數，卻佔有全國金錢的多數，賺這部分人的錢，效益必定很高。

市價未形成前不能賤賣產品

公正的經商之道在猶太人之中表現得十分徹底。我們如果看一個《塔木德》在買賣上的判例就能明白了。

比如，A和B之間要進行4斗小麥和1萬日元現金的買賣。如果賣主A向買主B要求，如果不能現在支付1萬日元而是延遲到幾個月後小麥成熟的時候，就要支付12000日元。這種情況下，《塔木德》會判定A的要求無效。為什麼呢？先不管這4斗小麥是不是在現在進行買賣，對同一商品設定雙重的價格不但是破壞了買賣商品的價格公正原則，事實上還在延期付款的情況下收取了B的利息。

如果是在收取租金的場合就不一樣了。也就是說，借用土地一年，總共費用是10萬日元，如果每月還1萬不算是違法。在最初契約建立的時候，如果「按月付款」和合約的條款有衝突，借方可以按照自己的支付能力任意選擇付款的方式。

反過來說，以4斗小麥在收穫期返還為條件，那就禁止現在就把小麥借

出去。為什麼呢？4斗小麥現在是1萬日元，到了收穫期，如果是豐產，那價格可能暴跌到8000日元，如果是減產，那可能暴漲到12000日元。所以，如果只是「在收穫期歸還等量的小麥」，很有可能給貸者帶來不當損失或是額外的利益。鑑於此，這種情況下，首先要明確4斗小麥的時價，在這個基礎上，等小麥收穫的時候用等量的金錢或是小麥來歸還。

物價的穩定對於流通經濟十分必要。不正當地抬高物價自不必說，相反地，壓低物價也是不可取的。特別是，如果誰先進入市場，將商品以低價出售，那這種商品的價格會在整個市場上暴跌。這種行為是《塔木德》最為禁止的。「商品的市價尚未形成之前，不能賤賣商品」。這並不是禁止投機，而是禁止個人控制市場的行為。

如果價格適中，生產者和消費者都會滿意。但是，如果有人在別人的小麥還沒有收穫的時候就低價出售自己的小麥，那帶來的影響會波及到其餘的全體農民。低價當然受通常的消費者歡迎，但結局是：由低價造成的損失會轉嫁到別的商品上，這樣對消費者和生產者都沒有好處。

דומלת

塔木德

第7輯

猶太數字經

數字精確利潤才精確

在瞬息萬變、波濤洶湧的商海中，經營不可有半點馬虎。一個小數點的誤差、一個四捨五入的省略都可能讓你的航船被巨浪吞噬。

如果一位猶太人向你詢問氣溫，你這樣回答：「昨天二十幾度，今天好像也差不多。」不，這可不是猶太人想要的答案。即使是對於天氣，他們也總習慣於用準確的數字表達冷熱程度：「今天是25℃，昨天是27℃。」

在猶太人的皮包裡，總是備有計算尺，他們對數字絕對自信，對生意的成本和利潤常常胸有成竹。

在瞬息萬變、波濤洶湧的商海中，經營不可有半點馬虎。一個小數點的誤差、一個四捨五入的省略都可能讓你的航船被巨浪吞噬。猶太商人正是看穿了其中的厲害，所以，他們成為了一群狂熱的數字愛好者。

猶太人是心算的天才。心算神速，是他們判斷迅速的祕密之所在。

日本商人藤田，素來與猶太人交往密切。耳濡目染，他也習得了一套猶太人的經商手法。因此，藤田被人贈以「銀座猶太人」的雅號。

有一次，藤田帶一個猶太人到日本某生產電晶體收音機的工廠參觀。一直聚精會神地注意女工作業的猶太人，開始向工廠的組長發問：「她們每個小時的平均薪資是多少？」

那位組長翻著白眼珠計算：「嗯，她們平均月薪是75000日元，一個月工作25天，一天3000日元。一天工作8小時，3000元除以8，一小時就該是375日元。375日元相當於美元……」

等結果出來，時間已經過了兩三分鐘。可是猶太人則不同，當那位組長說薪資75000日元之後，猶太人立即得知答案。等組長得出答案時，猶太人已經從女工的數量、生產能力及原料費等，計算出自己從每台電晶體收音機中所賺的利潤。

正因為這樣精於數位和心算，猶太商人才能夠迅速透過對方提供的微妙數字，計算出對方的實力及利潤。對於搶手的生意，他們更具有很強的判斷力。一旦覺得有利可圖，馬上拍板成交，從不失誤。

的確，在商界，「大概」、「左右」之類的字眼是沒有意義的，精於數字就是精於商道的第一步。

沒有數字就沒有銷售

三分靈感、七分盤算。經營者對於數字，對於各種百分比、指數等都要有清晰的概念。否則，就像夜間開車不開燈一樣，必然險象環生。

猶太商法的忠實信徒日本商人藤田，設計了一套「重回歸法」。

所謂重回歸法，就是根據幾個要素用數位預測銷售額的方法。有一次，藤田要在某地開設店鋪，就讓人把半徑500公尺、1公里、2公里、3公里……直到半徑10公里的有關資料取來，把當地人的收入情況、男女人口、中小學及大專院校的數目和學生人數、城鎮的發達程度等一切情況全部計算出來。比如在火車站，他調查每天有多少乘客上下車，往北方去的人有多少，往南方去的人又有多少。關於超級市場，則調查其一年中有幾天休業日。然後，藤田以這些情報為依據，把在這一帶開設店鋪可望達到的銷售額用電腦進行估算。

以前，也有人想在此開店，但他僅到這個城鎮去看了一下，僅憑感覺就認為未必有多大發展前途，於是便取消了原來的計畫。而藤田卻用重回歸法準確無誤地預測出了銷售額的數目，最後，當電腦輸出「GO」的答案之後，藤田就放心地在這裡開張大吉了。

日本麥當勞公司後來引入了這種重回歸法，並被認為是制定計劃的最佳方法，得到了極高的評價，如今已被全世界的麥當勞公司所採用。例如，目前麥當勞公司在中國有幾百家店鋪。有了這些店鋪的詳細資料，用重回歸法在一瞬間就可估算出新開店鋪的銷售額，預測的準確率高達95％。

剩下的5％則多半是以下情況：某些地區的住宅是舊公寓，房租較低，居民手頭有較多的可自由支配的收入，因此實際銷售額高於預測；相反，有些地區則是設備齊全的新建公寓，房租較高，居民手頭可自由支配的收入較少，因此實際銷售額就低於預測。

找出預測發生偏差的原因後，就可以及時修正預定計劃。這樣一來，準確率還能進一步提高。

一位猶太商人說：「賺錢與賠錢的具體分野在哪裡？那就是加減乘除後的紅黑數字。所謂『三分靈感、七分盤算』。經營者對於數字，對於各種百分比、指數等都要有清晰的概念。否則，就像夜間開車不開燈一樣，必然險象環生。」

活用數字

帳面反映了一切，你根本不需要去看你的庫存、看你的規模，只要看

數位就知道你工廠的一切經營狀況了。

《羊皮卷》上說：「如果店主算不清帳，他的帳就會找他算帳。」

數位能精確反映企業的許多情況。你的帳面反映了一切，你根本不需要去看你的庫存、看你的規模，只要看數字就知道你工廠的一切經營狀況了。

猶太人思考縝密，尤其對於數字。他們把這個特點應用在經商上，用數字來思考，來總結社會，讓數字為自己服務，這是猶太人的精明之處。

注重數字，習慣數字，這是猶太人幾千年流浪總結出來的經驗。首先讓數字滲透到生活的各個角落，然後從生活慣用的數字中找出一條經商原則，以此為基礎，成為賺錢的根本。猶太人認為，假如想賺錢的話，就必須把數字運用到生活中去親近它。

阿拉伯數字最初是由印度人發明的，但是如果你問問阿拉伯人：「阿拉伯數字的1為什麼代表1呢？同理，2、3、4……為什麼分別表示2、3、4……呢？」

這個時候，無論是阿拉伯人還是其他民族的人都會啞口無言。即使數學知識淵博的人也很難回答。

但是猶太人會機智地回答：「因為1有一個角，所以表示1，2有兩個角，所以表示2，其餘依此類推……」

如果再問：「可以證明嗎？」

猶太人會毫不猶豫地回答：「這是猶太人的公理，公理是不必證明的，4000年的悠長歲月已經給它證明了！」

由此可見，猶太人比其他民族更注重數字，憑著對數字進行揣摩的幾千年的經驗，並且把這些經驗應用到經商事業上來。

猶太人還可以把數字應用到生活中去。猶太人用準確的數字來描述生

活的細節，他們說，今天25℃，不說「今天是個好天氣」。

鍾愛數字，使用數字，這是猶太人在幾千年的經商生涯中總結出來的經驗；注重數字，用數字來思考，這是猶太人經商才能冠絕於世的一個重要原因。

如果你是商人，你就一定要學會運用你的數學思維，對你的成本利潤進行核算，這對於你經商是大有裨益的。

80/20法則

財富不是平均地掌握在人們的手中，而是恰恰相反，擁有財富的大多數人，只占總人口中一個比較小的比例。

美國人的財富在猶太人的口袋裡。占美國人口很小比例的猶太人，擁有美國大部分的財富。猶太人不僅在美國，還在亞洲的日本、歐洲的一些國家，獨佔金融界或商界鰲頭，百萬、千萬、億萬富翁大有人在。

如果有人問他們何以生財有道，他們會漫不經心地說一句：「錢本來就在有錢人手裡。」你或許很不滿意這個答案，但是請你千萬別誤會，猶太人是告訴你一個真理：錢在有錢人手裡。所以，我們要賺那些有錢人的錢，這樣就可以快賺錢、賺大錢了。這是猶太商人智慧的經商哲學，而這一哲學卻源自於他們對生活對世界的看法，這便是80/20法則。

在我們每個人的身體中，水分與其他物質成分的比例是80/20。80/20法則是客觀的，它規定著宇宙中某些恒定的比例。

如此說來，80/20法則的確是一個超乎一切的「絕對真理」，它一直在冥冥之中規定著我們的世界，左右著我們的生活。這樣一個具有絕對權

威、千古不變的真理法則，猶太人理所當然地將它作為經商的基礎，依靠這個不變法則的支持，獲得世人皆慕的財富。

舉一個例子來說，假如有人問，世界上放債的人多，還是借款的人多。通常人都回答說：「當然借款的人多。」但是經驗豐富的猶太人的回答卻恰恰相反，他們會一口咬定：「放債人占絕對多數。」實際上也正是如此，銀行總的來說是個借貸機構，它把從很多人那借來的錢再轉借給少數人，從中獲取利潤，而用猶太人的說法，放債人和借款人的比例是80/20，銀行利用這個比例賺錢，絕不吃虧。否則，銀行就有破產之虞。

不要讓支出超過收入

不要讓自己的支出超過自己的收入，如果支出超過收入便是不正常的現象，更談不上發財致富了。

猶太人亞凱德轉向一位自稱賣蛋的節儉人說：「假使你每天早上收進十個蛋放到蛋籃裡，每天晚上你從蛋籃裡取出九個蛋，其結果是如何呢？」

「時間久了，蛋籃就要滿溢啦。」

「這是什麼道理？」

「因為我每天放進的蛋數比取出的蛋數多一個呀。」

「好啦，」亞凱德繼續說，「現在我向你介紹發財的第一個祕訣，你們要照我告訴蛋商的發財祕訣去做。因為你把十塊錢收進錢包裡，但你只取出九塊錢去花，這表示你的錢包已經開始膨脹，當你覺得手中錢包重量增加時，你的心中一定有滿足感。」

「不要以為我說得太簡單而嘲笑我，發財祕訣往往都很簡單。開始，我的錢包也是空的，無法滿足我的發財欲望，不過，當我開始放進十塊錢只取出九塊花用的時候，我的空錢包便開始膨脹。我想，各位如果如法炮製，各位的空錢包自然也會膨脹了。」

「現在讓我來說一個奇妙的發財祕訣，它的道理我也說不清，事實是這樣的：當我的支出不超過全部收入的90%時，我就覺得生活過得很不錯，不像以前那樣窮困。不久，覺得賺錢也比往日容易。能保守而且只花費全部收入一部分的人，就很容易賺得金錢；反過來說，花盡錢包存款的人，他的錢包永遠都是空空的。」

「每次當我把十塊錢放進錢包的時候，我最多只花九塊。」

猶太人的用錢原則就是這樣，只把錢用在該用的地方，他們認為不該用的地方，是一塊錢也不會花出去的。以崇尚節儉、愛惜錢財著稱的連鎖商店大王克里奇，他的商店遍及全美50個州和國外很多地方，他的資產數以億計，但他的午餐從來都是1美元左右。

克德石油公司老闆波爾‧克德有一天去參觀一個展覽，在購票處看到一塊牌子寫著：「5時以後入場半價收費。」克德一看手錶是4時40分，於是他在入口處等了20分鐘後，才購買了一張半價票入場，節省下0.25美元。你可知道，克德公司每年收入上億美元，他所以節省0.25美元，完全是受他節儉的習慣和精神所支配，這也是他成為富豪的原因之一。

對金錢除了愛之外，還要惜。也就是說，除了想發財外，還要想辦法保護已有的錢財。猶太人的這些金錢觀念是很有道理的，這就是猶太人經營致富的一個奧祕。猶太富商亞凱德說：「猶太人普遍遵守的發財原則，那就是不要讓自己的支出超過自己的收入，如果支出超過收入便是不正常的現象，更談不上發財致富了。」

想買的東西請等三日

　　猶太經典《塔木德》中說：想買的東西等三日。這個金玉良言到現在仍是很有效的。從古到今，經商的猶太人莫不身體力行。

　　猶太商人認為：如果想買的東西，先等三天，之後可能就變得沒有興趣。三個星期之後，可能就把它給忘了。再過個三個月後，新產品的出現使原先中意的東西變成了便宜貨。結果，三年後原本再喜愛的家電也都變成垃圾，進了垃圾車，這樣的話，節儉的目的就達到了。

　　所以，猶太人手上如果有錢，便立刻存到銀行、郵局。認為存進後再提出來比較麻煩，便不會衝動地購買東西，因此能仔細考慮有無需要購買，並且能夠多比較幾家。即使要買，也要好好選擇以後再做決定。

　　事實上，世上的任何東西，絕對無法保證「一定會價值攀升」，而是有時升值，有時貶值。不知不覺中，有時還會變成資產價值為零的情形。正因如此，許多人總會在購物之後後悔。

　　「當時如果不那麼衝動買下來就好了。」

　　許多人在搬家時，發現家中竟然有那麼多無用的東西時，常常會說這句話。東西會隨著時間而改變價值，最後變成垃圾。人死了之後，生前所有的東西不是留給子孫，就是變成垃圾讓人給埋起來，甚至還會造成污染。

　　在猶太人看來，物質欲望再強的人，死後也沒有辦法把東西帶進墳墓去。後人還會為處理遺物而大傷腦筋。倒不如留給他們銀行的存摺來得方便，更讓他們高興。再不然寫個遺書，捐贈給慈善團體。

　　如果聽從猶太人的勸告，買東西時會仔細考慮：「將來如要把這東西

處理掉，它還會有多少價值呢？」

這時，你就不會買一些不需要的東西了。買進的東西，如果要再賣出去，大概只剩下一半的價值了。

人們有時面對餐廳的美酒佳餚，就會食欲大動。其實美食是很多病痛的主因，對於營養補給是沒有好處的。事實上，只要營養均衡，即使吃的盡是粗茶淡飯，也能夠延年益壽。當然，除了「衝動購物」之外，還有「衝動丟棄」。在丟棄東西之前，應該冷靜地好好考慮一下。還能夠繼續穿的衣服，修理後尚可使用的家電等等還是可以再利用的。

按照猶太人的觀點，在成堆的垃圾中，有許多東西是可以回收繼續使用的。這些尚可繼續使用的東西，如果能運送到那些物資不足的地區，如非洲等地，其所發生的作用將會比丟到垃圾場大得多。

總之，我們花錢的時候，如果能夠像猶太人所說的那樣，想買的東西等三天，而將想要丟棄的東西，多留一天，如此，就會發現還有半數以上物品是可以再使用的。

דומלת

塔木德

第8輯

猶太誠信經

無端欺騙別人就是害自己

無端地欺騙別人，就把自己的信譽丟了，最後害的其實是自己。

在塔諾普爾城住著一個叫費威爾的人。有一天，他正坐在屋子裡認真地閱讀《塔木德》，忽然聽到外邊一陣嘈雜聲。他走到窗前，看到一大群孩子在玩耍。費威爾想把他們趕走，於是打開窗子對孩子們說：「孩子們，快到教堂那裡去吧。你們在那兒會看見一隻海怪。它有5隻腳，3隻眼睛，還有像山羊通常的鬍子，不過是綠色的！」

孩子們一聽這話就都跑了，費威爾先生回到書房，一想到剛才對那些孩子編的瞎話，就不禁偷偷地發笑。可是不久他書房的寧靜又被打破了，這回是一陣奔跑的腳步聲。他走到窗前，看見許多猶太人在跑。

「你們往哪裡跑？」他大聲地問。

「去教堂！」猶太人回答說，「你沒聽說嗎？那兒有隻海怪，有5隻腳，3隻眼睛，還有像山羊通常的鬍子，不過是綠色的！」

費威爾先生得意地笑了笑，又回去讀自己的經書了。他才剛剛坐穩，又聽到外面一陣喧鬧聲。他往窗外一望，不得了啦，一大群人，男男女女，老老少少，全往教堂的方向跑。

「出什麼事了？」他大聲問道。

「天哪！怎麼，你還不知道嗎？」他們回答說，「就在教堂前面有一隻海怪。它有5隻腳，3隻眼睛，還有像山羊通常的鬍子，不過是綠色的！」

人們匆匆跑過。費威爾先生忽然注意到拉比本人也在人群當中。

「天哪！」他喊道，「要是拉比本人也和他們一塊兒跑的話，一定是出什麼事了，無風不起浪。」

費威爾先生不假思索地抓起帽子離開了家門，也跟著跑了起來。「出了什麼事呢？」他一邊自言自語地問，一邊氣喘吁吁地朝教堂跑去。

猶太人在做生意時，丁是丁，卯是卯，非常的認真和誠實。他們認為，無端地欺騙別人，就把自己的信譽丟了，最後害的其實是自己。

只徵用那些講信譽的人

猶太經典《塔木德》：「金錢是山上的樹木，誠信是山中的泉水。」在猶太人看來，被人信任的第一要素是：誠實。誠實是樹木的根，沒有根，樹木也就沒有了生命。

當人們問摩根用人方面最看重的是什麼時，他明確回答道：「我們很注重應徵者的信義程度。」他說，「一旦你在金錢的使用上有了不良的記錄，我們公司就不會雇用你。很多公司也跟我們一樣，很注重一個人的品行，並且以此作為晉升任用的標準。即使那個人工作經驗豐富、條件又好，我們也不任用。我們這樣做的理由有四：第一點，我們認為一個人除了對家庭要有責任感外，對債權人守信用是最重要的。你在金錢上毀約背信，就表示你在人格上有缺陷。但是買東西必須付錢、欠債必須還錢這是天經地義的事。在金錢上不守信用，簡直與偷竊無異。第二點，如果一個人在金錢上不守諾言，他對任何事都不會守信用。第三點，一個沒有誠意信守諾言的人，他在工作崗位上必定也會怠忽職守。第四點，一個連本身的財務問題都無法解決的人，我們是不任用的。因為多次的財務困難很容

易導致一個人去偷竊和挪用公款。在金錢方面有不良記錄的人，犯罪率是通常人的10倍。當我們支出金錢時，要誠實守信，這一點也同樣適用於我們做人處事。」

摩根的用人標準說明了這樣一個問題：誠實是衡量生意人品行的一把尺。這把尺，無論在古今中外，它適用於對一切生意人的檢驗，誠實守信不僅是一個生意人品行的證明，同時，它還使生意人樹立起對家庭、對社會的強烈責任感。

猶太先知曾經預言未來世界的審判首先要問5個問題，其中第一條就是：你在做生意的時候誠實嗎？其他4條依次是：「你騰出時間學習了嗎？」「你盡力工作了嗎？」「你渴望得到神的救贖嗎？」「你參與過智慧的爭論嗎？」

把做生意的誠實擺在學習、工作、信仰和智慧之前，可見猶太先知對誠信經商的重視程度。

每天清洗一次砝碼

把商品的缺點給顧客暴露出來。既要把商品的缺陷說給顧客聽，也要大聲宣佈「我的貨是最好的」。

猶太民族的先知訓示他們的後人說：

「你們不可行不義。要用公道天平、公道砝碼，公道升斗、公道秤。」

他們的要求是具體的：

不可有一大一小兩樣的砝碼和量器。

批發商每個月清洗一次量器，小生產商一年清洗一次。

小生產商要經常清洗砝碼。以其不發黏為標準。

店主每週要清洗一次量器，每天清洗一次砝碼，每稱完一樣東西都擦拭一次天平。

誠信是猶太商法的靈魂，是商業活動的最高技巧。猶太商法不僅要求商人「把壞豆子從穀桶裡清除出去，而不能放在消費者看不到的穀桶最下面」，還禁止在買賣中用顏料塗描衰老的奴隸以及病弱的牛羊、陳舊的器具。

這樣做的目的就是把這些「商品」的缺點給顧客暴露出來。然而，他們既要把商品的缺陷說給顧客聽，也要大聲宣佈「我的貨是最好的」。

徹底的誠信並不意味著他們放棄了對世界的修飾。為了使世界看起來漂亮一些，猶太人的先知允許人們把好衣服洗得更光鮮，把麻布衣服拍打得更薄更精緻，把窗子和籃子塗上豔麗的色彩。

猶太商人認為顧客欠債不還是商人的過錯。

現代猶太人對誠信的闡述當然貼近現代的社會。誠信就是財路，就是商業活動中最高的技巧。無論在西方世界還是在東方世界，無論是對大商人而言還是對小商人而言，這條猶太商法無時無地不在得到證明。

他們明明白白地告訴顧客「我要賺錢」，他們讓世界清清楚楚地看著他們怎樣賺錢。

猶太商人絕不奸詐。在世界商業史上第一個提出「不滿意可以退貨」的，就是猶太商人。這人是朱利斯‧羅森沃爾德。羅森沃爾德是美國希爾斯‧羅馬克百貨公司的老闆，這句聞名於世的口號提出於19世紀剛剛開始的時候。

絕不漏稅，合理避稅

在猶太人的經商觀念中，他們一方面信守「絕不漏稅」，一方面又善於「合理避稅」。

「絕不漏稅」，是猶太人的又一句經商格言，這體現了他們強烈的納稅意識。猶太人以能夠納稅為一大光榮。猶太人擁有世界上最多的財富，卻比世界上任何一個國家的商人都重視交稅。在猶太人心中，有一套屬於他們自己的觀點。他們認為，納稅是和國家訂立的神聖的「契約」，無論發生什麼問題，自己也要履行契約。誰偷稅、漏稅、逃稅，誰就違反了和國家所簽的契約。違反「神聖」的契約，對猶太人來說是無法原諒的。

一個瑞士人到海外旅行，回來時將一顆寶石藏在鞋裡企圖不納稅入境，結果被當地海關查出扣留。一位同行的猶太人看到這種情況時十分奇怪，問道：「為何不依法納稅，堂堂正正地入境？」按照國際慣例，像寶石之類裝飾品的輸入費，通常最多不會超過8%，如果照納輸入費，堂堂正正地進入國境，若想在國內再把寶石出賣時，只要設法提價8%就行了，這樣簡單的計算方法，小學生都會。因此說，猶太人的依法納稅實在是一個明智之舉。

但是，猶太人「絕不漏稅」並不表示他們輕易地就交出不合理的稅款。他們討厭被人隨意徵稅。猶太商人在做一筆生意之前，總是要首先經過認真的計算，這筆生意是否能賺錢，先粗略算出在除去稅款以外，他們有多少錢能裝入自己的口袋。

猶太人為了多賺點錢，也在稅收上想了不少點子，最後的答案是兩個字：避稅。

在長期的商場歷練中，他們總結出了一套合法避稅的辦法。他們充分研究有關稅收的各種法律法規，努力做到在某些方面比國家徵稅人員更懂稅收。

其實，猶太商人在世界各地苦心經營各自的一方天地，並沒有多少時間運用他們高超的智慧去思考如何避稅。他們認為，避稅不應是從商者的根本目的，即使是一個天才避稅者，也不能夠利用避稅邁入富人的行列。它的根本目的在於促使管理者對管理決策進行更加細緻的思考，進一步提高經營管理水準。

即使有合法避稅的初衷，但過分玩弄避稅技巧，濫用避稅方法，還是極易遭遇惡意避稅的風險的。在猶太人心目中，神聖的契約可以是商品，寶貴的時間可以是商品，為賺錢可以暫棄自己的宗教信仰，但良知和尊嚴絕對不會出賣。

「納稅天經地義，避稅合理合法。」猶太人的聖典《塔木德》早就有過類似的表述。他們在做到合法避稅的同時又做到絕不漏稅，從根本上來說是得益於由《塔木德》等猶太聖典所承載下來的智慧。

合法避稅又絕不漏稅，這就使猶太商人在世界各地有了生活和發展的根基。

有人願意購買他人就不可爭購

在農業社會，猶太人就已遵從簡單的商業道德。這充分體現了猶太人重視公平和講道理的交易標準。

《塔木德》中指出，商業交易是一種特殊的行為原則：交易就是交

易，而不是為交易而交易。它教導人們做一個有道德的商人，而不是做一個唯利是圖的商人。

交易強調的是道德和善行。猶太人認為：買者的權利，即使沒有明文規定所有保證，買者仍然有權要求他買的東西必須是品質優良，毫無缺陷的。即使賣者打出「貨物出門，概不退換」的招牌，買方若事後發現東西有瑕疵，也有權要求退換。但是，賣方若事先聲明貨物有缺陷，而買者願買，買後便不可退換，這是契約，雙方必須要遵守。

自願吃虧與上當受騙是兩回事。《塔木德》堅持的原則是保護買方利益。

買方可在購買到東西一天到一星期之內，拿著所買的東西去請教別人。猶太人認為，買主不一定對所買的東西很內行，由懂行者作判斷，然後決定是否退換，這都是允許的。在農業社會，猶太人就有監督買賣度量的官員，夏天和冬天丈量土地的繩子不一樣長，隨天氣變化，繩子伸縮有度。如果店主出賣液體甕底以前的殘渣，便被視為不公平，官員有權過問。

《塔木德》時代，商品沒有統一價格。價錢由賣方提出，但若買主付出超過通常行情的1/6時，這次交易可以被視作無效。貨、款各退回本人手中。這是《塔木德》所訂的規律。它不光保護買方利益，同時也保護賣方利益。當買方沒有購買誠意時，就不可以進行商談；如有人表示願意購買某商品，他人就不可爭購。猶太商人是最具商業道德的買賣人，他們之所以能夠摘取「世界第一商人」的桂冠，與此是分不開的。

為他人著想就是為自己鋪路

在猶太商業文化中，「瞎子點燈」是那種主動使對方瞭解商業邏輯，是使彼此成為知己的哲學，其精彩之處在於讓對方從自己的利益著想，從而最有力地調動對方。

一個人考慮得再周密，如果沒有和對方考慮到相同點上，還會造成某種誤會式的衝突。對於這種可能性，猶太人很快就有所體察，並將自己的感悟濃縮在一則極巧妙的寓言中。

在漆黑的道路上，有個瞎子提著燈籠在緩緩前行，對面來了個人，見他是個瞎子，就不解地問他：「你一個瞎子，幹嗎還提個燈籠呢？」瞎子不慌不忙地回答：「因為我打了燈籠，不瞎的人才能看到我啊。」

對瞎子來說，在漆黑的道路上行走，自己跌倒的可能性遠遠大於被行人撞倒的可能性。那些習慣於靠眼睛走路的人，對黑暗的熟悉度遠不及永遠眼前漆黑的瞎子。於是，瞎子亮起了燈籠，這燈光不是照向路面，而是照向自己，以便讓每個相遇者都可以看到瞎子，及早避讓，從而使瞎子順利地行走。

猶太民族在走過了2000多年的「夜路」之後，摸索並練出了「瞎子點燈」的商業智慧。作為一個長期寄居於其他民族之中的共同體，作為一個「軟弱」而又「硬著頸項」的民族，武裝起義、示威遊行等反抗是極其愚蠢的，最理智的辦法就是讓所寄居社會的民主統治者明白猶太人對他們及整個社會的價值。

「瞎子點燈」的邏輯讓人們彼此相互瞭解，從而能夠得出雙方共榮共生的結局，這是猶太人的高妙之處。

信用是無形的財富

在這個世界上，有的財富是有形的，伸手可及，比如別墅、私車、存款等等，有的財富卻是無形的，比如名聲、信用、口碑。猶太商人認為，要想成為一個富人，首先得遵守信用，因為，信用是一筆無形的財富，信用是口碑的體現。

可想而知，一個口碑不好、信用敗壞的人，本身就不能贏得他人的好感，更別說博取他人的信任了。所以，對於商人來說，一定要注重自己的信用。

曾經有一個叫凱倫的猶太人。有一年，他向友人借了40萬元，沒有財產擔保，也沒有存單抵押，只有一句話：「相信我，年底無論如何都還你。」

到了年底，他的資金周轉非常困難，外債催不回來，欠款又催得緊。為了還朋友這40萬元，他絞盡腦汁才籌足20萬元，餘下的20萬元怎麼也籌不到。最後他決定用自己的房屋去抵押貸款，但銀行評估房屋價值24萬，只能抵押18萬元。凱倫狠下心來，與老婆鄭重商量後，把房子以20萬元低價賣出去，終於籌齊了40萬元。一家人再到市郊租了間房屋住。

曾經在商海裡溺過水的凱倫再到商海裡搏擊，自然會小心謹慎，而又遇亂不驚。他又成功了，兩年後不僅還清了債務，而且還賺了一大筆錢。每當有人問他怎樣起死回生時，他便會鄭重地告訴對方：「是信用！」

做生意，不能沒有信用。一個沒有信用的人，就好比牆上的蘆葦，終究站不住腳跟。而一個有信用的人，不論你處在什麼環境下，因為你有「重信守約」的好名聲，別人自然會格外地相信你。這樣，你在無形之中

就為自己積累了一筆巨大的財富。

只賺應該賺的錢

商業交易是在信任的基礎上完成的，不論是達成的書面協定和規則，還是口頭上對約定的承諾，只有不折不扣地履行，才會贏得重信守約的聲譽。

猶太經典《塔木德》指出，倘若有人說猶太人欺騙了你，那麼不要相信，因為猶太人天生不會欺騙。猶太商人提倡的是誠信第一，他們在遭受過無數精心安排的謊言與圈套後，並沒有背棄上帝的教誨，仍遵守約法，以誠實取信於人，並且相信必定能得到回報。所以，猶太商人的商業交易是在信任的基礎上完成的，不論是達成的書面協定和規則，還是口頭上對約定的承諾，猶太商人都會不折不扣地履行，因而他們才贏得了重信守約的聲譽。

作為猶太人的經典著作，《塔木德》規定了商業法規的基本思想和原始做法。猶太民族的先哲們在其他民族還處於農耕時，就預測到將來社會的發展趨勢，並作出種種規定，真可謂極具先見之明。這些法規在現代生活中，也已被證明為是合理和有效的規定，對於商業史和法律史都具有重大意義。這種基本思路和具體規範，對猶太商人形成其獨特的經營風格，對現代商業世界的價值標準，都具有深遠的影響。

美國有個猶太人開的「棕色漿果烤房」烤麵包坊，女主人叫凱莎琳，有一手很好的烹調技術。店面小，不顯眼，兩個女兒做雇員。第一年，生意興旺；又過了兩年，小店變成了公司；沒過多少年，凱莎琳就被尊稱為

「麵包大王」，年營業額上升到了400萬美元，成了大企業家。

辦店之初，凱莎琳說：「做生意，沒有一定的規矩可循，完全靠經營者的隨機應變。但我抱定一個原則，就是『誠實不欺』四個字，以不變應萬變，強調只賺應該賺的錢。」為此，她首先精確地計算了麵包成本，加上合理的利潤，訂出公平的價格，並標在包裝上。

其次，她公開聲明，「貨逾三天賣不出，過期麵包收回」，在麵包上注明烘烤日期。她派出汽車，每天給經銷商送去新鮮的麵包，收回舊麵包，常年如此，毫不馬虎，也不吝惜。

一次，凱莎琳派出的汽車裝載著收回的麵包，途經一個火災區。那裡食品短缺，飢餓的人們發現了麵包車，一哄而上，要買車裡的麵包。這可急壞了押車人員：不管他們多麼同情飢餓的群眾，也不敢把舊麵包賣出去，不然要被老闆開除的。一方要買，一方不敢賣，怎樣處理這件事？這時，一個押運員向購買者說：「本公司不賣過期麵包，但並沒有規定不允許強買；大家可以強買貨物，憑良心付些錢就可以了。」他懇求在場的記者把他們勸阻及人們強買麵包的情景拍下來，用這些照片去向老闆做出說明。

這個消息傳出後，凱莎琳麵包公司的信譽陡然上升，贏得了更多的消費者，不到半年，贏利增加了五倍，產品遍銷整個美國。

所以，遵守口頭上的承諾，也能提高你的信譽，為你帶來滾滾財富。

不講誠信會受煉獄的懲罰

猶太經典《塔木德》中說：「魚離開水就會死亡，人沒有禮儀便無法

生存，而不講誠信則會受煉獄的懲罰。」

儘管各民族皆有「經商應童叟無欺」的說法，但只有猶太人才是最嚴格執行這種正直交易的民族。「唯有誠實正直的經商之道，才是生存處世的最高法則。」這是猶太人從違反與上帝的契約而遭受的痛苦中深切體會到的一點。

猶太人的誠信當然也給他們帶來了好的口碑，在這方面的事例舉不勝舉。零件與機器的關係想必大家都清楚，通常來說，零件便宜而機器昂貴，但擁有零件的目的是為了使用機器。所以，一些聰明的猶太商家就採用贈送機器零件這樣一種看似賠本的方法來促銷自己公司的機器，並獲得成功。

美國凱特皮納勒公司，是世界性的生產推土機和鏟車的大公司，它在廣告中說：「凡是買了我們產品的人，不管在世界哪一個地方，需要更換零配件，我們保證在48小時內送到你們手中，如果送不到，我們的產品免費送你們。」

他們說到做到，有時為了將一個價值只有50美元的零件送到邊遠地區，不惜動用一架直升機。費用竟達2000美元。

有時無法按時在48小時內把零件送到使用者手中，就真的按廣告所說，把產品免費送給使用者。由於經營信譽高，這家公司歷經50年而生意興旺不衰。

靠欺騙賺錢總有倒楣的那一天

金錢固然有魔力，但還是應該通過正規的管道去賺取，這樣才能夠心

安理得。

靠欺騙手段賺錢？

不！！！這是違法的——猶太商人從來就不賺違法的錢。

做生意要賺合法的錢，這是猶太商人們永遠遵循的戒律。

他們認為——合法經營才是本事。一個靠欺騙做生意的人，終究會失敗，自己也會丟掉名聲。

無論是騙者也好，還是被騙的也好，都存有一個人性的陰暗面——貪心。結局通常是一個上當，一個得逞。

欺騙行為是終究要失敗的。所以，從這一方面來講，誠實、沒私心、不為利所動、維護自己的名譽、尋找價值才是最佳的賺錢術。

一位商人到銀行去申請貸款，銀行問他生意做得如何，他回答說蠻賺錢的。

這位經理想了一會，說：「既然賺錢，為什麼又來貸款購買廢鐵？你想再大賺一筆，這未免太貪心了，要是我就不會這麼做！」

銀行沒有借給他錢，商人只好氣衝衝地走了。

兩個月後，這位商人去感謝銀行，銀行的人奇怪地問他：「我沒借錢給你，你反而來感謝我，請問您是什麼意思呢？」

「廢鐵跌價了，大約跌了30萬美金，就因為你沒借錢給我，所以我才沒有受到任何損失。」這位商人回答。

賺錢原本為了改善生活品質，投機取巧、非法經營，於人於己，又有何好處？

請時刻記得《猶太生意經》上的話：誠實可以帶來好運，靠欺騙賺錢總會有倒楣的那一天。

תלמוד

塔木德

第9輯

猶太博弈經

生意做不成也笑臉相迎

　　如何才能生財？猶太人首先著眼於內部管理，他們透過營造一個和氣賺錢的氛圍，避免引起衝突。

　　猶太商人強調和氣生財，把人際關係處理得融洽和睦，從而讓自己的生意欣欣向榮。這種經商之道，是以「和」為原則，以「善」為辦事宗旨。他們悠久的慈善傳統和敏銳的社會競爭意識，使他們對現代社會的勞資關係也有所貢獻。

　　路德維希‧蒙德是猶太實業家中不多見的一個，他是完全靠自己的專業知識從事實業的。蒙德於1839年出生於德國卡塞爾，後移居英國。他在學生時代曾在海德堡大學與著名化學家布恩森一起工作。後來，他發現了一種從廢鹼中提煉硫磺的方法。他將這一方法帶到英國，幾經周折，才找到一家願意同他合作開發的公司。他的這一專利是極具經濟價值的。後來，英國和歐洲的許多公司都申請使用這種方法。這使蒙德萌發了自己開辦化工企業的念頭。蒙德買下了一種利用氨水使鹽轉化為碳酸氫鈉的方法，儘管這種方法當時還不成熟。

　　蒙德在溫寧頓買下一塊地，建造廠房。當地居民擔心大型化工廠會破壞生態環境，反對他在那裡建廠，並拒絕為他工作。建廠期間，他每天到現場監督催促工人，他嘴上老掛著一句話：「不要稱呼我先生，我不是紳士！」

　　蒙德一邊建廠，一邊進行試驗，以完善這種方法。第一次實驗失敗之後，他乾脆住進了實驗室，晝夜不息地工作。經過反覆試驗，他終於解決

了技術上的難題。儘管如此，他仍怕出問題，雖然他的住處與工廠只有幾百碼的距離，他還是在臥室的窗戶上安裝了一個鈴鐺，拴上一根長長的繩子，連向廠區，以便萬一在夜晚需要他時，能及時叫醒他。1874年工廠建成，開始生產情況並不理想，成本居高不下，企業完全虧損，但蒙德並不氣餒，反而加倍努力，終於在1880年取得了一項重大突破——產量增加了3倍，成本也降了下來，產品由原先每噸虧損5英鎊，變為獲利1英鎊。

在吞併附近一家和他競爭的企業之後，蒙德和他的主要合夥人約翰・布隆內爾一起，把他們的工廠擴大為「布隆內爾蒙德公司」。他當時擁有名義資產60萬英鎊。短短幾年之後，布隆內爾蒙德公司成了全世界最大的生產城的化工企業。布隆內爾蒙德公司在生產城的化學工藝上取得了重大突破，但世人認為，公司在改善勞資關係方面的建樹更有革命性的意義。在英國，他們是最早給工人每年一週假期並在休假期間照發薪資的雇主之一。

與蒙德相同的是，與猶太商人打交道，你會發現他們總是呈現一副笑臉。無論生意能否做成，即便產生不同意見，他們也總會以笑臉來說出其否定的意見。

逆向思考更容易打開思路

很多情況下，如果我們一味從正面思考問題，問題仍然不能解決。但如果我們換一下思路，從相反的角度著手，問題可能就迎刃而解了。

20世紀60年代中期，當時在福特一個分公司任副總經理的艾科卡正在尋求方法，改善公司業績。他認定，達到該目的的關鍵在於推出一款設計

大膽、能引起大眾廣泛興趣的新型小轎車。在確定了最終決定成敗的人就是顧客之後，他便開始繪製戰略藍圖。

以下是艾科卡如何從顧客著手，反向推回到設定的步驟：

顧客買車的唯一途徑是試車。要讓潛在的顧客試車，就必須把車放進汽車交易商的展室中。吸引交易商的辦法是對新車進行大規模、富有吸引力的商業推廣，使交易商本人對新車型熱情高漲。說得實際點，必須在行銷活動開始前做好轎車，送進交易商的展車室。為達到這一目的，他需要得到公司市場行銷和生產部門百分之百的支持。

同時，他也意識到生產汽車模型所需的廠商、人力、設備及原材料都得由公司的高級行政人員來決定。艾科卡為了達到目標，把必須徵求同意的人員名單完整地確定之後，就將整個過程倒過來，從後向前推進。幾個月後，艾科卡的新型車「野馬」轎車從流水線上生產出來，並在20世紀60年代風行一時。

「野馬」的成功也使艾科卡在福特公司一躍成為整個轎車和卡車集團的副總裁。

逆向思考的一個基本要素就是分出階段重點。這樣，你不得不將長遠目標和近期目標清楚地區分開來，然後再將逆向思考分別應用到每一個目標中去。

這正如一位猶太商人所說：目標越集中，逆向思考越奏效，為達到目標所需徵得同意的人就越少，整個過程花費的時間就會越短。

以博弈的心態去買賣

商品的價格經常劇烈變化，昨天還很便宜，今天就很昂貴了。根據《塔木德》，賣主在向買主交付商品以前，仍擁有商品的所有權。所以，

原則上，在交付以前，賣主仍有處置商品的權利。如果在交付以前，市價劇烈地變動，應該怎麼辦呢？

如果A和B約定，A賣給B橄欖油的價格是一桶10000美元。但是，在交給B之前，橄欖油的市價突然漲到了12000美元。如果，A交付給B的油還沒有用斗計量，他就可以以12000美元的新價格出售。這是因為B還沒有擁有油的所有權，而且，如果B取消向A的購買，無論在哪裡向誰購買，他都需要花費12000美元的價格。A當然沒有必要去賤賣自己的油。

但是，如果A將要賣給B的油進行了計量，計量的部分價格就固定了。即使以後知道了新的市價，A只能按照最初的協定，以10000美元的價格賣給B。為什麼呢？因為在計量的時間點上，被計量的部分是以10000美元的價格計量的。

買主應該在商品價格便宜的時候和賣主訂立買賣契約，儘早地確立對商品的所有權。賣方要尋找機會，使自己的東西在較高一點的價格上賣出，這樣他就要審時度勢地將商品先留在自己手中。無論是買主還是賣主，都應該保持慎重，經常到市場上看看，猜測一下對方在價格上的底限。這是趨利避害的本能，不應該稱作投機的行為，因為猶太人是在遵從規則的基礎上進行這些博弈行為的。它的目的就是不以額外的代價達成交易。這就好像下象棋一樣，在生意的每一個階段，充分瞭解這個階段所有可能出現的情況，然後再決定走哪步棋。這種進退的權衡不是根據非理性的直覺（投機），而是根據對實際情況進行合理分析（考察）得來的。在英語上，投機和考察都用speculation這一個詞來表示，實際上猶太人的投機是和縝密的考察聯繫在一起的。

同時，這種考察不限於商品的流通領域。買賣是商品的讓渡，而它的根本就是當事者通過商品的交易，實現最終的滿足。這是不可或缺的心理因素。所以，買賣雙方有必要承認對方的人格，在商品交換的任何一個階段都要體現對方所能理解的合理性，然後進行交涉。

猶太人經常是一邊考慮著自己能否接受某一合理性，一邊進行著談判。他們是在明確了損益分歧以後才進行交易的。

最後期限比持久戰更奏效

談生意者一旦對未來存有希望，想像將來可能會給自己帶來更大的利益時，就不肯最後簽約。所以，堅定有力、不容通融的語氣會替他們下定最後的決心。

商場上，一些生意人擺出架子準備進行持久的拉鋸戰，他們置生意的截止期於不顧。對此，猶太商人主張以出其不意的方法，來個突然襲擊，改變態度，使對手在毫無準備的情況下束手無策，不知所措。

對方原認為時間挺寬裕，但突然獲得終止談生意的最後期限，而這個生意對自己至關重要，自然會感到手忙腳亂。由於他們很可能在資料、條件、精力、思想、時間上準備並不充分，在經濟利益和時間限制的雙重驅動下，對方只得屈服，並在協議上簽字。

美國汽車鉅子艾科卡在接管瀕臨倒閉的克萊斯勒公司之後，他感到自己的第一步任務就是壓低工人薪資。他首先降低了高級職員薪資的10％，自己也從年薪36萬美元減為10萬美元。隨後他對工會領導人講：「17元一小時的工作是有的，20元一小時的工作沒有。」

這種強制威嚇且毫無策略的話語當然不會奏效，工會當即拒絕了他的要求。雙方僵持了一年，始終沒有進展。後來，艾科卡心生一計，一日他突然對工會代表們說：「你們這種間斷的罷工，使公司無法正常運轉。我已跟人力仲介通過電話，如果明天上午8點你們還不開工的話，將會有一批

人頂替你們的工作。」

工會代表嚇壞了，他們本想透過談判，從而在工薪問題上取得新的進展，因此他們也只在這方面做了資料和思想上的準備。沒料到，艾科卡竟會來這麼一招！被解聘，意味著他們將失業，這可不是鬧著玩的。工會經過短暫的討論之後，基本上完全接受了艾科卡的要求。

艾科卡經過一年曠日持久的拖延戰都未打贏工會，而出其不意這一招竟然奏效了，而且解決得乾淨俐落。

出其不意，提出時間限制這一策略講究一個「奇」字，它並非一個無往不勝的利器，一旦被對方預料到最壞後果，並做出準備，最後通牒的威力便發揮不出來了。

這裡有一個反例：美國通用電器公司與工會的談判中採用「提出時間限制」的技巧長達20年。這家大公司在剛開始的時候，使用這一方法屢屢奏效。但到1969年，電氣工人的挫敗感終於爆發。他們料到資方最後肯定又是重施故伎，提出時間限制相要脅，在做了應變準備之後，他們放棄了妥協，促成了一場超越經濟利益的罷工。

通常來說，在採用這種方法時，要注意：

首先，出其不意，提出最後期限，要求談生意者必須語氣堅定，不容通融。因為談生意者一旦對未來存有希望，想像將來可能會給自己帶來更大的利益時，就不肯最後簽約。所以，堅定有力、不容通融的語氣會替他們下定最後的決心。

其次，提出時間限制時，時間一定要明確、具體。在關鍵時刻，不可說「明天上午」或「後天下午」之類的話，而應是「明天上午8點鐘」或「後天晚上9點鐘」這樣具體的時間。這樣的話會使對方有一種時間逼近的感覺，使之沒有心存僥倖的餘地。

再次，以實際行動來配合所提出的最後期限。做法是：收拾行旅；與旅館結算；預訂車船機票等。

最後，讓談判的領導者發出最後通牒具有更強大的威力。當然，出其不意地制勝對方時，必須掌握語言分寸，不言過其實，一定要自己擺出一個談生意務實主義者的風度，這就要求：第一，抓住對方成交心理，使其產生心理壓力；第二，不要貪得無厭，應做到適當的讓步；第三，堅持用客觀條件說服對方，使其心悅誠服；第四，不要高高在上，以勢壓人。

有蛋糕大家一起吃

市場的廣闊與多元性，使得一個有靈敏頭腦的老闆，不必為自己受擠而妒火中燒，而應果斷地避開眾人，不畏踏上冷僻的羊腸小徑，一樣能夠到達光輝的頂點。

一筆生意，兩頭贏利，能不能策劃得如此完美，就看你的經商智慧了。大多數猶太人進行商務往來，都能夠利用巧妙調整實現雙贏。

在商業經營活動中，猶太人不僅追求一個高產出，而且追求一次或一項投入可以有多次或多項產出。

例如美術商賈尼斯在對待顧客方面，特別注意招徠潛在顧客的買主，特別是那些公關學校或大學中的女孩子。因為這些女孩子即將步入社會，一旦培養出她們對現代美術的興趣，那麼不僅她們會經常光顧，將來她們還會偕同自己的丈夫來購買美術品。

在買賣中把握雙贏的技巧，這不僅是賈尼斯的經商手段，也是大多數猶太商人採用的手段，從而使得他們的生意越做越大。猶太人這種「一筆

生意，兩頭贏利」的贏錢之道是符合現代經商原則的。猶太人為什麼會這樣做呢？他們是這樣認為的：

第一，過去，公司為了賺錢，總想獨霸市場，一心想著擠垮同行。他們在處理與同行的關係上，多是互相詆毀，互相攻擊，互相欺騙。不僅信奉「同行是冤家」，而且堅持「行行相妒」。如今，現代社會的企業，提倡競爭，鼓勵競爭，但競爭的目的是為了相互推動，相互促進，共同提高，一起發展。

第二，兩軍相爭，你死我活，非勝即敗。在市場競爭中，誰都想勝不想敗。參與市場競爭的各個公司是「敵手」。他們在彼此競爭中帶有保密性，偵探性，獲勝性。倘若市場不能容納全部競爭者時，任何企業都想保存自己而「滅掉」對方。即使市場能容納下全部競爭者時，他們也還是都想以強「敵」弱。

第三，雖然競爭公司間有點像戰場上的「敵手」，但就其本質來說是不一樣的。公司經營的根本目標是為社會做貢獻，公司的產品是滿足社會需要的，公司賺的錢也被國家、公司和員工三者所用，公司間的競爭手段必須是正當合法的。在這種意義上講，公司之間完全可以相互幫助、支持和諒解，應該是朋友。

第四，市場競爭是激烈的，同行業的公司之間的競爭更為激烈。競爭對手在市場上是相通的，不應有冤家路窄之感，而應友善相處，豁然大度。這好比兩位武德很高的拳師比武，一方面要分出高低勝負，另一方面又要互相學習和關心，勝者不傲，敗者不餒，相互間切磋技藝，共同提高。

第五，在市場競爭中，對手之間為了自己的生存發展，竭盡全力與對手競爭是正常的現象。但是，在競爭中一定要運用正當手段，也就是說，

只能透過品質、價格、促銷等方式進行正大光明的「擂臺比武」，一決雄雌，切不可用魚目混珠、造謠中傷、暗箭傷人等不正當手段損傷對手。

第六，天高任鳥飛，海闊憑魚躍。市場的廣闊與多元性，使得一個有靈敏頭腦的老闆，不必為自己受擠而妒火中燒，而應果斷地避開眾人，不畏踏上冷僻的羊腸小徑，一樣能夠到達光輝的頂點。

現代社會，市場形勢瞬息萬變，市場形勢此時可能對甲企業有利，眨眼間就可能變得對乙企業有利。所以，老闆應「風物長宜放眼量」，不應當以一時勝負來論英雄，更不可以因一時失利而遷怒競爭對手。

這樣看來，同吃一塊蛋糕的贏錢術是猶太人的睿智表現。

以感情為基礎的合作不可靠

《塔木德》中提出這樣一個問題：要是生下來的嬰兒長著兩個頭一個身體的話，應該把他算做一個人呢，還是兩個人呢？它同時也給出了解決方案：在一個頭上淋上熱水，如果另一個頭也發出悲鳴，就是一個人；要是另一個頭滿不在乎，那就是兩個。

用猶太人的話來說，如果有人聽到以色列的猶太人受到迫害，或者其他國家的猶太人受到迫害，會感受到痛苦，並發出呼喊的話，那個人就是猶太人；如果不會呼喊，那就不是猶太人！十分明顯，這個設問只是一則隱喻，其實質是要在現實生活中檢驗出猶太人的民族認同感和凝聚力。

在商戰中，猶太人非常重視合作，他們認為找一個旗鼓相當的合作夥伴是成功的一半。合作不僅可以揚長避短，共同承擔風險，而且可以增大雙方的力量。

那麼什麼人才是可靠的合作夥伴呢？猶太人自有一套基本準則：不學無術、無特長的不可合作；對人持懷疑態度、不以誠相待者不可合作；善於巴結逢迎、見風使舵者不能使用；思想僵化保守，不能跟上時代且一意孤行的人不能使用。當然，與有實力的夥伴合作，看似可以背靠大樹做文章，但大公司往往以強欺弱，容易大魚吃小魚。不過，既然是雙方合作，就有其合作的必要性，雙方是各取所需，實力弱的一方沒必要對另一方一味遷就，一味遷就的結果是姑息養奸，對方一旦掌握了你的特長，你就會被一腳踢開。

當然，現實生活中的合作有時是很難成功的。創業時，彼此尚能同甘共苦、同舟共濟，而一旦有了勝利果實，就會為各自的利益爭得面紅耳赤，最終導致合作失敗。所以，猶太商人既能選擇志同道合、素質高的合作夥伴，又能先小人後君子，簽訂詳細、完善的合作協定。因為他們明白，單單以友誼為紐帶，以感情為基礎的合作，終究是不可靠的。

不能打敗，便與之結合

猶太人以理智的頭腦選擇合作夥伴。在著名的商業合作案例中，我們不難看見猶太人的身影。

猶太銀行家雷曼兄弟，產業傳到第二代雷曼的手裡時，商行的勢力已經擴大到運輸業和橡膠輪胎業。這期間，雷曼家族與其他幾家猶太富豪結成了姻親關係，例如劉其森家族把煉銅業帶進了雷曼家族的範圍，與薩克斯公司聯合之後，雷曼兄弟公司成了華爾街的大人物。20世紀60年代，美國步入經濟繁榮期，雷曼公司把全部資金都投向了聯合大企業。當時，公

司大出風頭，成為企業兼併和盤購狂潮的領頭人。

後來由於經濟衰退、銀行內部糾紛等問題，在20世紀70年代末期，雷曼公司進入了衰退期，被列入紐約證券交易所的早期警告名單。為了挽救雷曼公司，股東們更換了董事長。兩年之後，雷曼公司得到復興，資本利潤率一直保持在80%這一不同尋常的水準。

為了利於競爭，雷曼公司於1977年與另一家猶太銀行庫恩·羅卜公司合併。庫恩·羅卜公司是與雷曼兄弟公司同時發展起來的，他們最初在辛辛那提賣乾貨，以後帶著5077美元到紐約開銀行，全盛時取得了美國投資銀行的支配地位。與雷曼公司合併後，新銀行在最大的投資銀行中排名第四。合併不僅具有歷史性，而且把雷曼公司在國內的勢力和庫恩·羅卜公司在國外的特長集於一身。按當時媒體的話來說，這「使華爾街最好的兩家廚師合併為一體了」。

猶太商人的這種群體意識，還曾於上世紀60年代，催生了一種嶄新的實業形式——聯合大企業。聯合大企業是一種實現多種目的的控股公司，它擁有各種性質各異的利潤中心，它的主要贏利中只有一部分來自新產品、市場的滲透、收入的增長、均衡發展以及價格贏利率的提高，更大一部分則是利用多家聯合的強大勢頭兼併和盤購，產生一大批由華爾街認購、出售和買賣的新公司的股票。

一位猶太商人說，如果不能打敗他們，就和他們結合。

在現代經濟模式下，許多商業專案是非常龐雜的，任何一家企業都無法獨自完成。不同的企業，在管理、人才、市場、業務、地域與核心技術等方面可能各具所長，也各有所短。只有承認各方的優勢和互補性，攜手合作，才能「切開」較大的市場蛋糕，為大家帶來更多的利益。

有發現才會有發展

你有必要瞭解一下「參孫辦公」成功的祕密。

一說起「參孫辦公」，大家都會想到商用公事包和皮箱。「參孫辦公」的創始者史韋達也是猶太人。

他是在1900年初，跟隨父親從東歐移居到美國的。最初，他的父親在紐約開了一家雜貨店，但是經營得很不好。於是，他又搬到芝加哥從事別的買賣，但又失敗了。他的父親因為借了很多錢，已經沒法回頭了，就全國各地跑。最後，他在科羅拉多州的迪邦市開了一家蔬菜店，還是沒有賺到什麼錢。看樣子，他還要重新嘗試了。史韋達看到因日夜奔波而面容憔悴的父親，就說：「讓我來經營吧。」

當時，迪邦是有名的療養勝地，每年客人都絡繹不絕。在蔬菜店的門口就能看到客人們拎著手提箱從停車場出來，走向療養地。如果再仔細看，多半回來的客人的手提箱都壞了，只有一根拎帶綁著。他觀察到這一點，就把父親的蔬菜店改成了皮包店。真是近水樓臺先得月，這個店因為臨近停車場而賣了很多皮包。

最初，進行供貨的是紐約的皮包製造商。很快地，他們就爭相向史韋達的店供貨。僅僅兩年的時間裡，史韋達店的皮包銷量就在全美首屈一指，店鋪的規模也變得越來越大。如果去看史韋達的總店，就會發現它只是一個蓋在農村的平房，但裡面有紐約最新潮的和由名家設計的皮包。就這樣，他的店越來越有名。

在這期間，大生產商都會找時間和史韋達見面，對他表示感謝之情。有一次，他們決定在紐約宴請史韋達。在史韋達到達的那一天，各個公司

的代表或總經理都來到紐約鐵路終點站來接站，那景象好像是紐約經濟團體的大聚會。但當大家看到從列車上下來的史韋達，都吃了一驚。這位史韋達商會的總經理竟然是一位16歲的少年！

再以後，史韋達決定自己製造皮包。他致力於製作即使遭受碰撞也不易破損的堅固皮包。他把自己製作的皮包稱作「參孫」。為什麼呢？他在小時候，一直被一個《聖經》故事感動著，主人公就是一個具有超凡能力的英雄，名字叫「參孫」。他一直不能忘懷這個名字，所以就用它給自己的產品命名，以此來紀念自己兒時的夢。在他的店前駐足的客人們都非常挑剔，正是這個，成了催生「參孫」這個品牌的契機。

如果說猶太人有什麼經商法則，那就是：正視和把握現實，並對現實進行合理的判斷，最後靠個人的努力取得成功。生意向來都是需要正確判斷時機和正直經營的，這樣做起來就不會太難了。

דומלת

塔木德

第10輯

猶太風險經

看準了就大把撒錢

猶太民族最推崇什麼樣的商人？

調查結果，他們對敢於作出驚人投資決策的商人最為崇拜，因為這些人最能體現猶太民族「膽大心細，迅速出手」的投資水準，即看準了就大把撒錢。

美國金融巨頭摩根就是一個典型的敢於做出驚人投資策略的猶太商人，有人開玩笑稱：「只要摩根開始了自己的工作，就相當於印鈔機在飛速運轉，因為他頭腦中的投資概念已經完全成熟了。」

19世紀末，鐵路運輸是支撐美國產業界運輸體系的支柱，但就像一盤散沙似的各段鐵路並不能完成這項重任。要想把分散的鐵路連成一體，組成一個鐵路網路，仍要在鐵路方面投入高額資金。這樣，鐵路依賴投資銀行的程度就表現得相當突出。隨著生產力的發展，企業社會化程度越來越高，各公司的拆分、合併也越加頻繁，借貸的資金額也就越來越大。這就要求投資銀行不僅有雄厚的財產做後盾，更要有很高的信譽。在這種形勢下，摩根創立的銀行辛迪加成為新時期銀行投資業的榜樣。眾多破產的公司企業面對美國的經濟危機，把希望寄託在摩根身上，希望他能夠收購他們的公司，成為他們的救世主，給他們的公司以新生。

在此等危難之時，摩根力挽狂瀾，扶大廈於將傾。他操起手術刀，向鐵路業大動手術了。他這次採取的是「高價買下」戰略。無論是西部鐵路，還是那些早已不符合當時發展要求的鐵路，他都要統統買下，以便能迅速整頓美國鐵路。

摩根高價購買鐵路的策略被人稱為「托拉斯計畫」，這正是反映摩根策略威力之處。摩根此次的大量投資，不是投機，而是為了促進鐵路發展。這次之所以開出了打敗所有競爭對手的價格，也是因為他並不想靠這次投資獲利。另外，如果鐵路產業經濟的支柱被別人佔領，那麼他在金融界剛剛奪得的霸主地位將會受到威脅。只為此，就值得他一搏。摩根對鐵路的這次大整頓，標誌著美國經濟從開發的初始階段，轉入現代的重視經營管理階段，從根本上改變了美國傳統的經營戰略與思想。他的成功給美國經濟的發展方向帶來了重大影響。在華爾街則更是如此，他的經營思想與管理方式成為華爾街紛紛仿效的對象，至今還影響深遠。

從「海盜式」經營到形成辛迪加，進而到托拉斯，華爾街已從過去投機商的天地轉變成為美國的經濟中心。華爾街後來成為美國經濟的發展標誌，並問鼎世界金融霸主的地位，摩根的貢獻當然首屈一指。

從摩根身上，我們發現，猶太人在投資方面充滿著風險與機會，他們甘願嘗試在風險中賺錢，也絕不輕易地擺脫自己的風險。這種「膽大心細，迅速出手」的投資策略，應當是一個優秀商人的基本素質。

財氣比運氣更重要

擁有了高智商，不僅可以讓你懂得如何創造財富，同時也能夠讓你知道，在財富的機遇面前應該如何去抓住它，把運氣變成財氣。

富翁家的狗在散步時跑丟了，於是在電視臺發了一則啟事：「有狗丟失，歸還者，付酬金10000元」。同時有小狗的一張彩照充滿大半個螢幕。啟事發出後，送狗者絡繹不絕，但都不是富翁家的。富翁太太說，肯定是

真正撿狗的人嫌給的錢少，那可是一隻純正的愛爾蘭名犬啊！於是富翁把酬金改為20000元。

原來，一位乞丐在公園的躺椅上打盹時撿到了那隻狗。乞丐沒有及時地看到第一則啟事，當他知道送回這隻小狗可以拿到20000元時，真是興奮極了，他這輩子也沒交過這種好運。

乞丐第二天一大早就抱著狗準備去領那20000酬金。當他經過一家大百貨公司的電視牆時，又看到了那則啟事，不過賞金已變成了30000元。乞丐駐足想：這賞金增長的速度倒挺快，這狗到底能值多少錢呢？他改變了主意，又折回他的破窯洞，把狗重新拴在那兒。第四天，懸賞額果然又漲了。

在接下來的幾天時間裡，乞丐沒有離開過大螢幕，當酬金漲到使全城的市民都感到驚訝時，乞丐返回他的窯洞。可是那隻狗已經死了，因為這隻狗在富翁家吃的是鮮牛奶和嫩牛肉，對這位乞丐從垃圾筒裡撿來的食物根本受不了。

乞丐不渴望財富嗎？當然渴望，但是他沒有抓住得到財富的機遇，所以只有看著它溜走了。

運氣帶有偶然、意外的性質。有個人去買彩券，結果中了10000美金，這是運氣。提煉青黴素的佛萊明原意是要培養葡萄球菌，黴菌的出現出乎他意料之外。對他來說，黴菌是個不速之客。中彩券與發現青黴素有顯著的區別，中彩券純屬意外，那是運氣，沒有夾雜機會在裡面；而發現青黴素的事，則在運氣之外蘊藏著機會。

佛萊明發現黴菌之後，他可能有兩個反應：一是覺得黴菌的出現阻撓了他對葡萄球菌的研究，把它當作麻煩事，不予重視；二是覺得好奇，進行研究。如果佛萊明採取前一種態度，發明青黴素的就不會是他，而是別

人了。佛萊明能夠及時掌握機會，結果獲得了成就。

在致富的過程中，也要分清機會和運氣，我們不排除運氣，但是更重要的還是要用自己的財商，挖掘蘊藏在生活中的機會，也只有這樣，你才能得到財富。

猶太商人的經驗是：擁有了高智商，不僅可以讓你懂得如何創造財富，同時也能夠讓你知道，在財富的機遇面前應該如何去抓住它，把運氣變成財氣。

風險和收穫成正比

《塔木德》說：「請主降下磨難，考驗我對主的信仰；請主降下苦痛，把我和普通人區分；請主給我以逆境，讓我成功。」

摩根家族的祖先是西元1600年前後從英國遷移到美洲來的，傳到約瑟夫‧摩根的時候，他賣掉了在麻塞諸塞州的農場，到哈特福定居下來。

摩根最初以經營一家小咖啡店為生，同時還賣些旅行用的籃子。這樣苦心經營了一些時日，逐漸賺了些錢，就蓋了一座很氣派的大旅館，還買了運河的股票，成為汽船業和地方鐵路的股東。

1835年，摩根投資參加了一家叫做「伊特納火災」的小型保險公司。所謂投資，也不要現金，出資者的信用就是一種資本，只要你在股東名冊上簽上姓名即可。投資者在期票上署名後，就能收取投保者交納的手續費。只要不發生火災，這無本生意就穩賺不賠。

然而不久，紐約發生了一場大火災。投資者聚集在摩根的旅館裡，一個個臉色蒼白，急得像熱鍋上的螞蟻。很顯然，不少投資者沒有經歷過這

樣的事件。他們驚惶失措，願意自動放棄自己的股份。

摩根便把他們的股份統統買下，他說：「為了付清保險費用，我願意把這旅館賣了，不過得有個條件，以後必須大幅度提高手續費。」摩根把寶押在了今後。這真是一場賭博，成敗與否，全在此一舉。

另有一位朋友也想和摩根一起冒這個險，於是，倆人湊了10萬美元，派代理人去紐約處理賠償事項。結果，從紐約回來的代理人帶回了大筆的現款，這些現款是新投保的客戶出的比原先高一倍的手續費。與此同時，「信用可靠的伊特納火災保險」已經在紐約名聲大振。這次火災後，摩根淨賺了15萬美元。

能夠把握住關鍵時刻，通常可以把危機轉化為賺大錢的機會。這當然要善於觀察分析市場行情，把握良機。機會如白駒過隙，如果不能克服猶豫不決的弱點，可能永遠也抓不住機會，只有在別人成功時慨嘆：「我本來也可以這樣的。」

這正如《塔木德》所說：風險往往和收穫是成正比的。

遇到阻礙就後退

運用逆向思考，以退為進，很輕鬆就能贏得滾滾財源。在猶太人經商生涯中，不乏類似的故事。

有一家猶太人開的洗滌公司，它的A品牌產品深受家庭主婦的歡迎。然而該公司很快就得知另一家公司生產的B品牌同類產品也即將打入市場，而且B品牌可能更具有競爭力。經過籌畫，該公司做出這樣一個決定：在B品牌上市前，迅速將A品牌產品從各商家的貨架上撤走。在B品牌上市後，再

迅速將A品牌產品全部擺上貨架。

習慣於使用A品牌產品的家庭主婦們忽然發現缺了一個好助手。她們這才意識到，A品牌的產品對她們是何等重要。在B品牌上市時，家庭主婦們又驚喜地發現，自己想念已久的A品牌又回來了，於是，B品牌上市所做的那麼多努力也被她們給忘記了。

以下是一個在求職時利用以退為進策略取得成功的案例。一位電腦博士畢業後找工作，結果好多家公司都不錄用他。思前想後，他決定收起所有證件，以一種「最低身份」再去求職。

不久，他被一家公司錄用為程式輸入員，這對他來說簡直是「小學生的作業」，但他仍處理得一絲不苟。不久，老闆發現他能看出程式中的錯誤，非通常的程式輸入員可比，這時他亮出學士證明，老闆給他換了個與大學畢業生相稱的職位。過了一段時間，老闆發現他時常能提出許多獨到的有價值的建議，遠比通常的大學生要高明。這時，他又亮出了碩士證明，於是老闆又提升了他。再過一段時間，老闆覺得他還是與別人不一樣，就對他「質詢」，此時他才拿出博士證明，老闆對他的水準有了全面認識，毫不猶豫地重用了他。

以退為進，由低到高，不失為猶太人做生意時自我表現的一種藝術。

時時刻刻都要防範交易風險

猶太人在經商時，視商場為戰場，視他人為假想敵，心理高度警惕，永不放棄戒備心。

在猶太人之間無論有無契約，只要他口頭答應，就可以信任。

這裡有個關於美國石油大王約翰・洛克菲勒的故事。

在19世紀初，德國人梅特里兄弟移居美國，定居密沙比，他們無意中發現密沙比是一片含鐵豐富的礦區。於是，他們用積存起來的錢，祕密地大量購進土地，並成立了鐵礦公司。洛克菲勒後來也知道了，但由於晚到了一步，只好在一旁垂涎三尺，等待時機。

1837年，機會終於來了。由於美國發生了經濟危機，市面銀根告緊，梅特里兄弟陷入了窘境。一天，來了一位令人尊敬的本地牧師，梅特里兄弟趕緊把他迎進家中，待作上賓。聊天中，梅特里兄弟的話題不免從國家的經濟危機談到了自己的困境，牧師聽到這裡，連忙接過話題，熱情地說：「你們怎麼不早告訴我呢？我可以助你們一臂之力啊！」

走投無路的梅特里兄弟大喜過望，忙問：「你有什麼辦法？」

牧師說：「我的一位朋友是個大財主，看在我的情面上，他肯定會答應借給你們一筆款子。你們需要多少？」

「有42萬就行。可是，你真的有把握嗎？」

「放心吧，一切由我來辦。」

梅特里兄弟問：「利息多少？」

梅特里兄弟原本認為肯定是高息，但他們也準備接受了。

誰知牧師道：「我怎麼能要你們的利息呢？」

「不，利息還是要的，你能幫我們借到錢，我們已經非常感謝了，哪能不付利息呢？」

「那好吧，就算低息，比銀行的利率低2釐，怎麼樣？」

兩兄弟以為是在做夢，一時呆住了。

於是，牧師讓他們拿出筆墨，立了一個借據：「今有梅特里兄弟借到考爾貸款42萬元整，利息3釐，空口無憑，特立此據為證。」

梅特里兄弟又把字據唸了一遍，覺得一切無誤，就高高興興地在字據上簽了名。

事過半年，牧師再次來到了梅特里兄弟的家裡，他對梅特里兄弟說：「我的那個朋友是洛克菲勒，今天早上他來了一封電報，要求馬上索回那筆借款。」

梅特里兄弟早已把錢用在了礦場，一時間毫無還債的能力，於是被洛克菲勒無可奈何地送上了法庭。

在法庭上，洛克菲勒的律師說：「借據上寫得非常清楚，被告借的是考爾貸款。在這裡我有必要說明一下考爾貸款的性質，考爾貸款是一種貸款人隨時可以索回的貸款，所以它的利息低於通常貸款利息。按照美國的法律，對這種貸款，一旦貸款人要求還款，借款人要嘛立即還款，要嘛宣佈破產，二者必居其一。」

於是，梅特里兄弟只好選擇宣佈破產，將礦產賣給洛克菲勒，作價52萬元。

幾年之後，美國經濟復甦，鋼鐵業內部競爭也激烈起來，洛克菲勒以1941萬元的價格把密沙比礦賣給了摩根。而摩根還覺得做了一筆超值生意。

也許有人會說洛克菲勒不守商業道德。但是洛克菲勒並不這樣認為，他認為自己的行為完全是合法的、正當的。況且商業經營的最高目的是賺錢，其遊戲規則是不受道德限制的。

猶太人在經商時，視商場為戰場，視他人為假想敵，心理高度警惕，永不放棄戒備心。縱然是自己的妻子或者丈夫，也把他當外人看待，從不輕易信任，這也是猶太人防範交易風險的智慧之舉。

沒前途的行業哪怕賺錢也要放棄

　　放棄已實施了兩套計畫的事業是明智的選擇，即使虧掉了不少投入也無所謂。生意未盡人意，為後來留下後患，一堆爛攤子時刻困擾未來的工作，這樣就長痛不如短痛。

　　猶太人一旦決定在某項事業上投資，一定會制定短期、中期和長期三套投資計畫。

　　短期計畫實施後，即使發現實際情況與事前預測有出入，他們也會毫不吃驚或動搖，仍積極地按原計劃實施。

　　經過短期計畫的實施後，即使效果不及預料的好，猶太人仍會推出第二套計畫，繼續追加投入，設法完成各項策略的實施。當第二套計畫深入進行後，仍未達到預測的效果，又沒有確切的事實和依據證明未來有所好轉，猶太人會毫不猶豫地放棄這項投資。

　　猶太人認為，放棄已實施了兩套計畫的事業是明智的選擇，即使虧掉了不少投入也無所謂。生意未盡人意，為後來留下後患，一堆爛攤子時刻困擾未來的工作，這樣就長痛不如短痛。

　　在經營活動中，猶太人忍耐的個性是聞名於天下的。但是，他們的忍耐是基於合算和有發展前途的投資基礎之上的。當發現不合算或沒有發展前途時，不用說幾個月，哪怕幾天他們也不會等待下去。

　　猶太人詹姆士原來沾染了惡習，像個花花公子一樣，把父親給他的一筆財產敗光之後，生活難以為繼時才覺醒要努力奮鬥，決心從頭做起。他從哥哥那裡借錢自己開辦一間小藥廠。他親自在廠裡組織生產和銷售工作，從早到晚每天工作18個小時。然後把工廠賺到的一點錢積蓄下來擴大

再生產。幾年後，他的藥廠初具規模了，每年有幾十萬美元的贏利。

　　經過市場調查和分析研究後，詹姆士覺得當時藥物市場發展前景不大，又瞭解到食品市場前途光明。經過深思熟慮後，他毅然出讓了自己的藥廠，又向銀行貸了一些錢，買下「加雲食品公司」控股權。這家公司是專門製造糖果、餅乾及各種零食的，同時經營菸草，它的規模不大，但經營品項豐富。

　　詹姆士對該公司掌控後，在經營管理和行銷策略上進行了一番改革。他首先將生產產品規格和式樣進行擴展延伸，如把糖果延伸到巧克力、口香糖等多個品項；餅乾除了增加品項，細分兒童、成人、老人餅乾外，還向蛋糕、蛋捲等發展。接著，詹姆士在市場領域上大做文章，他除了在法國巴黎經營外，還在其他城市設分店，後來還在歐洲眾多國家開設分店，形成廣闊的連鎖銷售網。隨著業務的增多，資金變得雄厚，詹姆士又隨機應變，把英國、荷蘭的一些食品公司收購，使其形成大集團。

　　詹姆士的成功，正是得益於他當初對小藥廠經營前途不佳的理智分析，及時調整經營思路，轉向食品行業。顯而易見，在猶太人的商業經營中，適時放棄也是一種大智慧。

沒有考察就沒有投機

　　猶太人很少以主觀的情緒投資風險管理。即使在投機生意中，猶太人也十分講究穩妥可靠。

　　從經商角度而言，猶太人不是在做生意而是在「管理風險」。有時候，猶太人靠準確地投資這種「風險」而得以發跡。

哈默最大的一次成功是利比亞在義大利佔領期間，墨索里尼為了尋找石油，在利比亞大概花了1000萬美元，結果一無所獲。埃索石油公司在花費了幾百萬收效不大的費用之後，正準備撤退，卻在最後一口井裡打出油來。殼牌石油公司大約花了5000萬美元，但打出來的井都沒有商業價值。

　　西方石油公司到達利比亞的時候，正值利比亞政府準備進行第二輪出讓租借地的談判，出租地區大部分都是原先一些大公司放棄了的利比亞租借地。根據利比亞法律，石油公司應儘快開發他們的租借地，如開採不到石油，就必須把一部分租借地還給利比亞政府。第二輪談判中就包括若干孔「乾井」的土地，但也有許多塊與產油區相鄰的沙漠地……來自9個國家的40多家公司參加了這次投標。

　　哈默雖充滿信心，但前途未卜。儘管他和利比亞國王私人關係良好，但他在這方面經驗不足，與那些石油巨頭們競爭實力懸殊太大。

　　哈默的董事們坐飛機都趕來了，他們在4塊租借地投了標。他的投標方式不同通常，投標書用羊皮證件的形式，捲成一捲後，用代表利比亞國旗顏色的紅、綠、黑三色緞帶紮束。在投標書的正文中，哈默加了一條：他願意從尚未扣稅的毛利中拿出5％供利比亞發展農業用。此外，還允諾在國王和王后的誕生地庫夫拉附近的沙漠綠洲中尋找水源。另外，他們還將進行一項可行性研究。一旦在利比亞開採出水源，他們將與利比亞政府聯合興建一座製氨廠。

　　最後，哈默終於得到了兩塊租借地。這使那些強大的對手大吃一驚。這兩塊租借地都是其他公司耗鉅資後一無所獲放棄的。這兩塊租借地不久就成了哈默煩惱的源泉。他們鑽出頭三口井都是滴油不見的乾孔，僅打井費一項就花了近300萬元。另外，還有200萬元用於地震探測和向利比亞政府的官員交納的賄賂金。於是，董事會裡許多人開始把這雄心勃勃的計畫

叫做「哈默的蠢事」，甚至連哈默的知己、公司的第二大股東里德也對此失去了信心。

但是哈默的直覺促使他固執己見。在創業者和財東之間發生意見分歧的幾週，第一口油井出油了，此後的另外八口油井也出油了，而且是異乎尋常的高級原油。更重要的是，油田位於蘇伊士運河以西，運輸非常方便。與此同時，哈默在另一塊租借地上，還鑽出一口日產703萬桶自動噴油的珊瑚油藏井。這是利比亞最大的一口井。接著，哈默又投資1.5億元修建了一條日輸油量100萬桶的輸油管道。當時西方石油公司的淨資產只有4800萬元，足見哈默的膽識與魄力。之後，哈默又大膽地吞併了好幾家大公司。這樣，西方石油公司一躍而成為世界石油行業的第八個姊妹。

像哈默一樣，猶太人很少以主觀的情緒投資風險管理。即使在投機生意中，猶太人也十分講究穩妥可靠。

在英文中，「投機」和「考察」是同義詞，猶太人的投機買賣可說是對該詞的最好詮釋。猶太人的考察，並不只看商品的流通情形，還要視該買賣的商品在轉賣或交換之後的狀況，以及當事人對於該項交易的最後滿意程度。猶太人最後決定的投機買賣，一定是根據周詳和縝密的思索之後所做出的商業行為。

只要值得就要去冒險

只要值得，就要去冒險。這種在風險中淘金的做法，是猶太商人非常令人折服的一種投資方法。

1898年5月21日阿曼德·哈默生於美國，他上大學時，就開始經營父親

留給他的藥廠事業，成效顯著，他因之而成為當時美國唯一的大學生百萬富翁。1921年趕赴前蘇聯，成為貿易代理人，聚集了巨額財富。1956年58歲的哈默收購即將倒閉的西方石油公司，並成為世界最大的石油公司的創業者。1974年哈默的西方石油公司年收入達到60億美元的驚人數字。

哈默一生與東西方政界領導人關係密切，聲譽傳遍全球。經常有人向哈默請教致富的「魔法」。他們堅持認為：哈默發大財靠的不僅是勤奮、精明、機智、謹慎之類應有的才能，一定還有「祕密武器」。

在一次晚會上，有個人湊到哈默跟前請教「發家的祕訣」，哈默皺皺眉說：「實際上，這沒什麼。你只要等待俄國爆發革命就行了。到時候打點好你的棉衣儘管去，一到了那兒，你就到政府各貿易部門轉一圈，又買又賣，這些部門大概不少於二三百呢……」聽到這裡，請教者氣憤地嘟噥了幾句，轉身走了。

其實，這正是20世紀20年代時，哈默在俄國13次做生意的精闢概括，其中包含著他生意的興隆與衰落，成功與失敗的種種經歷。

1921年的前蘇聯，經歷了內戰與災荒，急需救援物資，特別是糧食。哈默本來可以拿著聽診器，坐在清潔的醫院裡，不愁吃穿地安穩度過一生。但他厭惡這種生活。在他眼裡，似乎那些未被人們認識的地方，正是值得自己去冒險，去闖一番事業的戰場。他做出通常人認為是發了瘋的抉擇，踏上了被西方描繪成地獄似的可怕的前蘇聯。當時，前蘇聯被內戰、外國軍事干涉和封鎖弄得經濟蕭條，人民生活十分困難；霍亂、斑疹、傷寒等傳染病和飢荒嚴重地威脅著人們的生命。列寧領導的蘇維埃政權採取了重大的決策——新經濟政策，鼓勵吸引外資，重建前蘇聯經濟。但很多西方人士認為到前蘇聯經商、投資辦企業，被稱做是「到月球去探險」。

哈默心裡當然也知道這一點，但風險大，利潤必然也大，值得去冒

險。於是哈默在飽嘗大西洋中航行暈船之苦和英國祕密警察糾纏的煩惱之後，終於乘火車進入前蘇聯。

沿途景象慘不忍睹：霍亂、傷寒等傳染病流行，城市和鄉村到處有無人收殮的屍體，專吃腐屍爛肉的飛禽，在人的頭頂上盤旋。哈默痛苦地閉上眼睛，但商人精明的頭腦告訴他：被災荒困擾著的蘇聯目前最急需的是糧食。他又想到這時美國糧食大豐收，價格早已慘跌到每蒲式耳一美元。農民寧願把糧食燒掉，也不願以低價送到市場出售。而蘇聯這裡有的是美國需要的、可以交換糧食的毛皮、白金、綠寶石。如果能夠讓雙方交換，豈不兩全其美？從一次蘇維埃緊急會議上，哈默獲悉蘇聯需要大約100萬蒲式耳的小麥，才能使烏拉爾山區的飢民度過災荒。機不可失，哈默立刻向蘇聯官員建議，從美國運來糧食換取蘇聯的貨物。雙方很快達成協議。初戰告捷。

沒隔多久，哈默成了第一個在前蘇聯經營租讓企業的美國人。此後，列寧給了他更大的特權，讓他負責蘇聯對美貿易的代理商。哈默成為美國福特汽車公司、美國橡膠公司、艾利斯——查理斯機械設備公司等三十幾家公司在蘇聯的總代表。生意越做越大，他的收益也越來越多。

第一次冒險使哈默嘗到了巨大的甜頭。於是，「只要值得，不惜血本也要冒險」，成了哈默做生意的最大特色。

心急必然價高

在猶太商人的眼裡，生意談判時，必須敢於冒險。冒險就是勇敢與常識相結合。如果膽子放不開、機會看不準，就會被別人乘機給予致命的一

擊。聰明的冒險，必須是瞭解可能性和情願去承受自己能夠承受得起的損失。在這裡，敢於冒險要跟幹蠢事劃清界限。

科克作為猶太商人，他對談生意中的冒險原則瞭解得相當透徹，認識得相當清楚。他講了這樣一個故事：

在一次研討會上，史密斯先生無意中說起他最近準備買一套漂亮的房子。

史密斯說：「是這樣的，賣主要15萬美元，我準備付13萬，你看我怎樣才能少付那2萬塊錢呢？請給我介紹點生意談判的訣竅吧。」

科克問他：「如果你不買這所夢寐以求的房子又有何妨呢？」

他答道：「那可不行，我想那樣一來我的妻子就會自殺，我的孩子也會離家出走！」

科克嘟噥道：「嗯……告訴我，你對你的妻子兒女好不好？」

他答道：「啊，科克，我很愛他們。為了他們我什麼事都做。我現在必須使房子的要價降低。」

最後，史密斯為夢寐以求的房子還是花了15萬。

那所房子對他那麼重要，他是不會冒險失去的。由於他太心急了，所以他不敢說任何冒險的話以便使賣主降低要價。

一位猶太富豪說：當你感到務必要得到某個東西時，你就永遠得付出高價，因為你把自己置於一個對方容易駕馭的地步。

在生意談判中，如何去冒險呢？以下幾條冒險原則是要注意的：

（1）冒險是要冒那種可以承受的險，它與賭博不同；

（2）冒險前要考慮其可能性，確定可能的好處以及是否有必要去冒險；

（3）要理智，不要獨斷，永遠不要驕傲逞能、盲目急躁或異想天開；

（4）當冒險的賭注實在太高時，應平分或聯合承擔風險；

（5）讓別人參加冒險活動，自己的活動範圍就擴大了，「持久力」就增強了。

多走幾步才有風景

一個東西總是兩面的，有利的方面也不總是有利的，不利的方面也不總是壞的，如果你利用得當，它就是有用的。

如果多走幾步會看到更多的風景。

作為商人，如果有敏銳的眼光，就可以預測未來發生的事情。只看眼前的幾步，那樣的人永遠只能跟在人們後邊，賠錢是肯定的。

猶太人會賺錢。賺錢，對於他們來說，簡直就是輕而易舉。其實，如果你拋開這些神奇的傳說，認真看看猶太人的發財祕訣，你就知道原因是什麼了。

我們來看看北美宣傳奇才哈利，小時候是怎樣在冬天把飲料賣掉的吧。哈利15歲時，在一家馬戲團做童工，負責在場內叫賣零食。但天氣寒冷，觀看的人不多，買東西吃的人更少，尤其是飲料，幾乎沒有人問津。小哈利就想：為什麼飲料沒有人要呢？是人們不需要呀，但是怎麼讓人們在冷天也需要飲料呢？他腦筋一轉，有了！於是，他大聲喊：「來看馬戲，誰買一張票就免費送您一包好吃的花生嘍！」還有這樣的好事？人們紛紛從四面八方聚攏過來，人越來越多。人們津津有味地品嘗著這些花生，這些花生比平常的花生好吃，不過越吃越有點口渴，原來這些花生被撒上了一些鹽，不過，既然花生是免費的，而且又這麼好吃。那就繼續吃

吧，但要有點飲料解渴才可以呀。小哈利乘機推銷他的飲料，口乾舌燥的人們顧不得那麼多了，紛紛慷慨解囊，購買小哈利的飲料，這下，小哈利一天賣出去的飲料居然相當於過去一個月的銷售量。

其實，看起來神奇的妙計，如果你分析一下，小哈利不過是善於謀劃，比別人多看到幾步而已。我們來看看小哈利的這幾步是怎麼走的：

第一步：要想賣出去飲料，在冬天似乎不太可能，那就必須借助什麼東西，借助其他東西作為中轉，來間接地實現自己的意圖，於是，看看手裡的東西，就是花生了。第二步，把花生全部撒上一點鹽，這樣花生就變鹹了，鹹花生的味道不僅香了，更重要的是，借助鹹花生，他可以賣掉自己的飲料了。第三步，把鹹花生和票捆綁在一起，免費地贈送給來看馬戲的人，這樣做的目的就是吸引那些貪圖便宜的人前來，為更多地推銷自己的飲料打好顧客數量上的基礎。

其實，多看幾步，不過是要多想幾個可能性而已。一個東西總是兩面的，有利的方面也不總是有利的，不利的方面也不總是壞的，如果你利用得當，它就是有用的。

דומלת

塔木德

第11輯

猶太理財經

只要有錢就拿去做生意

多麼聰明狡猾的猶太人，竟然空手套白狼！這可是他們的一貫作風。

有關猶太人工於心計的說法，世界上流傳很多。有這麼一個笑話：美國和前蘇聯成功地發射了載人飛行的火箭，讓世界感到震撼。其他一些國家認為，這可是提升國力、擴大國際影響的極有效手段，也紛紛準備效仿。但其他國家都不具備單獨發射火箭的實力，於是，德國、法國和以色列三國便商議要聯合擬定一個月球旅行計畫。當火箭和太空艙都造好了的時候，他們便開始在這三個國家挑選太空員。一名德國人首先應徵。工作人員在考察了他的條件後問：

「你準備索要什麼樣的待遇作為報酬？」

德國人回答說：「我要3000美元的報酬。」

工作人員又問：「你要這麼多錢，打算怎麼花呢？」

德國人說：「我打算把1000美元留著自己用；1000美元送給妻子；1000美元作為購房基金。」

接下來是法國人參加應徵。法國人索要的報酬是4000美元。他說，除了德國人所想到的那些支出外，他還需要1000美元送給自己的情人。

最後輪到以色列人了。以色列的應徵者開出的條件是5000美元。他對面試官說，拿到這筆錢後，1000美元給你，1000美元給自己，其餘3000美元，我將雇那個德國人來開飛船！

看了這個笑話，人們總會會心一笑。

把小錢放在眼前

　　猶太商人愛用一個比喻：用沒底的水桶去裝水，水並不會完全漏空，至少桶壁上還可以剩下一些。用桶積存滴水一樣的方法來存錢，同樣有望變成富翁。

　　一個名叫麗莎的猶太理財專家在書中寫道：

　　「很多人都會為自己的低收入而抱怨，斷定自己無法成為富翁的。一旦存在這種想法，即使這個人以後的收入很多，也永遠不可能成為富翁。因為他們根本沒把小錢放在眼裡，也不懂得水滴石穿的道理。」

　　「愈有錢的人越摳門，而窮人常會窮大方，可是我們應該想到，如果富翁沒有吝嗇的精神，也就不可能成為富翁了。抱有得過且過之心來對待自己的財富，是個人理財過程中最普遍的障礙，也是導致有些人退休時經濟仍無法自立的主要原因。許多人對於理財抱著得過且過的態度，總認為隨著年紀的增長，財富也會逐漸成長。等到他們意識到理財的重要性並開始想理財時，為時已晚了。

　　「很多年輕人總認為理財是中年人的事，或有錢人的事，到了老年再理財還不遲。其實，理財致富，與金錢的多寡關聯性很小，而理財與時間長短之關聯性卻相當大。人到了中年面臨退休，手中有點閒錢，才想到要為自己退休後的經濟來源作準備，此時卻為時已晚。原因是，時間不夠長，無法讓小錢變大錢，因為那至少需要數十年以上的時間。10年的時間仍無法使小錢變大錢，可見理財只經過10年的時間是不夠的，非得有更長的時間，才有顯著的效果。既然知道投資理財致富，需要投資在高報酬率的資產，並經過漫長的時間作用，那麼我們應該知道，除了充實投資知識

與技能外，更重要的就是即時的理財行動。理財活動應越早開始越好，並培養持之以恆、長期等待的耐心。

「不要再以未來價格走勢不明確為藉口，而延後你的理財計畫，又有誰能事前知道房地產與股票何時開始上漲呢？每次價格巨幅上漲，人們事後總是悔不當初。價格開始起漲前，沒有任何徵兆，也沒有人會敲鑼打鼓來通知你。對於這種短期無法預測，長期具有高預期報酬率之投資，最安全的投資策略是——先投資後，再等待機會，而不是等待機會再投資。

「人人都說投資理財不容易，必須懂得掌握時機，還要具備財務知識，總之要萬事俱全才能開始投資理財，這樣的理財才能成功。事實上並不盡然，其實，許多平凡人都能夠靠理財致富，投資理財與你的學問、智慧、技術、預測能力無關，也和你所下的功夫不相干。歸根結底，完全看你是不是能做到投資理財該做的事。做對的人不一定很有學問，也不一定懂得技術，他可能很平凡，卻能致富，這就是投資理財的特色。一個人只要做得對，則不但可以利用投資而成為富人，而且過程也會輕鬆愉快。因此，投資理財不需要天才，不需要什麼專門知識，只要肯運用常識，並能身體力行，必有所成。因此投資人根本不需要依賴專家，只要擁有正確的理財觀，你可能比專家賺得更多。」

這位猶太理財專家說得對。投資理財沒什麼技巧，最重要的是觀念，觀念正確就會贏。每一個理財致富的人，只不過是養成通常人不喜歡，且無法做到的習慣而已。

不借錢給自己的朋友

一位猶太生意人說：你可以用其他友善的方式接濟你的朋友，但不要借錢給他。借錢給他人就是掏錢為自己買了一個敵人。

猶太人在朋友之間很少涉及金錢，他們之間朋友是朋友，金錢是金錢，分得十分的清楚，通常不把友情摻入金錢，也不借錢給別人。

猶太人之間的朋友，大家彼此都很不錯，就在一起吃飯喝酒，這樣的朋友關係就表示你是他喜歡的朋友，他願意和你經常來往。但是你要是借錢，他們很少答應。

這不是因為猶太人不喜歡自己的朋友，也不是因為大家彼此之間不信任，而是他們處事的一種精明。

猶太人是十分自尊的，他們通常不向人求助的，即使遇到了困難他們也是依靠自己的力量來解決，而很少向別人請求幫助。猶太人在生活上借錢，與他們在生意上的借貸是不一樣的。假如一個人向自己的朋友借錢，那說明這個人已經處於生活比較困難的時候了。有人借錢給他，他就總是感到忐忑不安，心裡總是想著怎麼樣把錢儘快還給自己的朋友，見了朋友就感覺很不好意思，而朋友呢，如果也恰好需要這筆資金，但也不好意思去要錢。這樣一來，自己卻不得不去向別人借錢，這樣大家的心理都不舒服。所以，猶太人之間就心照不宣地達成默契：不借錢給自己的朋友。

猶太人開的餐館貼著這樣的一首歌謠：「我喜歡你。但你要借錢，我不能借，怕你借了，以後不再上門。」這首歌謠說的就是這樣的意思。

不光會賺錢還要會花錢

卡恩站在百貨公司的前面，目不暇接地看著形形色色的商品，他身旁有一位穿戴很體面的猶太紳士，站在那裡抽著雪茄。

卡恩恭恭敬敬地對紳士說：

「您的雪茄很香，好像不便宜吧？」

「2美元一支。」

「好貴啊⋯⋯您一天抽多少支呀？」

「10支。」

「天哪！您抽多久了？」

「40年前就開始抽了。」

「什麼，您仔細算算，要是不抽菸的話，那些錢就足夠買下這幢百貨公司了。」

「那麼說，您不抽菸？」

「我不抽菸。」

「那麼，您買下這幢百貨公司了嗎？」

「沒有。」

「告訴您，這一幢百貨公司就是我的。」

誰也不能說卡恩不聰明，因為第一，他帳算得很快，一下子就計算出每支2美元的雪茄每天抽10支，40年下來的錢就可以買一幢百貨公司。第二，他很懂勤儉持家、由小到大積累的道理，並且身體力行，從來沒有抽過2美元一支的雪茄。但誰也不能說卡恩有活的智慧，因為他不抽雪茄也沒有省下可以買百貨公司的錢。卡恩的智慧是死智慧，紳士的智慧才是活智

慧，錢是靠錢生出來的，不是靠克扣自己存下來的。

　　猶太人不贊成過分地節儉，《塔木德》說：「當富人沒有機會買東西的時候，他會自認為是個貧窮的人。」如果自己擁有了金錢，卻守著它們不鬆動，把它們緊緊地攥在自己的手裡不花，是愚蠢的，更是貧窮的。有錢不能花，不正是窮人的表現嗎？所以一個真正的富人，不光會賺錢，更會花錢。

　　因此，猶太人對自己的生活要求有一種很高的品味，他們喜歡豪華的居所，精美的食物和名貴的車輛，因為只有這樣才配得上自己所賺取的財富和自己高貴的地位。

　　猶太人的節儉精神與他們享受生活並不矛盾。在猶太人看來，為了賺取更多的利潤，就必須節約不必要的資金。但猶太人也同樣明白賺取財富是為了更好的生活。他們認為如果賺了錢不用來花，那賺錢對他們來說毫無意義，那樣做只會降低自己對賺錢的興趣。

　　猶太人在日常生活中，買自己喜歡的東西，並願意為這樣的享受付出金錢。在紐約這樣的大城市，經常可以在晚上看到在裝飾豪華的餐廳，坐著頗有紳士風度的猶太人，他們和家人、朋友一邊吃著精緻的美食、一邊親密地交談，那愜意的神態讓人羨慕不已。他們毫不吝嗇地把白天賺來的錢花出去。通常可以為了一頓精美的晚餐而一擲千金。為了享受他們是願意花錢的。

　　為了錢，追求錢，猶太商人的人生目標簡單直截，清晰明確。這對在賺錢上取得成功極有助益。

有錢賺就不要拒絕

　　猶太人熱衷於賺錢，這是由長期的生存環境決定的民族特性。但猶太人對錢卻一直保持著一顆平常之心。

　　對於錢，猶太人既沒有敬之如神，也沒有惡之如鬼，更沒有既想要錢又羞於碰錢的尷尬心理。錢乾乾淨淨、平平常常，賺錢大大方方、堂堂正正。

　　以錢為生，這只是猶太人樸素而又自然的生活方式。

　　一位無神論者來看拉比。

　　「您好！拉比。」無神論者說。

　　「您好。」拉比回禮。

　　無神論者拿出一個金幣給他，拉比二話沒說裝進了口袋裡。

　　「毫無疑問你想讓我幫你做一些事情，」他說，「也許你的妻子不孕，你想讓我幫她祈禱。」

　　「不是，拉比，我還沒結婚。」無神論者回答。

　　於是他又給了拉比一個金幣，拉比也二話沒說又裝進了口袋。

　　「但是你一定有些事情想問我，」他說，「也許你犯下了罪行，希望上帝能原諒你。」

　　「不是，拉比，我沒有犯過任何罪行。」無神論者回答。

　　他又一次給拉比一個金幣，拉比二話沒說又一次裝進了口袋。

　　「也許你的生意不好，希望我為你祈福？」拉比期待地問。

　　「不是，拉比，我今年是個豐收年。」無神論者回答。

　　他又給了拉比一個金幣。

「那你到底希望我做什麼？」拉比迷惑地問。

「什麼都不做，真的什麼都不做，」無神論者回答，「我只是想看看一個人什麼都不做，光拿錢能撐多長時間！」

「錢就是錢，不是別的。」拉比回答說，「我拿著錢就像拿著一張紙，一塊石頭一樣。」

由於對錢保持平常心，甚至把它視為一塊石頭、一張紙，猶太人才不會把它視若鬼神，也不把它分為乾淨或骯髒。在他們心中，錢就是錢，一件平常的物品。因此他們孜孜以求地去獲取它，當失去它的時候，也不痛不欲生。正是這種平常之心，猶太人在驚風駭浪的商海中馳騁自如，臨亂不慌，取得了穩操勝券的效果。

視錢為平常物，是猶太人經商智慧之一。

猶太商人賺錢強調以智取勝。猶太人認為，金錢和智慧兩者中，智慧較金錢重要，因為智慧是能賺到錢的智慧，也即是說，能賺錢方為真智慧。這樣一來，金錢成了智慧的尺度，智慧只有化入金錢中，才是活的智慧，錢只有化入智慧之後，才是活的錢；活的錢和活的智慧難分伯仲。

基於這樣的觀念，在猶太人看來，即使是一個十分淵博的學者或哲學家，如果他賺不到錢，一貧如洗，那麼學者的智慧只是死智慧、是假智慧；真正智慧的人是既有學識又有錢的人，所以猶太人很少讚美一個家徒四壁的飽學之士。

猶太人愛錢，但從來不隱瞞自己愛錢的天性。所以世人在指責其嗜錢如命、貪婪成性的同時，又深深折服於猶太人在錢面前的坦蕩無邪。只要認為是可行的賺法，猶太人就一定要賺，賺錢天然合理，賺回錢才算真聰明。這就是猶太人的經商智慧的高超之處。

賺錢不難花錢不易

《塔木德》曾說：賺錢不難，花錢不易。

對於猶太人來說，賺錢和花錢只是同一規律的正反運用而已。在他們看來，累積財富並不是件難事。許多人之所以做不到，乃是因為他們理財基礎不健全，未得猶太人經商的精髓所致。

猶太商人在研究了社會最成功人士的致富之道後，發現了理財的五個基本法則，每個法則便是得知如何創造財富的法寶。據說，這些法寶能使生意人所擁有的價值至少增加10倍。

猶太生意人理財的第一個法則是擁有理財的意識。比如：我如何能在這家公司裡更有價值？我如何在更短時間內創造出更多的價值？有什麼方法可以降低成本並提升品質，我能否想出新的系統或制度？有什麼新的技術可使公司的競爭力提升？

猶太生意人理財的第二個法則是如何維持財富。唯一的方法便是支出不要超過收入，同時多方投資。

猶太生意人理財的第三個法則，就是要增加財富。要想加快致富的速度，就要把過去賺得的利潤再投資——而不是花掉。要做到這一點，除了支出不要超過收入，還要多方投資，把賺得的錢再拿出投資，以求得「利滾利」，這樣所賺得的錢往往能以倍數增長。

猶太生意人理財的第四個法則便是保護財富。處在今天這個訴訟漫天的社會裡，許多人在有錢之後反而失去安全感，甚至於比沒有錢時更沒安全感，只因為他們知道現在比任何時刻都有可能被別人控訴。然而別擔心，只要目前沒有什麼官司纏身，就有合法管道保護你的財產。你是否把

保護財產列入考慮範圍呢？若是你目前還沒有考慮，此刻也應開始跟專家多商量，並且多跟專家學習，就如同你人生中其他的學習一樣。

猶太生意人理財的第五個法則是懂得享受財富。當你致富之後，不要捨不得去享受快樂，大部分人只知道拚命賺錢，等存到一定的財富時才去享受，不過除非你能夠把提升價值、賺取財富跟快樂串在一起，否則就無法長久這麼做下去。因此有時候，你得給自己一個獎勵。

對於猶太人來說，未來是難以預料的，反猶迫害不知何時會發生，只有金錢可以給他們提供一定程度的保護。

把一塊錢當兩塊錢來使用

猶太經典《塔木德》指出：「吝嗇在有的時候和節約一樣，是一種優秀的品德。」

世界上曾經流行這樣的說法——猶太人是吝嗇鬼。猶太人對金錢十分吝嗇，花錢時極為小氣。他們為自己的吝嗇感到高興。在他們看來，作為商人，對物品的斤斤計較和對金錢分分毫毫的計算利用是商人職業的本能反映，這種說法是對他們精明投資的一種褒揚。

「對錢財必須要有愛惜之情，它才會聚集到你身邊。你越珍惜它，尊重它，它越心甘情願地跑進你的口袋。」

猶太巨富洛克菲勒是這個信條虔誠的遵守者。洛克菲勒成為億萬富翁以後，他的經營管理也是以精於節約為特點的。

很多猶太老闆，對任何開支都是精打細算，為的就是盡量地降低成本，減少費用，他們總是說，要把一塊錢當作兩塊錢來使用。如果在一個

地方錯用了一塊錢，並不僅僅是損失了一塊錢，而是花了兩塊錢。

猶太人的用錢原則就是這樣，只把錢用在該用的地方。他們認為不該用的地方是一塊錢也不該花出去的。

有錢不置半年閒

猶太人在商場上，絕對容不得模稜兩可，馬馬虎虎。特別是在商定價錢時，他們非常仔細。對於利潤的一分一釐，他們都計算得極其清楚。

《猶太生意經》上有這樣一個故事：一個旅行者的汽車在一個偏僻的小村莊拋錨了。他自己修不好，有村民建議旅行者找村裡的白鐵匠看看。白鐵匠是個猶太人，他打開發動機護蓋，朝裡看一眼，用小榔頭朝發動機敲了一下——汽車開動了！

「共20元。」白鐵匠不動聲色地說。

「這麼貴？」旅行者驚訝至極。

「敲一下，1元，知道敲哪兒，19元，合計20元。」

由此可見猶太人的精明。只要他們認為該賺錢的地方他們一定會臉不紅心不跳，不卑不亢地賺回來。在長期的商場磨練中，猶太人練就了閃電般迅速的心算能力。

猶太人因為心算快，所以經常能做出迅速的判斷，這使他們在談判中能鎮定自如，步步緊逼，直至大獲全勝。

不做存款是猶太人經商智慧不可忽視的部分。「不做存款」是一門資金管理科學。「有錢不置半年閒」是一句很有哲理的生意經：做生意要合理地使用資金，千方百計地加快資金周轉速度，減少利息的支出，增加商

品單位利潤和總額利潤。

　　所以，在猶太人眼裡，衡量一個人是否具有經商智慧，關鍵看其能否靠不斷滾動周轉的有限資金把營業額做大。

永遠不講排場亂開支

　　猶太經典《塔木德》說：「金錢容易引發意外，任何人對待金錢都要謹慎，否則就會損失金錢。先要學會看管少數金錢，然後才可以管理更多金錢，這是最聰明的提防金錢損失的辦法。」

　　猶太商人不管多麼富有，絕不會隨意揮霍錢財。在宴請賓客時，以吃飽吃好為主，不會講排場亂開支。在生活中，以積蓄錢財為尚，不會用光吃光，手頭空空的。

　　猶太人測算過，依照世界的標準利率來算，如果一個人每天儲蓄1美元，88年後可以得到100萬美元。這88年時間雖然長了一點，但每天儲蓄2美元，在實行了10年、20年後，很容易就可以達到10萬美元。一旦這種有耐性的積蓄得到利用，就可以得到許多意想不到的賺錢機會。

　　「努力賺錢是行動，設法省錢是節流的反映。財富需要努力才能得到，需要杜絕漏洞才能積聚。」

　　「對金錢除了愛之外，還要惜，也就是說，除了想發財外，還要想辦法保護已有的錢財。」

　　猶太人的這些金錢觀念是很有道理的，這就是猶太人經營致富的一個奧祕。

持有股票一定要比現金好

　　眾所周知，猶太人有一個著名的現金法則，意思是說「現金比一切都更安全，更直觀」。然而，當社會進一步發展到證券和資訊時代時，猶太人卻發展了自己的現金法則。他們提出了另一個新鮮的口號，那就是「持有股票一定要比現金好」。提出這一口號並加以證實的，正是一度成為世界首富的猶太商人巴菲特。

　　世界股王華倫・巴菲特向來都是從企業的營運成果中得到投資資訊的。暫且不論他領導的波克夏的投資結果，他的這種卓有遠見的目光就值得稱道。他深信股票市場可能會暫時忽略了企業的財務成果，但隨著時間的推移，公司提供持股人更多的股權價值後，市場價格終將證實一家公司經營的成敗。華爾街著名投資人格蘭姆告訴巴菲特：「短期來看市場是個投票機器，但長期來看則是個秤重器。」他樂於忍耐。事實上當波克夏企業的股權價值以令人滿意的速度上升時，他希望從股票市場慢一點知道消息，這樣他才有足夠的時間以便宜的價錢購買更多的股份。

　　當巴菲特判斷某家公司會是很好的投資目標時，股市也會很快地加以正面回應。這種情況一旦發生，他不會因為股價短期上漲而強迫賣出手中的股票，而是認為華爾街的名言「只要有利潤，你就不會破產」是個愚蠢的建議。

　　費雪曾經告訴他：「你手上持有的股票一定要比現金好，否則它就不是一個好的投資。」

　　巴菲特認為，只要企業的股東權益報酬率充滿希望並令人滿意，或管理者能勝任其職務而且誠實，同時市場價格也沒有高估此企業，那麼他就

相當滿足於長期持有任何證券。如果股票市場確實過分高估某家企業，他就會將其股票賣出。此外，如果他需要現金，以購買別家可能被過分低估的或是有同樣的價值，但他更瞭解企業的股份，就會出售公認或被低估的證券以兌換現金。

即便在這種炒股的策略下，巴菲特在1987年也說有三個普通股，不管股票市場如何過分地高估它們的股價，他都不會賣出。它們分別是華盛頓郵報公司、GEICO和首都／美國廣播公司。1990年，他將可口可樂的普通股也列為永久持股。

這種始終不渝的態度，使得這四個投資和波克夏所控制的企業地位相等。巴菲特從不隨意賦予這種永久性地位的。還有一點值得注意，一家公司不是在巴菲特購買它之後就自動地被認定為「永久性」持股。波克夏‧哈薩威已經擁有華盛頓郵報公司的股份20餘年，也擁有GEICO的股份18年。他雖然在1988年就已經購買了可口可樂的股票，但到1990年它才被提升到永久持股的地位。

小錢就是大錢

如果將較大的款項用化小的方式換算成一項一項「款」，在使用時就會謹慎得多了。

猶太人認為金錢是屬於自己的、可以任意由自己支配的財富。別把錢看得多麼重要，更不要把「小錢」不當錢。

一位理財專家說：「儘管金額完全相等，但不同面值的鈔票，在使用時的情形會不一樣。在對待一些數額既不太大，也不太小的錢款時，通常

說來人們都不會產生太強烈的心理震動，因此即使造成了浪費，也不至於心疼。」

如果將較大的款項用化小的方式換算成一項一項「款」，在使用時就會謹慎得多了。

實際上，往往是一些細枝末節的東西最能讓人直觀地、深刻地體會到金錢的。

當準備無謂地消耗一筆錢時，不妨想一想。用這筆錢能夠購置多少日常的必需物品。透過這種「化小」的換算方式，也可以避免很多浪費。

一些猶太商人在經營時，也利用這種「化小」術，「以其人之道還治其人之身」，誘使顧客掏腰包。比如，很多商品的廣告在宣講其價格時，喊出響亮的號召：

「你每天只需少抽一支香菸，就可……」

「你每個小時只需付出3角錢……」

「借10000元每天僅25元利息……」

……

經過如此的「化小」之後，給人的一種感覺就是：只不過這麼一點點錢，小意思，買吧（借吧）……殊不料，這正中商家的下懷。

這種「化小」術之所以能如此有效地刺激顧客的購買欲，就是因為它具有極強的迷惑性，往往將相當昂貴的商品，鬼使神差地在購買者的心目中變成了廉價的商品。

看著這誘人的「送溫情」大銷售，本來不敢「輕舉妄買」的顧客，也不免怦然心動了，於是購者如潮。許多人因此打破了節儉計畫，等到發現自己開支超過計畫時，已經晚了。

所以，生意人理財一定要盤算、有計劃，千萬別把「小錢」不當錢。

不要怕別人說自己吝嗇

「緊緊地看住你的錢包，不要讓你的金錢隨意地出去，不要怕別人說你吝嗇。你每花出去一分錢都要有兩分錢利潤的時候，才可以花出去。」

猶太人巨富洛克菲勒是這個信條虔誠的遵守者，節約在他的一生裡都是很明顯的。

洛克菲勒早年在一家大石油公司做焊接工，任務是焊接裝石油的巨大油桶。要焊接就會有焊條的鐵渣掉落，他細心地發現，他每焊接一個油桶要掉落的鐵渣每次不多不少正好是509滴，他想要焊接那堆得像山一樣的油桶要浪費多少焊條呀！於是他改進了焊接的工藝和焊接的方法，讓每次滴落的鐵渣正好是508滴。這樣這家大石油公司全年僅此一項就節約資金5.7萬美元！而洛克菲勒本人也因此獲得了一次極佳的晉升機會。

當他有了一些積蓄的時候，開始自己創業。由於剛開始步入商界時，經營步履維艱，很快就花完了他好不容易存的一點錢。於是他冥思苦想怎樣發財，卻苦於沒有方法。一天晚上，他從報紙上看到一則廣告，推銷一種發財祕訣。他為此高興極了，第二天急急忙忙到書店去買了一本。他迫不及待地把買來的書打開一看，只見書內僅有「勤儉」二字，就再沒有任何內容了，這使他大為失望和生氣。後來，他反覆考慮這個「祕訣」的「祕」在哪裡？起初，他認為書店和作者在欺騙他，一本書只有這麼簡單的兩個字，他想指控他們在欺騙讀者。後來，他越想越覺得此書言之有理。確實，要想發財致富，除了勤儉之外，沒有其他辦法。這時，他才恍然大悟。此後，他將每天應用的錢加以節省儲蓄，同時加倍努力工作，千方百計地增加一些收入。這樣堅持了五年，積存下800美元，然後將這筆錢

用於經營煤油。在經營中他精打細算，千方百計地將開支節省，把贏利中的大部分儲存起來，到一定時間再把它投入石油開發。照此循環發展，如滾雪球通常使其資本越來越多，生意也越做越大。經過30多年的「勤儉」經營，洛克菲勒成為北美最大的三個大財團之一，其財團下屬的石油公司，年營業額可達1100多億美元。

努力賺錢是開源，設法省錢是節流。巨大的財富需要努力才能追求得到，同時也需要杜絕漏洞才能積聚。

洛克菲勒成為億萬富翁以後，他的經營管理也是以精於節約為特點的。他給部下的要求是提煉一加侖原油的成本要計算到小數點後的第三位。每天早上他一上班，就要求公司各部門將一份有關成本和利潤的報表送上來。多年的商業經驗讓他熟稔了經理們報上來的成本開支、銷售，以及損益等各項數字，他常常能從中發現問題，並且以此指標考核每個部門的工作。1879年的一天，他質問一個煉油廠的經理：「為什麼你們提煉一加侖原油要花19.8492美元，而東部的一個煉油廠做同樣的工作只要19.849美元？」這正如後人對他的評價，洛克菲勒是統計分析、成本會計和單位計價的一名先驅，是今天大企業的「一塊拱頂石」。

到了老年，有一天，他向他的祕書借了5美分，當洛克菲勒還錢給祕書的時候，祕書不好意思要，洛克菲勒當即大怒：「記住，5美分是1美元一年的利息！」由此可見他對於金錢的節儉和計算真是精明。

דומלת

塔木德

第12輯

猶太顧客經

把產品的瑕疵告訴顧客

如果說不搞假冒偽劣，是猶太人經商的一個原則的話，那麼，在銷售產品時，充分尊重顧客的知情權，不隱瞞，不偽飾，也是他們的一大優點。

如果商品有破損，猶太商人就一定會降價進行出售，絕不重新弄個包裝又把它當好商品賣。讓人們在明知商品有瑕疵的情況下進行購買，這也是猶太人商法中的明確規定。

猶太人講究公正，並不是迂腐到不善變通的程度。正是在公正的前提下尋找機會，使得猶太人經商有了與眾不同的特點。

打個比方吧。有個猶太人的書店，有一次進了一批新書，但銷售情形並不看好。要是其他民族商人就可能會採取給回扣的方式，將它們推銷給替公家採購圖書的人，或者用別的什麼不正當的方式將書銷出去，而猶太人則不這樣。

《塔木德》規定，不允許競價傾銷，在合理的價格確定之後，任意降價是有違道德的行為。

猶太人會想這樣一個辦法，即在每本打算降價賣的書中都蓋上一枚印章，這就使得新書「變成」了舊書。那樣，在他們看來，哪怕是半價銷售也都是合法的了。

有些猶太人開的影音店裡，也常常會見到老闆將新到的唱片之類降價銷售。你這裡的新唱片降價了，別人的店裡同樣的唱片就賣不到原價。為了避免可能產生的法律糾紛，猶太人採取在新唱片上包裝打一個小孔的辦

法，將這些唱片當作次品來賣，這下就既沒有違背經商道德，又達到了低價競爭的目的。

從這些可以看出，猶太人經商既嚴謹遵守商業道德和法則，又懂得利用一切機會給自己創造成功的條件。他們的成功是讓人心服口服的。

牽著顧客的鼻子走

每個人都有一道心理防線，在他神智清醒的時候，職業刺探者也束手無策。

憑藉「心理暗示術」來實現自己推銷產品的目的，可以說是猶太人的一個特長，因為他們明白暗示的最大好處在於，暗示者不需要允諾任何承諾，而受暗示者就可能做出種種「投己所好」的允諾。

沃夫森是一個移居美國的猶太日貨商的兒子，在20世紀50年代時，他被譽為金融奇才。沃夫森從負債經營開始創立了自己的實業道路。他向人借了10000美元，買了一家廢鐵加工廠，將之變成了一個盈利很高的企業。剛過28歲的沃夫森，財產就已經突破了百萬美元的大關。

1949年，沃夫森以110萬美元的價格買下了首都運輸公司，這是設在美國首都華盛頓特區的一套地面運輸系統。沃夫森有能力把虧損的企業辦成高盈利的企業，這是大家都知道的。但這一次，還沒來得及做到這一點，沃夫森就公開宣佈，公司將要增發紅利。諸如此類的手法本身並沒有特別出奇的地方，只是沃夫森發放的紅利超過公司這一段時間裡的盈利。這等於說，他以超出公司資本的辦法，來人為製造企業高盈利的假像，藉此策動人心，讓公眾產生對該企業的過高期望。

果然，首都運輸公司的股票在證券市場被大家看好，價格一路上漲，趁此機會，沃夫森將其手中的股份全部拋出，僅此一舉盈利竟達6倍。

沃夫森的實業王國當然不是完全靠策動人心建立起來的，但也不可否認，策動人心確實加快了其形成的過程。

每一個人都很容易受到暗示的影響。例如，消費者看到維他命的廣告詞「疲倦是疾病的開始」，就會受到「我是不是病了」的暗示，於是就感到愈來愈疲倦，只好遵從廣告宣傳，服用那種維他命。也許消費者根本就沒有疲倦，只是由於暗示的影響而產生了這種幻覺。但每個人都有一道心理防線，在他神智清晰的時候，職業刺探者也束手無策。

瞄準女顧客就等於瞄準了鈔票

猶太人認為，做「女人」的生意，絕對沒錯。不管是閃光奪目的鑽石，豪華的女用禮服、戒指、別針及項鍊、耳環等服飾用品，還是女用高級皮包等商品，都有相當的利潤。商人只要稍稍運用聰明的頭腦，抓住時機，以女顧客為對象來賺錢，就會有很大的收益。

世界上非常有名的高級百貨公司「梅西」公司，是猶太人施特勞斯親手創辦起來的。施特勞斯從當童工開始，後來當上了小商店的店員。他在打工生涯中注意到，顧客中多為女性，即使有男士陪著女性來購物，決定購買權也都在女性。

施特勞斯根據自己的觀察和分析，認為做生意盯著女性市場前景更光明。當他積累了一點資本而自己經營小商店「梅西」時，就是以經營女性時裝、手提包、化妝品開始的。經過幾年經營後，果然生意興旺，利潤甚

豐。他繼續沿著這個方向，加大力度，擴大規模，使公司的營業額迅速增長。

施特勞斯總結了自己的經營經驗，接著開展鑽石、金銀首飾等名貴產品的經營。他在紐約的「梅西」百貨公司總共有6層樓展銷櫃位，展賣時裝的（絕大多數都是女性的）占兩層，展賣鑽石、金銀首飾的占一層，展賣化妝品的占一層，其他兩層是展賣綜合的各類商品。可見，女性商品在「梅西」公司占了絕大多數。施特勞斯經過30多年的經營，把一間小商店辦成世界一流的大公司，顯然與其選擇的女性目標市場有很大關係。

讓我們再來看看鑽石市場。眾所周知，南非是世界最主要的鑽石原料產地，而世界最大的鑽石產品加工市場卻在以色列。以色列沒有出產鑽石，卻成為世界上最大的鑽石加工地，這是很值得人們深思的。原因就在以色列的猶太商人慧眼獨到，他們知道鑽石經營加工後顯得華麗名貴，能博取世界女性的歡心和仰慕。

當今世界大多數國家和地區的民族，雖然是男性掌權掌家，但他們通常把自己賺來的錢交由妻子管理，有的男士雖然自己掌握財權，但為了顯示自己對妻子或女友的愛，也會不惜代價讓她們隨意花錢。於是，以色列的猶太商人據此不惜投資大辦鑽石加工工業，從南非等地進口原料。

以色列鑽石交易有限公司經過40多年的經營，從無到有，從小到大，從國內經營到跨國經營，今天已成為世界最大最著名的鑽石加工企業，年營業額高達40多億美元。

「男人賺錢，女人花錢。如果想賺錢，就必須先研究女顧客，賺取女顧客所持有的錢。因此，當你的生意能夠瞄準女顧客時，也就瞄準了鈔票。」一位猶太商人這樣說。

不要看不起窮人

一個猶太商人繼承了一筆財富。在安息日前夜，他就開始為安息日日落前的食物做準備。

有一次，由於急著辦事，他在安息日前必須暫時離開家一段時間。在回家的路上，一個窮人向他乞討買安息日所需食物的錢。

這位猶太商人生氣地斥責窮人：「你怎麼能一直等到最後一刻，才買你的安息日食物呢？沒有人會像你這樣的。你肯定是企圖騙我給你錢！」

他回到家後，告訴妻子遇到窮人的事。

「我得告訴你，是你錯了，」他的妻子說，「在你的一生中，你從未體味到貧窮的滋味，對什麼是貧窮沒有概念。我在窮苦人家長大。我經常回憶過去，那時天幾乎全黑了，安息日快來了，而我的父親仍然為家人四處尋找哪怕一點點的麵包。你對那個窮人有罪！」

猶太商人聽到這一席話，趕緊趕路到街上尋找那個乞丐。乞丐仍然在尋找安息日食物。於是，這位商人給了窮人安息日所需的麵包、魚、肉，並請他寬恕自己。

此後，他在對待自己的顧客時，無論貧富都一視同仁，絕對不因對方的貧富而採取雙重標準。

在猶太社會裡，儘管窮人和富人的差距有時是十分巨大的。但是，一直以來，猶太人是尊重窮人的，他們認為富人並不一定快樂，窮人也並不一定痛苦。但是，一個靠別人施捨為生的窮人也應該有施善行為。

不滿意就退款

羅森沃爾德出生在德國的一個猶太人家庭，少年時代隨家人移居美國，定居在伊利諾州斯普林菲爾德市。1925年，羅森沃爾德成為美國西爾斯─羅巴克公司的董事長，在他的領導下，西爾斯公司推出了新的經營管理法寶──「顧客不滿意保證退款」。這一方式實施時，公司內部有很多人極力反對。他們認為這種經營方式簡直是自找麻煩，那些存心不良的顧客會千方百計找藉口要求退款的。這樣必然導致公司經營虧蝕。商界同行則諷刺羅森爾沃德發了瘋或欺騙顧客，絕不可能兌現其所謂的「不滿意退款」。

羅森沃爾德卻力排眾議，反覆向公司的中上層管理人員解釋和分析自己的想法，並大張旗鼓地開展廣告宣傳。結果，這一經營方式比預料的還要成功，公司的營業額成倍增長，退款的現象卻比以前還少。

為什麼會有這種結果呢？這正如羅森沃爾德所預料的：西爾斯公司率先推出「不滿意退款」，必然引起廣大顧客的關注和各界的評論。這樣，本公司的知名度就會迅速提高。同時，老客戶會更忠於本公司，新客戶定會躍躍欲試，探測一下西爾斯公司是否守信用。這樣一來，公司的生意量肯定會增加。另外，公司既然講出了保證「不滿意退款」的話，就使公司破釜沉舟，保證產品品質，以免造成顧客的不滿。

正因如此，這一經營方式反而使公司退款比以前更少了。西爾斯公司推出的「顧客不滿意保證退款」的經營措施，後來還被美國眾多公司廣泛採用。

顧客就是上帝，只有保障顧客的利益，你的生意才能做大，做好。這

是猶太商人經常掛在嘴邊的話。

讓顧客多賺就是自己多賺

在美國康乃狄克州，有一家叫奧茲莫比爾的汽車廠。它的生意曾長期蕭條，工廠有倒閉的跡象。該廠總裁決定從推銷著手，擺脫面臨的危機。

商戰變幻莫測，採用什麼樣的推銷方法更有效呢？總裁猶太商人卡特對該廠的情況進行了反覆認真的思考，針對存在的問題，對競爭對手以及其他商品的推銷術認真進行比較分析，最後博取眾人之長，大膽設計了「買一送一」的推銷手法。因為該廠積壓了一批轎車，不能及時出手，資金也沒法收回，倉儲利息卻處於上揚趨勢。所以，該廠在廣告中就聲明——誰買一輛「托羅納多」牌轎車，誰就可以同時得到一輛「南方」牌轎車。

買一送一的推銷方法由來已久，但通常都免費贈送一些小額商品。如買電視機送一個小玩具；買錄影機送一盒錄影帶，等等。這種給顧客一點小恩惠的推銷方式，確實能產生很大的促銷作用。但時間一久，使用者多了，消費者也慢慢不感興趣了。對顧客送禮給回扣的做法，也是個推銷的老辦法，但同樣，所送禮品的價值或回扣數目通常都較小，不可能引起消費者振動的效果。

奧茲莫比爾汽車廠對各種推銷方法的長處相容並蓄，盡可能克服因方法陳舊使消費者麻木遲鈍的缺點，大膽推出買一輛轎車便送一輛轎車的出眾辦法，果然一鳴驚人，使很多對廣告習以為常的人為之刮目。許多人聞訊後不辭遠途也要來看個究竟。該廠的經銷部一下子門庭若市。過去無人

問津的庫存轎車果真被人們競相採購。

奧茲莫比爾汽車廠這種銷售方法，等於每輛轎車少賺了5000美元，他們虧了血本嗎？

沒有，他們不但沒有虧本，還因此獲得了多種好處。因為這些車如果積壓一年賣不掉，每輛車至少要損失利息和倉儲以及保養費，這些恰恰等於這個數目。

這樣一來，車兜售一空，資金迅速回籠，擴大了再生產的能力。「托羅納多」牌轎車的消費者增多，名聲大振，市場佔有率加大。一個新的牌子「南方」牌被引了出來，這一低檔轎車以「贈品」問世，最後開始獨立行銷……奧茲莫比爾汽車廠從此起死回生，蒸蒸日上。

猶太商人聰明絕頂，經常善於使用明虧暗賺的手法，以此來實現自己的經商目的。

每次都是初交

猶太人認為，在商業活動中，人與人都是以利益維繫的，人的良知和道德往往會被金錢扭曲，一旦輕信別人，就可能傾家蕩產，而且是呼告無門。「每次都是初交」的生意經，初看之下毫不起眼，細細推敲卻令人深思。

有一天，一位日本商人請一位猶太畫家上銀座的飯館吃飯。賓主坐定之後，畫家趁等菜之際，取出紙筆，為坐在邊上談笑風生的飯館女主人畫速寫。

不一會兒，速寫畫好了。畫家遞給商人看，畫得形神皆俱。日本人連

聲讚歎道：「太棒了，太棒了。」

聽到商人的奉承，畫家便轉過身來，面對著他，又在紙上勾畫起來，還不時向他伸出左手，豎起大拇指。通常，畫家在估計人體的各部位比例時，都用這種簡易方法。

日本商人一見畫家的這副架勢，猜想這回是在為他畫速寫了。雖是因為面對面坐著，看不見他畫得如何，但還是一本正經地擺好姿勢讓他畫。

日本商人一動不動地坐著，眼看著畫家一會在紙上勾畫，一會兒對他豎起拇指，足足坐了10分鐘。

「好了，畫完了。」畫家停下筆來說道。

聽到這話，商人鬆了一口氣，迫不及待地欠身過去。他一看大吃一驚。原來畫家畫的根本不是商人，而是畫家自己左手大拇指的速寫。

商人連羞帶惱地說：「我特意擺好姿勢，你……你卻捉弄人。」

畫家卻笑著對他說：「我聽說你做生意很精明，所以才故意考察你一下。你也不問別人畫什麼，就以為是在畫自己，還擺好了姿勢。單從這一點來看，你與猶太人相比，還差得遠呢。」

此時，日本商人才如夢方醒，明白過來自己錯在什麼地方：看見畫家第一次畫了女主人，第二次又面對著自己，就以為一定是在畫自己了。

猶太人哪怕與再熟的人做生意，也絕不會因為上次的成功合作，而放鬆對這次生意各項條件、要求的審視。他們習慣於把每次生意都看作一次獨立的生意，把每次接觸的商務夥伴都看作第一次合作的夥伴。「每次都是初交」是猶太人在漫長歷史時期中由活生生的商業活動得出的高級生意經。而其適用範圍竟然已經到達潛意識層次。只有一個發明了精神分析學（佛洛伊德）的民族的商人，才會在這種極其細微、極不容易覺察的地方，有如此清晰的認識，並且駕輕就熟、遊刃有餘。這是一條保持內心平

衡，不被他人策動的生意經。

老顧客才是最好的顧客

推銷員要創造出更多的顧客，一個重要途徑是確保老顧客，使現有的顧客成為你忠實的顧客。確保老顧客，會使你的生意有穩固的基礎。能否確保老顧客，則取決於推銷員在成交後的行為。推銷員不僅要做成生意，而且要與顧客建立關係。在成交之後，推銷員要努力使顧客的大門總是對未來的銷售敞開著，而不是斷送機會。

猶太推銷員把成交之後的售後服務視為推銷的關鍵。他們信奉的準則就是，真正的銷售始於售後。他們的生意經就是，推銷的最好機會是在顧客購買之後。他們就是靠在銷售之後繼續關心顧客獲得極大成功的。

猶太人所說的「真正的銷售始於售後」，其含義就是，在成交之後，推銷員能夠關心顧客，向顧客提供良好的服務，既能夠保住老顧客，又能夠吸引新顧客。你的服務令顧客滿意，顧客就會再次光臨，並且會給你推薦新的顧客。

猶太商人中還流行著這樣一句話。你忘記顧客，顧客也會忘記你。在成交之後，一定要不斷地關心顧客，瞭解他們對產品的滿意程度。虛心聽取他們的意見，對產品和推銷過程中存在的問題，採取積極的彌補措施，防止失去顧客。

猶太人已經樹立了這樣一個觀念：老顧客是你最好的顧客；推銷員必須遵守的一個準則是，使第一次購買你產品的人能成為你終生的客戶。這是因為：

1.猶太商人認為，90％的銷售業績來自於10％的顧客。多次光顧的顧客比初次登門的人可為企業多帶來20％～85％的利潤。

2.老顧客可節省推銷費用和時間。維持關係比建立關係更容易。開發一個新客戶的費用是保持現有顧客的7倍。對一個新顧客進行推銷所需費用，遠遠高於一般性顧客服務相對低廉的費用。確保老顧客，是降低銷售成本的最好方法。

3.老顧客在，就避免失去新顧客。每失去一個顧客，就可能失去120美元的利潤。如果無法不斷地關心顧客，競爭對手可能會這樣做，你最終將發現顧客漸漸離你而去。關好自己的大門，阻止競爭對手擠進來的唯一方法就是經常關心顧客，使之成為老客戶。

דומלת

塔木德

第13輯

猶太談判經

視野開闊的商人容易進入高境界

任何人都不是天才，知識來自學習，關鍵是充分做好談判前的準備工作，以行動實現目標為主，以少說而精為輔。

在社交場合或談判桌前，許多人隨機應變，風度翩翩。一旦揭開了這個祕密，就會發現，任何人都不是天才，知識來自學習，關鍵是充分做好談判前的準備工作，以行動實現目標為主，以少說而精為輔。

猶太人認為，說話是沒有硝煙的戰爭，三言兩語說得好能贏得人心，口若懸河說不好也會招來殺身之禍，所謂「禍從口出」，就是這個道理。所以猶太人在說話時特別小心謹慎，並盡可能地做好大量的準備工作。在談判時他們幽默風趣，從容不迫、應對自若，能隨心所欲地控制談判氣氛。

這種充分做好談判前的準備工作的方式，不僅在商界，而且在外交界也得到了普遍的重視，巧舌能敵百萬兵，殊不知其背後傾注了多少心血。

和猶太人交談越多，你就越會覺得猶太人學識淵博，每個人都好似博士通常。他們的話題涉及政治、經濟、歷史、體育、娛樂、軍事、時事，古今中外，彷彿沒有他們不知之事，沒有他們不通曉的道理，但是他們所說的話絕對沒有多餘的話。

當猶太人向你講起大西洋海域特有魚群的名字，汽車的構造，植物的分類和品種……你會以為他們是這方面的專家。而此刻，你差不多快要被他們的淵博知識征服了。

廣博的知識對猶太人而言，不光是用來作為談話的資料和改變談話的

氣氛。更重要的是，知識可以開闊他們的視野，可以幫助他們從更多的角度看待事物，以便選擇解決問題的最佳途徑。實質上就是利於他們決策和判斷。

有兩種情況差別太大。看見天很小的商人當然是井底之蛙，視野開闊的商人當然容易進入高境界。

從細部觀察，猶太人一方面精於心算，另一方面又非常勤奮，時時動筆。只要是他們相中的東西，他們都要記錄，這是他們動手的實踐運用。

人們都說猶太人是談判專家，每一次，哪怕是很小的談判，都要事先做大量的準備，這種充分做好談判前的準備工作的方法，無論是商界還是外交界，都在普遍應用。

誰掌握情報多誰就會勝利

一位猶太商人說：談判前，多搜集對手的重要情報，就可以在談判過程中處於主動地位，憑藉側面談判的方式向對方推銷自己。

季辛吉當年只是哈佛大學的教授和內閣顧問。季辛吉的理想是要進入政界，而顧問顯然不能滿足他的願望。

季辛吉尋找的機會終於來臨了。新一輪的總統競選即將開始，而當時美國正陷在越戰的泥沼之中。為了擺脫困境，美國政府已與越南在巴黎進行祕密和談。談判的內容是高度機密的，但和談對下屆總統競選至關重要。許多人都想知道其中祕密，而總統候選人尼克森對此更是望眼欲穿。

季辛吉猜準了尼克森的心意，想到自己有位朋友可以獲得和談的內幕消息，他藉此便與尼克森進行了祕密接觸。

情報自然弄到手了。

第一，巴黎剛發生重大事件，季辛吉勸尼克森不要對大眾發表關於越戰的新策略。

第二，現任總統可能短期內下令停止轟炸北越。

第三，巴黎方面已協議停止轟炸北越。

憑著這些準確情報，尼克森大選前幾日所發表的談話沒有犯下任何錯誤。季辛吉提供情報的內容和時機，使尼克森獲得極佳的選民反應和喝彩。

尼克森競選成功，當選總統，自然對這位猶太人欣賞有加，最後，季辛吉如願以償了。

在猶太人看來，談判絕不僅僅是雙方坐在談判桌前面對面地交換意見或討價還價，它更是一幕精心策劃的戲劇，沒有準備是不可能勝利的。

多備幾套談判方案

制定不同的談判方案，而且千萬不要對談判成功抱有100%信心。絕大多數的談判都會按照特定的形式進行，並且時常受到遲遲無法達成協議的困擾。如果你事先沒有準備好其他的方案，你很可能被迫接受一樁令你不滿的交易。你會在毫無退路可言的情況下，切實地感到那種「揮淚大拍賣」的心理壓力。

有一位叫羅傑斯的推銷員積極奔走，以極大的熱忱投入推銷工作。所到之處，他都熱情地把空調從頭到尾向買主介紹一通，樂此不疲。起初這一招還有一點作用，但後來遇上一位顧客——派克，情況就不一樣了。

派克靜靜地聽完了羅傑斯的介紹，起初一言不發，但後來他針對空調的優點大談起來：「這種空調確實有不少優點。但是，由於它是新產品，品質是否可靠、性能是否優越都很難說。雖說噪音低，但比名牌的雜訊大多了，我家有老人，噪音大了會影響休息；雖然不用換電錶，但我住的是老舊房屋，線路負荷已經夠大的了。若再用這麼大功率的空調，會引起麻煩的。而且氣溫已經漸漸下降了，可能這個夏天不會再有高溫了。如果買了不用，半年的保固期很快過去了，等於沒有保修。」聽了這番吹毛求疵的挑剔，一向善辯的羅傑斯竟一時啞然，在受到「突襲」的情況下只得降價求售。

　　針對這種情況，猶太商人提出了制定多種「殺傷力方案」的方法：

　　（1）決定採取什麼目的。在準備方案之前，首先應當弄清楚所準備的方案是做什麼用的：談判失敗時，你提供給對方的不同於現時談判目標的新條款呢，還是開出另一些條件？很顯然，前一種方案是全域性的，後一種方案是局部性的。

　　（2）決定採取什麼方向。採取橫向談判的方式，你可以將準備洽談的議題全面攤開來，並且規定好每輪要討論多少個問題，按順序一輪一輪地談生意。採取縱向談判的方式，你可以把要談判的問題整理成一個序列，按問題的內在邏輯要求，按順序進行談判。一次只談一個問題，這個問題不徹底解決則不進行下一問題的討論。

　　（3）在談判方案的制訂當中，下面一些重要元素一定不能忽略：談判主題和目標；談判時間；談判期限；談判議程。

　　猶太商人認為，在談判之前，需制定多個不同的談判方案。這樣做的好處在於：萬一初次談判宣告失敗，你還可以提出那些準備好的不同方案由對方思考，而不至於接受一個你毫無思想準備的交易——雖然簽約的一

刻，你覺得那是你唯一可以做出的選擇。

時機不對再好的生意也談不成

不要不合時宜地談判，而要選擇最好的談判時機。這對猶太人來說是最講究的。

事實也是如此，有很多生意談判之所以失敗，並不是因為它們不好，也不是因為執行不確實，而是執行的人沒有選擇適當時機。

選擇時機在談判中比其他任何的因素都更為重要，它在整個談判過程中都發生作用：

我們應該何時與對方談判？

我們在什麼時候向對方提出這個要求最為合適？

在這個階段能不能向對方施加壓力？

談判到了現在可以結束嗎？

談判的每一進程都要在良好的時機下步步為營。時機把握不牢，你可能還沒開始與對方談判就已遭到失敗；也許本來你很快就可以與對方達成協議了，但因為你沒有把握住時機，你不得不再繼續和他討價還價，由此你的利益又受到了損失……所以，時機有可能幫助你贏得生意，也可能讓你把整個生意搞得很糟，一切就看你如何把握了。

談判過程中你可以控制時機，你可以從對方那裡得到行動的提示。顯然，要達到這個目的，你應該做的是傾聽而非說話，而且要真正聽取對方告訴你的話，並且善於理解它。只要你的問題提得恰當，就可以獲得許多有關時機選擇的線索。

談判過程中選擇適當的時機並不是一件容易的事。其實，每天都會有許多意想不到的時機出現在你面前，你並不一定要成為能預知這些良機的先知，但你卻必須敏感地對這些良機的重要性做出及時的反應，引導事情朝著對你有利的方向發展。

那麼，應該如何利用談判的最好時機做事呢？

（1）利用別人愉快的時機。延長、續訂或重新簽訂合約時，千萬不要在這份合約即將滿期的時候去做，就如同要與對方達成於己優惠的交易要趁對方高興時一樣，你應該選擇對方愉快時去延長或者續訂合約。如果對方得到某個好消息，即使它與你無關，你這時去向他提要求，大多也會暢通無阻。

（2）利用別人倒楣的時機。別人倒楣或不幸的時機，能為你創造各種各樣的機會，正如你應該趁當事人最愉快的時候來續訂合約一樣，你應該在潛在客戶對你的競爭對手最感不滿時跟他達成一份合約。

（3）你最好的交易對象是剛上任或快下臺的人。剛上任的人急於做些事，使自己出名，而他通常又被賦予充分的行動自由；即將離任的人，因為自己將不再為這樣頭痛的事奔走，也不再斤斤計較。

（4）運用非常時機的時機選擇。在非上班時間、深夜或週末期間打電話，往往會有較大的效果。你一定要這樣開頭：「這件事太重要了，所以，我要在週末告訴你。」

（5）花時間去緩和威脅。選擇時機是緩和對方要求的最好辦法。我們可能迫使對方做出答覆，而又做得不那麼使人聽起來別無選擇。

（6）利用忙人的注意力。比較繁忙的人，他的注意力不會長時間地停留在某個問題上，所以你必須直來直往，把機會讓給對方說，否則你只會引起對方的抵觸或心不在焉。

此外，還要對事情的輕重緩急有個清楚的認識。如果你討論的問題很多，或者你要使對方接受的項目很多，那就一定要為最重要的問題留下充分的談判時間。千萬不要把自己搞到「我能再佔用幾分鐘嗎」的境地。

有時機，卻不會充分利用，就是對談生意不在行！這是猶太商人的忠告。

帶著情緒談判是愚蠢的

傳說中亞伯拉罕的談判對手是上帝，這樣的對手夠強大了吧？但亞伯拉罕並沒有因為對手強大而放棄爭辯，相反，他最終還爭取到了對自己最有利的條件。

1809年1月，拿破崙從西班牙戰事中抽出身來匆忙趕回巴黎。他的間諜證實外交大臣塔里蘭密謀反對他。一抵達巴黎，他就立刻召集所有大臣開會。他坐立不安，含沙射影地點明塔里蘭的密謀，但塔里蘭卻沒有絲毫反應。

這時候，拿破崙無法控制自己的情緒，忽然逼近塔里蘭說：「有些大臣希望我死掉！」但塔里蘭依然不動聲色，只是滿臉疑惑地看著他，拿破崙終於忍無可忍了。

他對著塔里蘭喊道：「我賞賜你無數的財富，你竟然如此傷害我。你這個忘恩負義的東西，你什麼都不是，只不過是穿著絲襪的一團狗屎。」說完他轉身離去。

其他大臣面面相覷，他們從來沒有見過拿破崙如此失態。

塔里蘭依然一副泰然自若的樣子，他慢慢地站起來，轉過身對其他大

臣說：「真遺憾，各位紳士，如此偉大的人物竟然這樣沒禮貌。」

皇帝的失態和塔里蘭的鎮靜自然像瘟疫一樣在人們中間傳播開來，拿破崙的威望降低了。

偉大的皇帝在壓力下失去了冷靜，人們感覺到他開始走下坡了。如同塔里蘭事後預言的那樣：「這是結束的開端。」

故事中的拿破崙因為失態而失信於民，也失去了談話的主動權，從中可見：言語最容易使人產生憤怒的情緒。而談判是以言語為工具的，因此，把憤怒帶到談判桌上是一種經常性的行為。這一行為帶來的結果只有一個——談判破裂。這樣的結果對談判雙方都是沒有任何好處的。

因此，易感情用事者不宜談判，一是情緒混亂會延緩談判的進行，二是會導致談判失敗；更可怕的是，感情用事往往會使人上當。

商業談判時，一定要用理智來控制感情。談判直接和你的經濟利益掛鉤，不要因為貪圖一時的痛快而使自己的經濟利益受到損失。

在猶太人看來，把情緒帶到談判桌上是非常愚蠢的行為。他們認為，一旦把情緒帶到談判桌上，人就會表現出憤怒，一憤怒人就會把事情搞砸。

談判各部分總和不等於全部

如何才能做到信守簽定的協議呢？

猶太人認為：

第一，如果一個商人對談判協定、諒解備忘錄和程序三者之間的差異並無瞭解，那麼你將會處在糟糕的局面裡。

談判中，僅僅達成一項協議是遠遠不夠的，甚至當雙方都有意向時，協議也會因某些原因而終止。之所以會出現終止，是因為那些負責執行協定的人對當時協定簽訂時雙方的共同觀點、態度和背景一無所知。還有，因為任何一方都不知道如何使協議運轉起來，或者不懂得怎樣證明它在運轉還是沒有執行運轉。

假設甲是一個美化環境的承包商，乙是一幢房子和那塊土地的擁有者。雙方商定由甲來做美化工作，而乙為此付給甲10000元。在簽定協議之前，雙方就所預計的工作量、選用植物的種類和要使用的磚達成一項協定。雙方還商定對以後發生的更改都要付費。一份好的協議不應該僅僅開列出工作量的價錢，它還應包括對書面文字含義的注釋，以及當工作量出現增減時計費的方式。糟糕的合約會讓人因品質標準是否滿足了口頭協議，費用是否按公平方式核計等問題發生爭執。

第二、關於協議備忘錄的警告。在提交備忘錄之前，談判人應讓談生意組的其他成員過目，這樣就會避免遺漏及委託等方面的錯誤。同時，備忘錄應該把重點放在意向上而不是措辭上，要簡明扼要而不是通篇充滿法律術語。

談判人員應記錄所有達成的一致意見，並做到互相參照，以便讓起草最終合約的人不致產生歧義和混淆。如有可能，對那些已經討論過的工作、條件和規格做具體而詳盡的描述，尤其是具有重要意義的價格、交貨、保證和品質標準這類問題。經驗顯示，花幾分鐘時間寫一份協議，可以減少日後的麻煩。書寫協定備忘錄需要良好的判斷，也需要勇氣。

談判人員不要害怕將細節留給合約起草人。一份好的備忘錄只是規定雙方意向和協議的主要條件，但不是細節。如果協議備忘錄是由對方擬就，你就必須特別小心，要不止一次地仔細閱讀備忘錄，努力去發現遺漏

或委託方面的錯誤。因為，不指出它們就可能損害你的利益。

第三，「分塊締約」戰術。當雙方很難就所有問題達成一致意見時，有一種方案可以採納，那就是「分塊締約」。雙方可就低風險事情先達成協議，而把困難的問題留待以後慢慢商量。等過一段時間，條件成熟，雙方均感滿意時再處理難度較高的問題。

建立信任需要時間，互相不熟悉的買賣雙方在對所有問題承擔義務方面是心存疑慮的。這種情況下，就可以把問題分解成若干部分。然後讓協定的內容只限於這些較小的事情上。例如，一個特權授予人可能希望找人來管理，有一個候選人似乎符合條件，那麼可以和他達成一項協定，也可以按地理區域、產品系列或者服務中心的安排來分割。

買主在遇到新賣主時經常使用「分塊締約」協議，買主給他們一些較小的訂單而不是給一個大訂單。如果一切進展順利，買主可以擴大訂貨。當賣方在為一新客戶提供付款方式時也是這樣做，如果一段時間以後新客戶能付清帳單，條件可以優惠。這樣，每一次成功都擴大了未來協議的基礎。

第四，零打碎敲的協定與一攬子協定。零打碎敲的討價還價可逐步建立信任並能使雙方對整個情況有種更好的印象，使雙方能瞭解對方的需求和重點。一步一步地詢問可以揭開各方都希望避開的風險區，當能拿到詳細費用資料和雙方分歧不太大時，一步步討價還價效果最佳。

一旦建立起條理性原則，就能把涉及具體事實和問題的衝突放在框架中，各種問題可以粗略地交換一下意見，這就是原則性協議的要義。

討價還價的重點在於它與整體情況有關而與細節無關。應該把零碎和一攬子概念結合在一起細談生意，其原因在於：人們需要透過零碎的協定結束那些令人滿意的交易。零碎的協定揭示了更多的人性和需求強度。用

心傾聽可以揭示另一方權力結構中的薄弱區。一項項的討論能使人得體地退出很虛假的立場，同時也滿足自己所代表的那部分人的期望。

在猶太商人看來，一份協定只有達成後才有效力。如果一個人在原則上同意，那麼他不必對每一部分都同意；如果一個人同意一部分，那麼他不必全部都同意。有些人因覺得對某個問題的不誠實會小看自己，一旦在某一點上有了承諾如再後退便有些窘迫，這點大可不必。在談判中各部分的總和並不等於全部。

高目標比低目標要好得多

成敗會影響期望值。人們會根據自己的能力、表現，來決定期望值的高低，因為這場輪盤賭中，包含著個人最寶貴的資本——自尊。

有兩位教授做過一個實驗。他們在進行交易的兩人之間安置了一道柵欄，讓雙方都看不見對方，也聽不見對方說話，因此要價、出價只能靠傳遞紙條溝通。在溝通過程中，雙方所得資訊完全一樣。但是一方被告知，他可以7.5美元成交；另一方則被告知他可以2.5美元成交。結果，期望以7.5美元成交者，果然如願以償；期望以2.5美元成交者，也和預期所得很相近。

一位猶太商人也嘗試了一個這樣的實驗，不過情景有些不同。兩位教授所選的對象是學生，這位猶太商人所選的對象是專業人士；教授限制談判雙方溝通，猶太商人則讓對象直接接觸；教授提供期望值，讓談判雙方參考，猶太商人則讓對象自行決定。結果，猶太商人的實驗證實了，期望值高者能以較高價成交，期望值低者成交價自然較低。由人們在生活中設

定目標、修正目標的舉動可以看出他們在談生意中可能出現的一些反應。

當猶太商人選擇去一個社區居住，或選擇參加一個團體，或選擇上一個教堂時，猶太商人便會針對現況，制定目標。企業主也是這樣，他們會向朋友、祕書、助理人員描述他們的目標，依據不斷的回饋，逐步向上或向下修正目標。

猶太商人認為，個人的期望值反映了他希望達到的目標。換言之，那是他對自己的一種期望。期望不單是願望，而是一種包含了展現個人自我形象的肯定意圖。萬一表現不好，可能有損自我形象。

當人們被問到「下次你想拿幾分」時，他們設定目標的真實度絕不如當他們被問到「下次你期望拿幾分」時來得高。因為，後者牽涉到自我形象的自尊，而前者沒有。期望值、敢不敢承擔風險和成功是相關的。在選擇目標時，個人就彷彿賭客下注通常，盡可能在所得、代價和成敗之間保持平衡。當然，在成敗、代價、所得三者之間，要想找到常勝不敗的基礎，並不是一件易事。所以，人們只能在過去經驗的基礎上，以此為出發點。

成敗會影響期望值。人們會根據自己的能力、表現，來決定期望值的高低，因為這場輪盤賭中，包含著個人最寶貴的資本——自尊。

猶太商人認為，談判就是一個不斷尋求回饋的一來一往的過程。買方、賣方各有自己的目標，然後尋求回饋。

許可權，甚至好人、壞人的評語，都對雙方的期望值造成影響。任何一句話、任何新動向都會成為左右「價錢」起伏的決定因素。因此，猶太商人認為在談判過程中，設定一個高目標往往會比設定一個低目標要好得多。

不過，期望愈高，失望的機會也就愈多，這當中承擔風險在所難免。

所謂「買賣交易」，當然要靠良好的判斷力，做一個周密的評估。評估時應該將目標設得高一點，雖然這會給你帶來一定風險。

給對方一點好處

商業談判通常遵從自願平等、互利互惠的原則，否則誰也不願意坐在談判桌前。只有既考慮到自己的利益，又考慮到對方的利益，雙方才能合作成功，否則誰願意白白為對方效勞？世界上沒有免費的午餐，誰肯願意讓別人白白占了便宜？談判中要給對方一點好處。談判之根本在於找到自己與對方的共同利益。

在面對強勢時，應克服自己的恐懼和驚慌。談判者應該意識到，不管對手多麼強大，只要他坐到了談判桌上，就說明在某一方面他不希望談判破裂。一旦失去合作，他自然也會遭受一定程度的損失。

因此，在勢弱時，重要的是有戰勝自我、不畏強勢的態度。只要有勝利的信心就有勝利的希望。在此基礎上，尋找強勢者的「軟肋」，從容不迫地討價還價，而不是在對方的威逼下撿了芝麻卻丟了西瓜。

一位猶太商人說：雖然在談判中要最大限度地爭取自己的利益，但也絕不可以將所有好處都占盡。在談判時寸土不讓，不給對方絲毫好處是極不可能的。最好的選擇是在預先考慮的合理範圍內，以小換大，給對方心動的好處，只有這樣，談判才有可能有更大的勝利。

攻心為上

猶太人認為，談判是人與人的較量。在談判中，攻心為上至關重要。

猶太商人最擅長的攻心術要屬暗示。對於這種暗示戰術，猶太人還有個笑話。

窮推銷員費爾南多在星期五傍晚抵達一座小鎮。他沒錢吃飯，更住不起旅館，只好到猶太教會找執事，請他介紹一個能提供安息日食宿的家庭。

執事打開記事本，查了一下，對他說：「這個星期五，經過本鎮的窮人特別多，每家都安排了客人，唯有開金銀珠寶店的西梅爾家例外。只是他一向不肯收留客人。」

「他會接納我的。」費爾南多十分自信地說。隨後他來到西梅爾家門前。等西梅爾一開門，費爾南多神祕兮兮地把他拉到一旁，從大衣口袋裡取出一個磚頭大小的沉甸甸的小包，小聲說：「磚頭大小的黃金能賣多少錢呢？」

珠寶店老闆眼睛一亮，可是，這時已經到了安息日，按照猶太教的規定不能再談生意了。但老闆又捨不得讓這送上門的大交易落入別人的手中，便連忙挽留費爾南多在他家住宿，到明天日落後再談。

於是，在整個安息日，費爾南多受到盛情的款待。到星期六夜晚，可以做生意時，西梅爾滿面笑容地催促費爾南多把「貨」拿出來看看。

「我哪有什麼金子？」費爾南多故作驚訝地說，「我不過想知道一下，磚頭大小的黃金值多少錢而已。」

在談判中，猶太人常常運用一些心理暗示的方式，誘導對方進行「合

理」推想，從而達到攻心的目的。

攻心為上，是猶太人談判中的重要智慧。他們想盡辦法去做。因為在他們看來，對方根據他們的暗示達成談判後，即使意識到結果是自己上了猶太人的當，也不能怪他們，只能怪自己「誤會」了猶太人。

有勝利的信心就有勝利的希望

在幾千年受欺壓的歷史中，猶太人總是處於劣勢，但他們卻擁有最高明的談判戰術。傳說，亞伯拉罕是諾亞的第10代孫，被尊為「以色列信仰之父」。他與上帝經過了數次談判，終於訂立下有利於猶太人的契約。

上帝洞察到索多瑪和俄摩拉這兩個地方的人作惡多端，罪孽深重，便決定毀滅這兩座城。上帝要懲罰他們時，亞伯拉罕勇敢地站了出來，與上帝進行了一場精彩的談判。

他謙恭地問上帝：「如果這兩座城裡有50名正直人，難道他們也應因其他人的惡行而被毀嗎？為什麼不能相反，因這50人的正直而寬恕其他的人呢？」

上帝做出了讓步，答應如果城裡有50名正直的人，就可以不予毀滅。

但亞伯拉罕繼續謙恭地向上帝問道：「如果僅僅是為了缺少5人而湊不足50人，便也得毀滅兩座城嗎？」

結果上帝應允，如果有45名正直人，也可以不予毀滅。亞伯拉罕步步進逼地問：「如果有40人呢？」

就這樣，亞伯拉罕與上帝的談判一直延續下去，毫不畏縮地不斷進行討價還價：30人又怎樣？20人又如何？難道把擁有正直之人的城市全部毀

滅才合乎正義嗎？他謙恭而又凜然地問著上帝，說服著上帝。最後，上帝答應，如果能在這兩城中找出10名正直的人，就不予毀滅。

不過使人遺憾的是，亞伯拉罕的努力化為泡影，在兩座城市裡居然找不出10位正直的人。於是上帝從天上降下大火與硫磺，把兩座城完全毀滅了。這兩座位於死海東南方的索多瑪城和俄摩拉城如今已永沉海底。

從這則故事中可知，在面對強勢時，談判者應克服自己的恐懼和驚慌，更應該意識到，不管對手多麼強大，只要他坐到了談判桌上，就說明在某一方面他是不希望談判破裂的，一旦失去合作，他自然也會遭受一定程度的損失。

因此，在處於勢弱時，重要的是有戰勝自我、不畏強勢的信心。只要有勝利的信心就有勝利的希望。

談判失敗的最好方法是蠻橫霸道

猶太商人認為，談判桌絕不是發洩情緒的地方。即使發生意外，對方故意激怒你，你也要以理智地控制情緒，冷靜相待。

感情用事者不宜談判。一是情緒混亂會延緩談判的進行，二是會導致談判失敗。更可怕的是，感情用事往往會使人上當受騙。

在商業談判中，猶太商人很懂得用理智來控制自己的情緒。他們善於用情緒左右對方，使對方感情用事。

猶太人為人處事通常都很溫和。寧可以理服人，也不恐嚇和威脅別人。他們常採用的是機智、果斷而圓滑的方式。談判時幽默而態度溫和。萬一吵起來，也會用計謀讓你上當。猶太人一坐到談判桌上，總是擺出一

副笑臉。無論是風和日麗的晴天，還是電閃雷鳴的雨天，都是如此。

在談判中，如果採用直截了當、威脅、警告、施壓等方式，則讓人很難接受。當年美國總統福特訪問日本時，曾因為電視轉播問題發生了一件不愉快的事。

CBS是全美三大電視網中歷史最悠久的一家電視公司，而當時日本只有NHK擁有衛星轉播系統，所以CBS若想把福特總統訪日的活動直接傳送到美國，就必須與NHK進行合作。

在總統預定訪日的前兩週，CBS從紐約派了一個談判小組。小組的負責人是一位青年人，他大模大樣，以直不諱的態度向比他年長許多的NHK主管提出種種不合情理的要求，其中包括超出實際需要近兩倍的人員、車輛及通訊設備等等。NHK的主管暗想，這哪裡是請別人幫忙，簡直就像我們欠了對方什麼似的。於是這次會談也就沒有取得任何結果。

一向以播送新聞全面迅速為傲的CBS這下可急壞了，眼看總統訪日期限將近，但轉播權問題仍未解決，無奈只得由最高主管親自出馬，到東京重新與NHK會談。他們認真分析了上次失敗的原因，向NHK提出道歉並以誠懇的語氣提出了轉播的請求，終於達成所願。

時代在不斷地變化和發展，人類進入了和平共處的時代，與猶太人的溫和談判法相比，美國人那種咄咄逼人的蠻橫談判方式顯然是過時了。

דומלת

塔木德

第14輯

猶太管理經

當天的事情當天做

猶太人常把積壓「未決」工作的人視作無能之輩。因此，他們一到辦公室後，首先就會看一眼辦公桌上的文件，以此來斷定那個人的能力如何。他們認為，一個不能夠及時處理工作的人，根本就談不上什麼能力，肯定是無能之輩。

猶太人喜歡全面發展的人才，商人應不僅會經商，還應當知識淵博，並有較強的綜合素質，如果缺少這些，是絕對成不了一名好商人，賺不到大錢的。

在猶太人的辦公桌上，你看不見「未決」的文件。猶太人有極強的時間觀念，他們絕不浪費時間。在他們看來，辦公桌上的待批文件如果積壓，就會對重大事情造成影響。這些檔有商業往來的信件、商業函件等，它可能是提供商業資訊，或是請求商業往來或是有關商品交易等等。每個信件，都包含著一條資訊，給商人提供賺錢的機會。如果把這些亟待回答的文件積壓在辦公桌上，過一段時間後再來處理，很可能為時已晚，因為對方的時間是寶貴的，當他遲遲等不到消息時，便斷然放棄，另覓合作夥伴去了。所以，他們對自己手中的工作都極其重視。

在猶太人的上班時間裡，專門安排了處理檔的時間。他們通常是把上班後大約1個小時的時間當作專門處理文件的時間。在這段時間裡，將昨天下班到今天上班之間所接到商業函件的回信，打好發出去。在這段時間裡，是不讓外人打擾的。這樣他們才能集中精力處理這些文件，以求高品質、高效率。

「馬上解決」是猶太人的座右銘。因此,他們非常注重處理文件的時間。他們認為,拖延工作,是最可恥的事。猶太人不管做什麼事,尤其是處理自己的生意問題時,絕不把問題遺留到明天,絕不拖延,總是按照「每天都有每天的計畫」辦事。

沒有時間就沒有效益

　　猶太人認為時間就是金錢。他們常以一分鐘多少錢的概念來工作。一個打字員,如果下班時間到了,即使只剩下十幾個字就可完成的文件,他也會立刻放下工作回家。他們認為,浪費時間就等於浪費他們保險櫃裡的金錢。

　　猶太人把時間視作金錢,他們對時間如金錢一樣是按分按時計算的。老闆請員工做事,薪資是按時計算的。猶太人會見客人十分注意恪守時間,絕不拖延。客人來訪,必須預約時間,否則就要吃閉門羹。猶太人對於突然來客是十分討厭的,如果來合作生意,可能會導致失敗。

　　猶太人把時間看得那麼重,是有其道理的。時間是任何一宗交易必不可少的條件,是達到經營目的的前提。與對方簽訂合約時,要充分估計自己的交貨能力,是否能按對方要求的品質、數量和交貨期去履行合約。如可以辦到,就與其簽約,如辦不到,切不可妄為。

　　時間的價值還顯現在趕季節佔領市場方面。在激烈的市場競爭中,誰能在一個市場上一馬當先,以質優款新的產品問世,誰就必能獲得較好的經濟效益。如電子手錶,剛上市時每支售價幾十美元乃至幾百美元。當許多競爭者推出同類產品時,其價值一落千丈,每支售價只剩幾美元。又如

蔬菜、水果等，在非產季時售價高於盛產季節數倍。為什麼會出現如此大的反差呢？這顯然是「時間」的價值。

時間的價值表現在生意的全過程中。一個企業經營效益的高低，與其費用水準的高低息息相關。根據眾多的企業核算，其經營費用中有70%左右是花費在佔用資金的利息上。如一個企業一年的營業額為10億元，其資金年周轉率為兩次，言下之意，該企業每年佔用資金為5億元。若按銀行利息為12%（年息）計算，一年共支付利息達6000萬元。如果該企業能把握一切時間和進行有效管理，使資金周轉達到一年4次，那麼，其支付的利息就可節省3000萬元。換句話說，該企業就可多盈利3000萬元了。除此之外，加快貨物購入和銷出，加快貨款的清收等，都體現出時間的價值。

猶太小孩子從小就接受「自主」教育，猶太老人不讓子女贍養，只有自己賺到錢，安逸的生活才會有保障。正因為猶太人自知天命，所以他們拚命抓緊時間賺錢。

時間遠比金錢貴重

就價值而言，時間遠比金錢貴重。金錢可以儲蓄並生息，而時間卻絲毫不停腳步，而且一去不復返。

在猶太人看來，時間也是商品。「勿浪費時間」是猶太生意經之一。

猶太人認為，時間是有限的，金錢是無限的，用有限的時間去追逐無限的金錢，結果只會受到時間和金錢的雙重壓迫。此外，錢可以再賺，商品可以再造，可是時間是不能重複的。因此，時間遠比商品和金錢寶貴。

在美國紐約，有一位拉比戴了一支手錶，背面刻著「愛惜光陰」四

個字。另一位教師把這手錶拿給學生們看，學生們不以為然，說是俗套而已，根本沒有什麼新奇的。

拉比見學生們無動於衷，就戴回手錶說：「美國有一句俗話，叫『時間就是金錢』。我認為這種說法是不對的。因為這句話很容易使人誤會。假如說時間就是金錢，那我們就只能想到兩種情況：一種是不知如何運用時間的人，另一種則是不知如何運用金錢的人。其實，就價值而言，時間遠比金錢貴重。金錢可以儲蓄並生息，而時間卻絲毫不停腳步，而且一去不復返。『時間就是金錢』這句話，應該改為『時間就是生命』，或者『時間就是人生』。」

拉比這麼一解釋，學生們都覺得很有道理。

樂觀者總能得到更多

猶太民族歷經劫難，但在看待事物的發展趨勢時，卻常抱樂觀的態度，並採取相應的行動。而事實是，無論經商還是做什麼，樂觀者總能得到更多機會，成功的次數也更多些。

紐約一個大美術商勞埃德就是這樣一位猶太商人。

1938年3月，德國軍隊越過了奧地利邊境，勞埃德趕在希特勒到達維也納之前，帶著10美元輾轉到倫敦，並於1948年創立了「瑪律伯勒高雅藝術陳列室」。主要為英國許多顯赫的家族出售其收藏的藝術珍品，後來經營現代派的繪畫作品。短短6年的時間就成為現代派美術作品最大的出口代理商。在他的買主中，包括教皇保羅六世。

勞埃德對美術作品興趣不大，只關心藉由作品的買賣賺大錢。所以，

他採取了純商業式交易和職業化的處理，其作品大部分都是代銷的，美術館只在生意結束後收取傭金。但美術館除了場地以外，還提供廣告、推銷、郵寄、保險和運輸等全套服務。所以美術家對勞埃德的服務是滿意的，他們的作品在這裡不僅可以賣到最高價，而且不管銷售情況如何，美術館都給予他們穩定的生活津貼，乃至於各國的畫家都願意與他們來往。

不久，美術館成為一個世界美術界的超級大國，它在蘇黎世、羅馬、東京、倫敦、多倫多、蒙特利爾都設有分館，每年的銷售總額為2500萬美元，占世界美術品市場的5％到10％。

1963年，俄國著名畫家抽象印象派大師羅斯科賣給瑪律伯勒美術館15幅作品，價格14.76萬美元，全部畫款在4年內結清。到1969年，羅斯科的作品上漲到每幅2.1萬美元，這時，勞埃德又和羅斯科簽訂了一個協議，商定以105萬美元的價格出售87幅作品，後又把價款總額提高到144．6萬美元，議定出售108幅作品。同時商定，在以後的14年中，不管勞埃德或美術館的經營狀況如何，都由羅斯柴爾德銀行每年向羅斯科支付10萬美元，為此美術館向該銀行抵押了數量可觀的財產。作為回報，美術館取得了此後8年中羅斯科的獨家代理商資格。

這種不顧藝術潮流和美術家創作狀態變化的「賭注」，無疑是極具風險的，而實際情況是協議執行不到1年，羅斯科就抹頸自殺，勞埃德被羅斯科子女的訴訟送上了法庭。

但拋開別的，僅僅從勞埃德這種無所顧忌地將風險帶到美術品市場的行為上，足以看出猶太美術商獨具一格的眼光和魄力。

時代的進步，使猶太人的這種風險觀愈發光輝奪目。現在，所有的企業經營管理者，都面臨著預測問題，每一件商品的新問世，都是一次風險與機會的抉擇。要生產就要冒風險，而不冒風險就難以抓住機會。但是，

承擔風險不是盲目蠻幹，在果敢的行動背後應該有深謀遠慮的計畫，應該有細心的籌畫和安排。只有智勇雙全，精於計算，因利而動，才能獲取最大利益。

融資的關鍵在於公司素質

如果公司經營素質比較好，利潤比較高，具有較好的發展前景，就可以在銀行取得長期貸款。增強公司素質是提高公司資金籌措能力的最基本的戰略措施，是資金籌措戰略的基礎。

為了得到發展所需資金，商人不僅需要確立經濟合理的籌資管道，更需要具備很強的資金籌措能力，以達到較快的資本積累。通常，猶太商人辦公司時特別看重制定提高資金籌措能力為中心的各種戰略措施。他們的這些戰略措施包括以下一些主要方面：

首先，提高公司信譽，在較有利的條件下取得銀行貸款。銀行在向公司貸款時，主要是根據公司的收益性和流動性，公司產品的特點及其需要情況，公司貸款理由和償還的可能性，企業的經營狀況和經營能力等因素來判斷是否向公司貸款以及貸款多少。

其次，擴大公司影響，提高知名度，開闢多種資金籌措管道。公司經營的好，可以提高公司的知名度，使企業在社會上建立起良好的公司形象，使公司可以透過各種管道來增資，發行公司債券，擴大公司信用等，從而有利於公司開闢多種資金供應管道。因此，提高公司資金籌措能力的關鍵在於加強公司內部管理，增強公司素質。

第三，調整公司與金融機構的關係，確保長期穩定的貸款來源。小公

司為了在有利條件下穩定地從銀行取得貸款，更需要和銀行建立起良好的關係。

第四，制定靈活的資產籌措政策，適應外部經濟環境的變化。公司所處的經濟環境是不斷變化的，在這種變化中，受影響最大的是小公司。如小公司經常被當作金融的「調節閥」，在金融緊縮時減少對小公司的貸款，反之，增加對其貸款。在這種情況下，小公司就需要採取靈活的資金政策，適應外部環境的變化。

總之，小公司要想藉由資金籌措戰略來進行資本積累，就必須對公司內外環境進行分析，確定最佳的資金籌措方式和資金籌措管道，以保證資本積累積聚的經濟性、合理性、方便性和安全性。

通常，猶太商人籌措資金時特別注意「三忌」：

第一，不要弄虛作假。有些私營公司老闆，為了及時地獲得自己所需的資金，往往不擇手段。弄虛作假，是他們常用的手段之一。弄虛作假很容易被別人識破。一旦識破之後，不僅借不到所需的資金，也影響了自己的聲譽。對於以後的融資也極為不利。

第二，不要融而不投。融資是為了投資，擴大公司規模，增加利潤，而絕不是為了揮霍享受撐門面。作為老闆應當記住，融資籌集的錢不能輕易亂花，更不能揮霍和浪費。老闆要專款專用。如果總是東挪西補，還不如不去融資。

第三，不要貪而無厭。很多老闆一心想籌集到更多的資金，盲目相信融資越多越好。事實上，這種想法很不正確。對於老闆來說，融資時一定要遵循「需要多少，便融多少」的原則。只要能夠滿足自己投資需求，沒必融更多的資金。

利益比說教力量大

這裡有一個故事，很能體現猶太人的智慧。

很久以前，一個住在耶路撒冷的猶太人外出旅行，途中病倒在旅館裡，當他知道自己的病已經沒有希望時，便將後事託給了旅館主人，請求他說：「我快要死了，如果我死後有從耶路撒冷趕來的人，就請把我的這些東西轉交給他。但是，不要告訴他我在哪家旅館。」

說完，這個人就死了。旅館主人按照猶太人的禮儀埋葬了他，同時向鎮上的人發佈這個旅人的死訊和遺言，讓大家遵守這個猶太人的遺言，不要將他住的旅館告訴來找他的人。

死者的兒子在耶路撒冷聽到父親的死訊後，立刻趕到父親死亡的那個城鎮。他不知道父親死在哪一家旅館裡，也沒有人願意告訴他，所以，他只好自己尋找。

幸運的是，有個賣柴人挑著一擔木柴經過，兒子便叫住賣柴人，買下木柴後，吩咐賣柴人直接送到那家有個耶路撒冷來的旅人死在那裡的旅館去。然後，他便尾隨著賣柴人，來到了那家旅館。

旅館主人對賣柴人說：「我沒有買你的木柴啊？」

賣柴人回答說：「不，我身後的那個人買下了這木柴，他要我送到這裡來。」

透過一筆木柴交易，旅人的兒子把回答這個問題作為成交的條件，讓賣柴人為了自己的利益，幫助他解決了難題。

顯然，利益當頭比空口說教有力量得多。只有他人的利益與你的利益緊緊地綁在一起的時候，他人才能像為自己謀利或避害一樣，為你著想，

因為這一著想以及由其產生的努力可以同時為他自己帶去實際的利益。

這就是猶太商人的聰明之處。

女職員更值得錄用

女人有天生的交際才能，往往一句軟語、一個眼神就能辦成男人們累趴下也辦不成的事情。

哈姆雷特一句「弱者，你的名字叫女人」道出了一條盤踞人類歷史數千年的觀念。不僅是戰爭讓女人走開，許多工作也與女性絕緣。然而心理學家和社會學家則指出，女性具備經商所必需的特殊素質，包括誠實、純潔、忠誠、可靠、熱情和忍耐等，還有吸引力。

在女性的眾多優點中，最重要的是直覺。直覺有助於準確作出決定，弄清對方，評估從商前景。除此之外，女性追求家庭舒適、安寧、繁榮的本能也會反映到商場上。可以說，猶太人今日的商業成就，恰好與其出色的「女人經」有直接的關聯。

猶太商人凱富爾先生的公司裡，大半都是女職員，而且又漂亮又能幹的女人仍呈繼續增多趨勢。在解釋自己為何喜愛錄用女職員時。凱富爾列舉出了女人的優點：

一、不貪杯。女人中很少有人一見酒就喜上眉梢的。

二、不會花錢去玩男人。其好處，一是工作不分心，二是不易誤事。

三、對工作忠心耿耿。她們通常都忠於自己的老闆，很少有背叛行為。

在此基礎上，女人有天生的交際才能，往往一句軟語、一個眼神就能

辦成男人們累趴下也辦不成的事情。

凱富爾雇用女職員其實也是充滿理性的。他認為一些女職員的確妨礙了老闆行使領導權，但解決這一問題一點也不難。他的主要對策如下：

一、仔細研究對方。研究女人的特性，可以發現她們大多是感性的，很在意別人的眼光，經不起奉承，畏懼權威，易受環境的影響，忍耐力強。根據這些特性，就可以制定相應的方案了。

二、反省對女職員的管理方式。老闆與男職員都有縱容女職員的傾向。如果不能根據自我反省來修正自己的想法或行動，管理就無法奏效。

三、褒獎她的小優點。由於褒獎，她的心會向老闆開放，從而激起幹勁。經不起奉承及好聽的話是她們的弱點，不妨靈活利用她們的這一特性。

四、與她們聚會。要大家都動動腦筋，激發她繼續做易受褒獎的事情，並由大家來決定該如何實行。

五、要求她善盡責任。詳細聆聽她們的意見，盡可能讓她們負責她們想做的工作。

女職員和男職員一樣，都有逃避責任的傾向，容易安於現狀，不思進取。長期這樣，她們身上蘊藏的潛能就不能得到充分的發掘，只能從事一些簡單輕鬆的工作。

你的價值是腦袋而不是手

有這樣一個故事，說的是財富和頭腦的關係：

有一個百萬富翁和一個窮人在一起，那個窮人見富人生活是那麼的舒

適和愜意，於是就對富人說：「我願意在您的家裡為您工作三年，我不要一分錢，但是你要讓我吃飽飯，並且有地方讓我睡覺。」富人覺得這真是少有的好事，立即答應了這個窮人的請求。三年後，服務期滿，窮人離開了富人的家，不知去向何方。

十年又過去了，昔日的那個窮人已經變得非常的富有了，而以前的那個富人相比之下，就顯得很寒酸。於是富人向昔日的窮人請求：願意出10萬塊錢買他這麼富有的經驗。昔日的那個窮人聽了哈哈大笑：「過去我是用從你那學到的經驗賺取了金錢，而今你又用金錢買我的經驗呀。」

原來的那個窮人用了三年時間學到了經驗，於是他獲取了很多財富，變得比那個富人還富有，那個富人也明白了這個窮人比他富有的原因是因為窮人的經驗已經比他多了。為了自己擁有更多的財富，他只好掏錢購買原來的那個窮人的經驗。

要想富有，就必須學習富人。只有學習他們，你才會得到他們富有的經驗。

猶太人在經商的時候顯得很輕鬆，他們其實都是在思考問題。財富是靠腦袋的，猶太人說，你的價值是腦袋，而不是手。

「鈔票有的是，遺憾的是你的口袋太小了。如果你的思想足夠開闊，那你的錢包就會隨之增大了。」

猶太教士們也這樣說：「無知的人不能成為聖人，不能進入天堂，只關注世俗事務，喜愛錢財的人，只是平凡的人。」

這就是猶太人的商業原則：作為商人，他的任務就是想辦法使自己的思想足夠開闊。

餐桌上不談工作

　　猶太人有個習慣，就是不在餐桌上談論工作。

　　猶太人的工作十分緊張，簡直就和打仗一樣充滿了戰鬥的氣息。即使是一分鐘他們也要儘量抓緊。

　　猶太人就是這樣拚命賺錢的。在這種緊張的工作氣氛下，倘若忙了一整天，到了吃飯的時候，好好地吃頓可口的餐飯，那將是多麼好的享受啊，而這頓噴香的飯菜就是對自己努力工作最好的獎賞。

　　猶太人是喜歡美食的，他們說，人生就是為了吃飯而活著，要好好地享受吃飯的樂趣。他們還說，噴香的飯菜是上帝賜給自己的禮物，一定要好好享受，絕不可以隨便馬馬虎虎地吃飯。他們把吃飯當作是一種高級的享受。

　　尤其是晚上的那頓飯，猶太人坐在豪華的飯店裡，四周考究的裝飾和他們的身份相符合。端上噴香精美的食物，猶太人就和朋友們一起開始海闊天空地聊天，但是他們也有三不談：不談政治、不談戰爭、不談女人。

　　這是他們一天最為幸福的時候，他們把白天賺來的錢大把大把地花出去，這樣他們覺得自己的人生很有意義。吃完飯，他們又信心百倍地投入自己的工作。

　　在這樣精美的餐飯面前，他們只會盡情地享受，而不會去談自己的工作，讓工作來干擾自己幸福的生活。而他們工作的時候就勤奮工作，吃飯的時候，就完全忘記自己的工作，盡情地享用。於是工作的時候他們就可以有很好的體力去高效率地工作，讓他們的事業一步步地高升，而休息的時候就徹底地休息。

猶太人特別注意休息，因為他們的工作極為緊張，稍微的休息很利於繼續工作，而且他們注重生活的享受，絕不願意因為工作而放棄吃飯的享受。猶太人注重飲食，更注重充分的休息，也注重享受。

其實對於猶太人來說，2000多年來，他們受到欺壓和迫害，他們所希望的生活就是平平安安，可以好好的吃飯休息，現在這樣的生活已經是很不錯了，他們自然不願意放棄這樣的舒適和享受自己的生活。

他們注重自己的生活享受，美美地吃飯，使得他們的身體十分健康，可以讓他們在繁忙的工作中保持旺盛的精力，不至於讓緊張的工作壓力把自己壓倒。

連一向以工作狂著稱的洛克菲勒也不在吃飯的時候談工作，於是人們說：「洛克菲勒只有在睡覺和吃飯的時候才不談工作。」洛克菲勒在吃飯的時候從不談工作，只是盡情地享用他的美食。這種良好的習慣，讓他在90高齡的時候還能精力充沛地工作。洛克菲勒是當時世界上最為富有的人，也是所有商業大亨中最為高壽的一位。

讓年輕人先發言

讓年輕人去做事情，鼓勵自己的新觀點、新思維，拒絕僵化和保守，因為今天的世界是他們的。

「假如所有人都向同一個方向行走，這個世界必將傾覆。」一位猶太商人這樣說。

在古代的猶太社區裡，每到有事情商量時，大家就聚集起來討論。但在討論時，主持會議的老年拉比總是讓年輕人先發言，接著再讓那些有

點資歷和經驗的人發言，然後大家自由地討論和辯論，最後是年老的、富有權威的拉比根據大家的意見，進行公正的評價和總結，接著由他作出決定。

在《羊皮卷》裡，也有這樣的規定。在猶太法庭上，首先由年輕的法官發言，然後大家再依次發言。

這樣在猶太人內部就形成了讓年輕人首先發言的體制，這個體制讓猶太人一直保持了新鮮的氛圍。

如果年輕人發言感覺拘謹而羞澀的時候，他們的拉比就會熱心地鼓勵他們：「真理面前是沒有老少的，你和我都要聽從真理的召喚。」結果有不少年輕人的發言總是讓大家感覺到新奇，他們朝氣蓬勃的精神總是讓在場的人感覺到火通常的熱情。

為什麼讓年輕人首先講話，《羊皮卷》有這樣的討論：

一個人對另一個人說：「師從年輕人猶如什麼呢？如同吃不成熟的葡萄，從酒甕裡喝酒；師從長者猶如什麼呢？猶如吃成熟的葡萄，喝陳年的老酒。」而他的另一位同事則反駁說：「不要看瓶子如何，而要看裡面裝的什麼，新瓶可能裝著陳酒，舊瓶也許連新酒也沒有裝。」

年輕人因為沒有經過太多的世事，缺乏經驗，因而顯得幼稚，但他們絕少保守，相反，卻富有對世界的美好憧憬和嚮往，儘管這些還顯得過於浪漫和不現實。而老年人經歷過了世事的一切已經變得十分現實，不會追求那些他們覺得不現實的事情。他們沒有了激情，沒有了奇特的想法，他們完全是靠自己的經驗來判斷。

著名的迪士尼樂園是一個童話的世界，在那裡誕生過許許多多可愛的小動物形象。如機智聰明的米老鼠、笨拙傻氣的唐老鴨、活潑可愛的三隻小豬、兇惡但是被捉弄的大灰狼。

迪士尼原本在一家廣告公司工作，後來辭去了該工作創辦了一家動畫製作公司，不久他們拍攝了動畫片《愛麗絲漫遊仙境》。這部片子吸引人的是裡面既有一位天使般可愛的真人小女孩，也有浪漫的、虛構的動畫設計。這部片子一上市就引起了社會的關注，電影公司的片約像雪片一樣飛來。

接著，富有神奇想像力的迪士尼又畫出了一隻名叫「沃絲娃爾托」的乖乖兔，一時間受到大家的熱烈歡迎。

然後一個聰明淘氣、粗心急躁的大耳鼠米奇被塑造了出來，藉著當時一個叫查理斯‧林白的人乘坐飛機飛越大西洋的事件，迪士尼讓自己的童話人物米奇也在影片中乘坐著飛機，當老鼠米奇從飛機上向著蔚藍的天空一躍的時候，各大劇場也場場爆滿了。吝嗇的電影評論家們也不得不對迪士尼大加讚揚。

由於當時的電影還是無聲的黑白片，動畫片的設計者們設計的動畫還是幼稚粗糙的，迪士尼極為憤怒，他不能再讓兒童生活在這樣一個蒼白的世界中，他決定給兒童們一個豐富的彩色世界。於是，《花兒與樹》出來了，《三隻小豬》出來了，米老鼠、唐老鴨也走出來了，《白雪公主和七個小矮人》也出來了，這是世界上第一次可以讓動畫迷們過足癮的長篇動畫片。

幾年之後，經過努力，他建成了迪士尼樂園。這是一個童話般的世界，它不僅吸引孩子，也吸引了成年人，迪士尼樂園成了西海岸所有遊人必去的地方，後來還成為了和金字塔、巴比倫空中花園等古代建築並稱的世界第九大奇蹟。

讓自己大膽地想像、讓別人快樂地消費，成為迪士尼一生的生活信條。正是他的想像和創意讓他自己成為全美最富有的富豪之一。他的生命

是輝煌的：20歲的時候，他鋒芒初露；當在他剛過30歲的時候，已經聞名全美了；在他36歲的時候，他已經聞名世界了。

這就是年輕人的力量，他們這樣做就是保證了時常有新的招數和新的思維，可以在市場上總是讓人有一種耳目一新的感覺。讓年輕人去做事情，鼓勵自己的新觀點、新思維，拒絕僵化和保守，因為今天的世界是他們的。

沒有個性就沒有發展

沒有個性，人家就會忘卻你。個性化的策略、個性化的產品、個性化的管理，都是十分讓人注意的東西。

《羊皮卷》是這樣規定的：「不要把一種產品和其他產品混合，但為了提高品質，可以把度數高的葡萄酒倒入度數低的葡萄酒裡。」

看來，注重商品的品質，不僅是現在，早在遠古時期，猶太人就意識到了。他們說，同一種作物會因為產地的不同、管理的差異而在品質上有所差別。因此，應對不同產地的同種作物進行區別，對各類商品進行分門別類，這樣買賣才可以獲得好的價格。

對於任何差別都應該注意，因為這些差別帶來的是巨大的收益。要想尊重這些差別就要想辦法推陳出新，以區別同類的物品，這樣才能獲利。

在這個競爭日益激烈的時代，唯有創新才能生存，才能在市場競爭中站穩腳跟，才能戰勝對手。企業唯有創新，才能實現奇蹟般地高速增長。否則，企業就會停滯不前，甚至虧損破產。在這一點上，猶太人是具有代表性的，他們總是出人意料、標新立異，在競爭中憑藉新奇手段擊敗對

手。

　　猶太巨富威爾遜在籌備他的旅館的時候，就決定把自己的旅館建成一流的旅館。他在房間裡使用了空調，這是當時世界上第一家有空調的旅館。

　　每個房間都有電視。這樣可以使外出旅遊的一家人在飽覽了沿途風光後，還能享受到有趣的電視節目，而不至於感到寂寞。他還為孩子們設計了一個游泳池，增加了不少照顧孩子的服務專案，甚至還設計了為旅客的小狗居住的免費狗舍……所有這些，在當時都是前所未見的。

　　房間裡光線明亮、空氣流通、色調柔和、溫馨的居住環境讓旅客充滿了親切的感覺。於是別人的旅館冷冷清清，而他的旅館卻總是擠得滿滿當當。

　　威爾遜「假日客棧」的成功之處就在於突破當時通常的經營策略，勇敢地採用了最為先進的設備，針對「假日」這一項目，擁有了別人無法企及的特點和優勢。

　　任何的東西都必須擁有個性，「個性才能生存」被各類企業一直驗證為商界金律。

　　猶太人的觀點是：商業的個性就是獨有的經商理念、特殊的經營模式、因環境條件有異而不可相互簡單模仿的銷售品種和價格等要素的總和。

　　在猶太人看來，生意的成敗往往取決於觀念是否跟得上時代的潮流。在這個商品琳琅滿目的時代，沒有個性，就意味著面臨被淘汰的命運。猶太人的矛盾就是他們外表很和善，但是他們靈魂是偏執和極端的，他們的思維方式是怪異的。

永不氣餒

羅森沃爾德是全美最大的百貨公司西爾斯——羅巴克公司最大的股東，他也是全美20世紀商界風雲人物。然而，這個做服裝生意起家的富翁卻也經歷了許多創業時的失敗與艱辛。

羅森沃爾德於1862年出生在德國的一個猶太人家庭裡，少年時隨家人移居北美，定居在伊利諾依州斯普林菲爾德市。

羅森沃爾德的家境不好，為了維持生活，中學畢業後，他就到紐約的服裝店當跑腿，做些雜工。羅森沃爾德從年幼時就受猶太人的教育影響，這使他擁有了艱苦奮鬥的精神。他確信凡人皆有出頭日，一個人只要選定了目標，然後堅持不懈地往目標邁進，百折不撓，勝利一定會酬報有心人的。羅森沃爾德本著這種精神，十分賣力地賺了幾百塊錢。

「我要當一個服裝老闆。」這是羅森沃爾德的奮鬥目標。為了實現這個目標，他除了在工作中留心學習和注意動態外，把全部的業餘時間都用於學習商業知識，找相關的書刊閱讀。到1884年，他自認為有些經驗和小額本金了，決定自己開家服裝店。可是，他的商店生意極為不佳，經營了一年多，把多年辛苦積蓄的一點點血汗錢全部賠光了，商店只好關門，羅森沃爾德垂頭喪氣地離開紐約，回伊利諾依州去。

痛定思痛，羅森沃爾德反覆思考自己失敗的原因。最後，他找出了緣由：服裝是人們的生活必需品，但又是一種裝飾品，它既要實用，又要新穎，這才能滿足各種用戶的需求。而自己經營的服裝店，沒有自己的特色，也沒有任何新意，再加上自己的商店未建立起商譽，沒有銷售管道，那是註定要失敗的。針對自己出師不利的原因，羅森沃爾德決心改進。他

毫不氣餒，繼續學習和研究服裝的經營辦法。他一邊到服裝設計學校去學習，一邊進行服裝市場調查，特別是對世界各國時裝進行研究。一年後，他對服裝設計很有心得，對市場行情也看得較為清楚。於是，決定重整旗鼓。他向朋友借來幾百美元，先在芝加哥開設一間只有3坪多的服裝加工店。他的服裝店除了展出他親自設計的新款服式圖樣外，還可以根據顧客的需求對已定型的服飾改進，甚至完全按顧客的口述要求重新設計。因為他的服裝設計款式多，新穎精美，再加上靈活經營，很快博得了客戶的欣賞，生意十分興旺。兩年後，他把自己的服裝加工店擴大了數十倍，並把服裝店改為服裝公司，大批量生產各種時裝。從此以後，他的財源廣進，聲名鵲起。

作為商人，面對失敗，就應該像愛迪生面對失敗那樣坦然而絕不氣餒。愛迪生一生有上千項科技發明，當有人問他經過許多次試驗卻失敗時是否會感到心灰意冷，他回答說：「不，我拋棄了錯誤的試驗，重新採取別的方法，絕不沮喪！」

的確，面對失敗，一定要記住，不應氣餒！現代管理學的說法就是：失敗就是我們的學習曲線和經驗曲線的引數，只有經歷失敗，才會汲取教訓和積累經驗，為下一次成功作準備。

דומלת

塔木德

第15輯

關於生意的忠告

寧掏腰包勿讓錢袋丟失

　　僅僅知道等待和忍耐，不是真正的聰明。

　　很早的時候，有個猶太商人來到一個市場裡做生意。當得知幾天後這裡所有商品都大拍賣時，他決定留下來等待。可是，他身上帶了不少金幣，當時還沒有銀行，把金幣放在旅店裡，實在很不安全。

　　左思右想，他有了主意，於是帶著鏟子，晚上來到一個無人之處，在那裡挖了個洞，將裝有金幣的錢袋埋藏起來。可是，等商品販賣就要開始的時候，他跑到藏錢的地方去取錢，錢袋竟然不見了。他反覆回想當時的情景，認為自己記憶的地方沒有錯，於是開始觀察周圍環境。他發現，在離藏錢不遠處有一間小房子。由於房子被地形遮蔽，時間又在夜晚，他竟然沒有看見。

　　這下情況清楚了：一定是那天晚上他在挖洞時，被屋子裡的人看到了。但是，分析、推理並不等於證據，他必須要想出一個既能找回錢，又不致引起糾紛的辦法。

　　這個猶太商人走近那座房子，對屋裡的主人恭敬地說：「您住在城市裡，是個城裡人，您的頭腦一定很聰明。我是從外地來的，有件事情想請教您，請您幫忙出主意，不知道能不能？」

　　見對方這麼客氣，又這麼恭維自己，屋子的主人很高興，連忙說：「可以，可以。」

　　猶太商人開始講出他預先設計好的計策：

　　「我從外地來到這裡，是想和這裡的人做生意的。我身上帶來了兩個

錢袋，一個裡面裝了500個金幣，另一個裝了800個金幣。前些天，我把那個小些的錢袋埋藏到一個誰也不知道的洞裡去了，現在身上還剩這個大點的錢袋。我不知道是該把這個錢袋交給一個值得信任的人保管呢，還是把它也和先前那個錢袋藏在一起呢？」

屋子的主人連忙說：「你一個外地人，頭一次到我們這個城市來，當然不能輕易相信任何人。我建議，你還是應該把這個錢袋和先前那個藏在一起為好！」

猶太商人說：「謝謝您的指教，我明天就按照您說的去做。」

接下來發生的事情可以預料得到：那個貪心的「城裡人」馬上把偷來的錢悄悄藏回原來那個洞裡，企圖等待著另一袋金幣的出現。而猶太商人趁他一走，便上前將自己的錢袋取了出來，只留下一個空空如也的洞在那兒。

像故事中的那個商人一樣，猶太人在做生意時都秉承一個原則——寧掏腰包不讓錢袋丟失。

金錢無姓氏更無履歷

猶太俗語說：「金錢無姓氏，更無履歷表」。他們認為，不管方式方法如何，只要是用自己經營能力賺來的錢，就受之無愧。

賺錢有術的猶太富翁不勝枚舉，以放債發跡的亞倫就是典型一例。

亞倫移居英國後，從打工開始，用積蓄的一點小錢做些小生意。後來，由於他經營有方，生意越來越大，他需要資金周轉，不得不向錢莊或銀行借錢。亞倫在實踐中發覺，向別人借錢的代價確實太高，往往與商業

經營獲得的利潤相差無幾。他認為自己辛辛苦苦經營全為銀行打工，而且風險比銀行還大，倒不如自己從事放債業務合算。

於是，在有了些本錢後，亞倫就開始了放債業務。他一邊維持小生意經營，一邊抽出部分資本貸給急需用錢的人。另外，他又從銀行貸來利率相對較低的錢，以較高的利率轉貸給別人，從中賺取差額利潤。有些等錢應急的生產者或個人，寧願以月息20%借貸。這樣，等於100元放貸1年，可獲得240%的投報率，這比投資做買賣更能賺錢。亞倫就是盯著這個賺錢的路子，迅速走上發跡之路的。據統計，亞倫63歲逝世時，留下的遺產在當時的英國是首屈一指的。

猶太人素來把金錢當作世俗的上帝，他們認為，在這個世界上除了上帝之外，就只有金錢最值得人尊敬和重視。猶太人在追逐金錢，聚集財富方面的成功，使得其他民族不得不對其刮目相看，也使得其他民族不得不向猶太人學習。

在商業社會中，人的成功標誌，人價值的實現，更多的是靠自己在創造社會財富方面的成功。從這個意義上來看，猶太民族無疑是世界上最優秀，也最「先知」的民族了。

不會休息就不會賺錢

在猶太人看來，沒有空閒，不會合理安排時間的人，是不會賺錢的人。

猶太人認為，要賺錢，首先得有賺錢的時間。在賺錢過程中要合理使用時間，否則就等於白白浪費了時間。人的一生是短暫而又漫長的，許多

人成天忙忙碌碌卻無所作為；許多人整日沉溺於酒桌牌桌之間，日子被無端地浪費。若在猶太人看來，這些人都不會合理安排時間，註定成不了大器。

一個會賺錢的猶太商人，既是「大忙人」，又是「大閒人」。之所以是「大忙人」，是因為他一直在辛苦地工作，為賺錢而忙碌。按照猶太生意經，該忙的時候就要忙，否則沒有效率。但是，「忙」與「閒」是相對的。學會「忙裡偷閒」，生活才是豐富多彩的。會生活的人才是真正的人，因此，猶太商人又常常是「大閒人」。

猶太人視時間如金錢，他們在做生意時會客觀而若無其事地談論自己和別人的壽命。

「先生今年70歲了吧，大概還可能再活5到10年左右！」對於其他任何民族來說，初次見面就談這種「不吉利」的話，一定會遭到對方的白眼。猶太人卻很坦然，他們認為人生下來以後就註定要死，不必對死畏之如虎。知道自己還能活多久，就意味著知道自己還能賺多少錢。猶太人活到老賺到老。他們對死的態度是客觀和冷靜的，一旦知道還能活幾年，就會抓緊這幾年享受和賺錢。

賺錢是為了享受，這是猶太人賺錢的目的，也是他們對商業目的最好的詮釋。因此猶太人在經商時勞逸有度，工作與生活兩不誤，真正體會到了人生的真諦。

保全借貸人的飯碗

猶太人認為，保全借貸人的飯碗，也就是保全自己的飯碗；借貸人的

飯碗碎了，自己的飯碗也就危險了。

為了限制出借人的蠻橫，並使借貸人的經濟行為得到健康發展，《塔木德》又向猶太人做出這樣的明確規定：「出借人不可無償居住於借貸人的家裡，也不可用偏低的價格從借貸人手中租借房屋。」

現實生活中，擁有一幢大廈卻資金不足的人隨處可見。假如他準備利用這幢大廈來開辦旅館，那麼他必須向銀行或向私人借錢。在爭取借款的過程中，他極有可能表示願意將大廈的某一層租給銀行，而價格比市價低許多；也極有可能表示願意將旅館的某一間或幾間屋子租給私人，房租也基本上是象徵性的，甚至乾脆不收錢。

這種承諾在《塔木德》中是被禁止的，因為低租金或者數額為零的租金在《塔木德》中被視為貸款的利息。而利息在猶太人中是被禁止的。

《塔木德》要求貸款給開辦旅館的人不要企圖佔便宜，而要讓開辦旅館的人盡可能地發揮他每一份資產（每一層樓或每一間屋子）的作用，在盡可能短的時間裡歸還全部貸款。

借貸人手中尚有房屋向社會出租這一經濟手段，可以如此作為，如果借貸人僅僅只剩下一件外衣，而他樂意將這件外衣作為抵押物，那該怎麼辦呢？

道理是一樣的。這個極度貧窮的借貸人不會連一點勞動的能力都沒有，他可以在休息權、健康權得到保障的前提下，把這點勞動的能力維持下去，發揮這種能力，以儘快歸還貸款。

所以，如果僅僅剩下一件外衣的窮人向我們借貸，我們可以在他樂意的前提下，把他的外衣作為一種對信用的認可而妥善保管起來，同時記住：在日落時分一定把外衣歸還。

在夜裡，這個貧窮的借貸人如果連一件覆體的衣物都沒有，那麼他就

會因最低限度的休息權被你剝奪而健康受損。

如果我們就是這僅剩一件外衣的借貸人，那麼我們必須牢記：這唯一的外衣不可用來抵押。保證我們身體的健康，是我們恪守信用的明證。健康是人人的飯碗，它可以經歷受損再經歷恢復，但一旦失去便不再來。

《塔木德》明令禁止向借貸者徵收利息，這種禁令目的在於保護弱者，更在於促進市場的成熟，而不是否定營利活動。

也許是源於在長期流浪中形成的應對危機的傳統，猶太人擅長經商的祕密在於他們的經營策略，更在於他們能夠全過程地監控資產的流動，每每能夠儘快地回收資金。

大生意是學出來的

窮人的窮不僅僅是因為他們沒有錢，而是他們根本就缺乏一個賺錢的頭腦。富人的富有不僅僅是因為他們現在手裡擁有大量的財富，而是他們從根本上就有一個賺取財富的頭腦。

猶太人特奧的母親不幸辭世，給他和哥哥卡爾留下的是一個可憐的零售店。微薄的資金，簡陋的小店，靠著出售一些罐頭和汽水之類的食品，一年辛苦經營下來，收入微乎其微。

他們不甘心這種窮困的狀況，一直探索發財的機會，卡爾問弟弟：「為什麼同樣的商店，有的人賺錢，有的人賠錢呢？」特奧回答說：「我覺得是經營有問題，如果經營得好，小本生意也可以賺錢的。」

「可是經營的訣竅在哪裡呢？」

於是兄弟倆決定到大街小巷去看看。一天，他們來到一家「消費商

店」，這家店鋪顧客盈門生意很好。這引起了兄弟二人的注意，他們走到商店的旁邊，看到門外有一張醒目的紅色告示寫道：「凡來本店購物的顧客，請把發票保存起來，到年終可憑發票免費購買發票金額3％的免費商品。」他們把這份告示看了幾遍後，終於明白這家店鋪生意興隆的原因了。原來顧客就是要貪圖那年終3％的免費購物。他們一下子興奮了起來。

他們回到自己的店鋪，立即貼上了醒目的告示：本店從即日起，全部商品讓利3％，並保證我們的商品是全市最低價，如達不到全市最低價，可到本店找回差價，並有獎勵。

原來他們不僅借鑑了那個商品讓利3％的做法，還提出了現款交易就可以讓利3％，加上全市最低價的攻勢，自然他們的店鋪很快就門庭若市。他們的阿爾迪商店出現了購物狂潮，趁這個機會，阿爾迪商店在市區裡拓展了十幾個店面，佔據了幾條主要的街道。此後，憑藉這種「偷」來的經營原則，他們兄弟的店鋪迅速擴大，南到阿爾卑斯山，北到佛倫斯堡，到處都佈滿了密密麻麻的「阿爾迪」商店。

如果不是他們當初學習別人並加以利用和發揮，阿爾迪商店是不會發展這麼快的。

事實上，猶太商人都知道一條亙古不變的生意經——大生意是學出來的，不是做出來的。

靠體力絕不會賺到大錢

猶太人的智慧寶典《羊皮卷》上記載了這樣一個故事：

有位國王擁有一大片葡萄園，雇了許多工人來照管，其中有一位工人

能力特別強，技藝超群。於是國王讓他來管理這片園子。

　　有一天，這位國王來到葡萄園散步，就讓他陪同。這天工作完後，工人們排起長隊領取薪資，幾乎所有人的薪資都相同，但是當這位看管園子的人領取薪資的時候，卻遭到了大家的抗議和議論。他們認為這位工人只做了兩個小時的工作，其他的時間都在陪國王到處閒逛，所以不能領取與別人等同的薪資。

　　國王說話了：「我派他來是因為他熟悉你們的工作，是來看管你們的。今天他雖然只做了兩個小時的工作，但是他走的時候，你們仍然按他給你們的規定完成了任務，但他兩個小時就完成了你們一天的工作量，所以他的薪資和你們一樣。」

　　事實上，工作成就不能以工作時間來計算，也不應按做了多少事來計算，而應該以一個人實際工作所獲得的有效勞動成果的多少來計算。想辦法提高你的工作業績，才是真正有效的賺錢辦法。

　　猶太人很早就已經這樣做了。在1910年，大量猶太人進入北美，開始的時候，他們和一起移民來的英國人、西班牙人、葡萄牙人一樣，都是從事最簡單的體力勞動。他們每10個人裡有8個是體力工人，但是不久他們就都不幹了。這是為什麼呢？因為，對猶太人來說，一開始從事這些出賣體力的職業是由於遭受歧視，缺乏機會。當他們有了基本的生存保證，就不再這樣做了。這些工作報酬低微，但是付出的辛苦又很多，工作還很不穩定，尤其是這些工作會降低人的身份，讓人沒有成就感，這是不符合猶太人的追求的。

　　於是，他們依靠自己良好的教育背景紛紛去找那些體面、薪水報酬高、工作也富有刺激、有油水可撈的工作。過了幾十年，他們中有不少人成為了百萬富翁。著名的羅斯柴爾德家族就是從這個時候開始聞名的。到

了後來，每10個猶太人裡就只有1個是藍領工人了，其他的人都變成了資產階級了。這些猶太人大都已經成為貿易要角，在大家矚目的權力視野之內，在人們的眼裡，每一個猶太人都成了重要的人物。當年在路易斯安那、紐約和俄勒岡猶太人的幾個農業定居點，都已經消失了，剩下的小部分定居點都是用來進行烏托邦實驗的。而那些其他民族的人還是不得不繼續賣力地揮動他們的鋤頭，汗流浹背地工作，以求每日的餐飯。

這就是兩種不同觀念造成的不同命運：前者依靠自己的智慧變得富有，後者則依舊靠出賣體力來生活。

可以看出，財富絕對是靠智慧的大腦得來的，那種傳統的依靠體力的方式是不會得到大量財富的。即使是傳說中的那些大力士，在今天也頂多是維持自己的生計罷了。在今天越來越重視知識的年代，富有智慧的人們註定是這個世界的主宰者。

不怕店小就怕做不好

《塔木德》說：「沒有哪種行業比另一種更好。」聰明的猶太商人知道，想要賺取更多的錢，主要不在於你做什麼，而是取決於你怎麼去做。

加拿大的第二大城市蒙特婁建在聖羅倫斯河的一個島上，聖羅倫斯河可以說是加拿大東部人民的母親河。在蒙特婁有一條很著名的街道叫聖勞倫斯街。在這條街上，有一家同樣著名的餐館，這是一家猶太人開的燻肉店。這家燻肉店，據說是早年由從波蘭或羅馬尼亞過來的猶太移民所開。這家烤肉店在當地既不占先機，也不占主流，但它卻開得很有特色，很有名氣。它的名氣甚至使它成了城市的一個亮點，不僅當地的食客很多，外

地來的也不少，很多旅遊雜誌甚至把這家餐館列為蒙特婁的一個重要景點。於是近處的、遠處的，東方的、西方的，有錢的、沒錢的，喜歡的、不喜歡的都慕名湧到了這裡，使這裡每天都要出現排隊候餐的盛況。

聖勞倫斯街是一條很古老的街道，那裡的建築物大多顯得很陳舊，而這家店的店面就更是不起眼了——僅有一間單開門鋪面。裡面的店堂實在太小，恐怕不會超過20坪。設施也很陳舊，不過這裡的衛生卻一點都不含糊。

猶太人的燻肉店其實就是另一種形式的速食食品店。這裡可供選擇的主食也真是簡單得很，除了麵包夾燻肉的三明治食品，還有烤牛排或牛肝，但最出名的當然還要是燻牛肉（客人大多點這道菜）。這些東西的價格很便宜，也就4～7個加元左右，在當地也就是一餐漢堡的價錢。此外，它既是老外們可以接受的主流食品（麵包三明治），又與當今最流行的漢堡風味迥然不同。漢堡大多加有很多乳酪，而這裡就是燻肉或烤肉味，漢堡配餐的飲料大多是可樂，而這裡的客人大多點的是一種帶甜酸味的櫻桃可樂。

店裡做的燻肉，都是選上等牛肉為原料，製作過程也相對複雜。據說是要先將牛肉醃10天以上，然後再燻10個小時。由於配料用的是祖傳祕方，因此更增加了它的神祕色彩。不過該店做出來的肉的確很香，很嫩，也很鬆軟，嚼在嘴裡感覺它很快就化了。

餐飲業素來競爭激烈。當地其他餐館的生意並不好做。可是猶太人的燻肉店，據說已傳了三代，而這家店的生意一直都很好。但這麼多年，他既不開分店，也不刻意裝修，甚至沒風格。想來，也許第一代猶太老人遠涉重洋來到這裡時，他首先考慮的還是如何靠手藝謀生，當他在這裡找到市場、打開銷路時，他可能根本就沒想到要闖出什麼名堂。估計在他們心

裡，做燻肉的就應當做好燻肉。幾十年下來，不趕新潮，卻能獨樹一幟；雖然一直固守傳統，卻也能跟上時代；樸實無華，卻能聲名遠播；不擴張，卻照樣生意很好。看來找對位子，踏踏實實，做好本行，也一樣能找到生存發展的良機。

猶太人素以生意精明而著稱於世。北美的很多商界巨頭，都是猶太人。做大做強了的暫且不提，像烤肉店這種做小做精的，也很讓人羨慕。當外面的、全球的餐飲同行為競爭而殺得天昏地暗、人仰馬翻時，蒙特婁的猶太老人卻幾十年如一日地製作著他的燻肉。當這位老闆一天下來，照樣坐在壁爐邊計算著收銀機裡流出的淨利潤時，你想想，那該是一件多麼愜意的事情呀！

把錢都揣進腰包不算富翁

《塔木德》說：「如果賺的錢都揣進自己的腰包，你就不是一個真正的富翁。」

許多在經濟上成功的猶太人都願意慷慨地回饋社會。

英國的牛津和劍橋這兩所大學各有一個「艾薩克·沃夫森學院」，這來自於一個猶太人的名稱。被譽為當代最慷慨的慈善家艾薩克·沃夫森是一個蘇格蘭猶太人，英國最大的百貨公司「大宇宙百貨公司」的總裁。該公司擁有3000多家零售商店，同時涉及銀行業、保險業、房地產，還有水陸路運輸業等。

1955年，沃夫森設立了以自己名字命名的基金會，在以後的20年間，為各個方面，尤其是教育機構提供了4500萬美元的經濟資助。許多大學和

學院都向他頒發了榮譽學位證書。

沃夫森經常對人說這個故事：

曾經有一個人問他：「沃夫森這個傢伙既是皇家外科醫師學會會員和皇家內科醫師學會會員，又是牛津大學的教會法規博士和劍橋大學的法學博士，而且還是這所大學的這個博士，那個大學的那個博士，他到底是幹什麼的？」

「他是個寫東西的。」

「寫東西？他寫了些什麼？」

「支票。」

賺錢的能力是猶太人評價一個商人成功與否的重要標準。但只有那些不僅僅為自己謀得利益，同時慷慨回饋社會的人，才能真正實現自我的價值，得到社會的認可。

對於一個人來說，過多的財富是沒有多少用的，除非你是為了社會在創造財富，並把多餘的財富貢獻給了社會。

和許多美國人一樣，富勒一直在為一個夢想奮鬥，這就是從零開始，而後積累大量的財富和資產。到30歲時，富勒已賺到了百萬美元，他雄心勃勃想成為千萬富翁，而且他也有這個本事。他擁有一幢豪宅，一間湖上小木屋，2000英畝地產，以及快艇和豪華汽車。

但問題也來了：他工作得很辛苦，常感到胸痛，而且他也疏遠了妻子和兩個孩子。他的財富在不斷增加，他的婚姻和家庭卻岌岌可危。

一天在辦公室，富勒心臟病突發，而他的妻子在這之前剛剛宣佈打算離開他。他開始意識到自己對財富的追求已經耗費了所有他真正珍惜的東西。他打電話給妻子，要求見一面。當他們見面時，他們熱淚滾滾。他們決定消除掉破壞他們生活的東西——他的生意和物質財富。

他們賣掉了所有的東西，包括公司、房子、遊艇，然後把所得收入捐給了教堂、學校和慈善機構。他的朋友都認為他瘋了，但富勒從沒感到比這時更清醒過。

接下來，富勒和妻子開始投身於一樁偉大的事業——為美國和世界其他地方的無家可歸的貧民修建「安居計畫」。他們的想法非常單純：「每個在晚上困乏的人至少應該有一個簡單而體面、並且能支付得起的地方，用來休息。」美國前總統卡特夫婦也熱情地支持他們，穿上工裝褲來為「安居計畫」勞動。富勒曾有的目標是擁有1000萬美元家產，而現在，他的目標是為1000萬人、甚至更多人建設家園。目前，人類家園已在全世界建造了6萬多間房子，為超過30萬人提供了住房。

富勒曾為財富所困，幾乎成為財富的奴隸，差點被財富奪走他的妻子和健康；而現在，他是財富的主人，他和妻子自願放棄了自己的財產，而去為人類的幸福工作，他自認是世界上最富有的人。

דומלת

塔木德

第16輯

如何進行美德教育？

透過創造氛圍塑造孩子

猶太人認為家庭氣氛是家庭教育中發揮重要作用的一個因素。它是兩種環境關係的產物，一是家庭物質環境，一是家庭心理環境。

儘管猶太民族在發展歷史中，大多過著顛沛流離的流浪生活，但是他們竭盡全力給孩子營造出和諧、溫馨的家庭氛圍。

家庭的物質環境依每個家庭的經濟能力而有所不同，但每個家長都要盡最大努力滿足孩子在學習上的物質需要。猶太父母更注重的是家庭心理環境的營造。

在他們看來，家長一定要創造良好的家庭氣氛。一是要創造良好的愛的氣氛。這不僅要求父母相親相愛，還要求家長與子女關係融洽。不要在孩子的面前吵架，家庭成員之間關係不能緊張，要相互信任和體貼，以免給孩子精神上帶來苦悶。二是要重視和創造家庭中良好的智力氣氛。父母本身對知識要具有巨大的興趣和追求，對孩子的健康成長產生無形的力量。如果家庭智力氣氛差些，可利用鄰居、親戚、朋友及請家教等外部環境的智力氣氛來改變家庭智力氣氛。

營造良好家庭氣氛的同時，要防止孩子從小受較窄家庭智力氣氛的影響。家長教育孩子在良好家庭智力氣氛的影響下正常地學習，愉快地成長，又要不受家庭智力氣氛的束縛，廣泛地吸收來自外界一切有益的「養料」。

在加利福尼亞有一片高大的紅杉樹林，其中有一種樹叫「大謝爾曼」，高達200多英尺，樹圍有79英尺，它被砍倒後，木料足夠建35幢有5

個房間的房屋。日本人種植一種叫「盆景藝術」的樹，它雖然只有幾英尺高，卻有著完美漂亮的樹形。「大謝爾曼」與「盆景藝術」的種子都不足1/300盎司，但長成後差別卻是巨大的，差別背後的故事就是一個環境帶給我們的啟示。

「謝爾曼」札根於加利福尼亞的沃土，吸收豐富的水分、礦物質和陽光，最後長成一棵高大的植物；而當「盆景」冒出芽時，日本人將它拔出泥土，除去直根和部分鬚根，故意抑制其生長，最後它就長成了一棵雖然漂亮但是很小的小型植物。

由此可見，不同的生長環境和條件，會造成多麼大的不同。家庭的心理氛圍、家長的心理特徵，對孩子的心理發育有著重要影響。猶太父母在營造良好的家庭氛圍時通常會注意以下幾點：

首先是平等。這是創造良好的家庭心理氛圍的前提。父母、子女任何一方的優越感，都會對其他家庭成員造成心理壓力、產生心理隔閡。

其次是開放。家庭成員要坦率地、平等地以其他成員可以接受的方式，表達自己的想法，而不是毫無顧忌地發洩。家長的教育能力和家長之間關係的和睦程度，直接影響良好的家庭心理氛圍的形成。

最後是理智，只有理智才能夠克制自己的心理衝動，冷靜地對待和處理問題。只有這樣才有利於保持良好的家庭心理氛圍，有利於幫助孩子形成穩定的心理特徵。

給孩子一個勇敢的理由

兒童產生懼怕心理的原因與成年人一樣，關鍵的問題是成年人懂得如

何去應付恐懼，而孩子們卻還不知道如何應付。

　　膽量、勇氣和魄力無疑是這個時代重要的品格。許多成功人士都是依靠勇氣在事業上勝人一籌、取得成功的。

　　做父母的都希望自己的孩子勇敢，但有些孩子膽子卻很小。比如有些孩子，父母不在身邊時就會感到害怕，有的孩子怕黑，有的孩子怕「鬼怪」等等。長期下來，這些都會影響到孩子的個性發展，使他們缺乏獨立性，甚至會導致某些心理疾病的發生。有些父母往往會在這種情況下訓斥孩子，說孩子是「膽小鬼」，甚至給以處罰，這些做法都是極不明智的，都會對孩子的自尊心造成極大傷害。既改變不了孩子的膽小狀況，還可能使孩子的懼怕心理更加嚴重。

　　一位兒童心理學家說過：「兒童產生懼怕心理的原因與成年人一樣，關鍵在於成年人懂得如何去應付恐懼，而孩子們卻還不知道如何應付。」因此，父母應細心觀察，找出孩子產生恐懼的原因，並幫助他們消除恐懼，從而培養孩子的自信心和勇敢。在這一點上，猶太父母是怎樣做的呢？

　　一、注重父母的榜樣力量。孩子特別愛模仿父母的言行，因而，父母的榜樣作用對孩子影響極大，父母應該以自己無所畏懼的形象來影響孩子。此外，父母還應該坦率地承認自己也曾害怕過某些東西，但現在已經不再害怕它們了。這樣，孩子就會明白，他並不是世界唯一害怕這些事物的人。讓孩子從父母的身上知道，這些事物並不那麼可怕，是可以被征服的，恐懼的心理便會得到克服。

　　二、按照孩子的方式消除他們的懼怕心理。孩子們從小就從故事和漫畫書裡知道了鬼怪的故事，因而他們懼怕鬼怪。這時最有效的辦法是對孩子說他是勇敢的孩子，當他在屋裡時鬼怪是不敢跑進來的，或者說鬼怪怕

好孩子等。這樣，孩子便很容易接受你的話，並消除懼怕心理。

三、瞭解孩子真正害怕的事。有些時候，孩子們往往言行不一地掩蓋他們真正所害怕的事情。比如一些孩子每當父母要外出時總是哭鬧不止，不讓父母出去，實際上他們是怕一個人呆在屋子裡。因此，要細心觀察孩子的日常言行，瞭解他真正害怕的事情，然後對症下藥加以解決。

四、從小就培養孩子的獨立性，樹立他們的自信心。父母不要對孩子過分呵護，相信他們自己能夠做到。要經常鼓勵孩子自己去面對困難，克服其依賴性，使他們感到自己有能力、有辦法應付遇到的問題和困難。

五、不要強迫孩子否認令他們感到害怕的事物。做父母的，要正確對待孩子所害怕的事物。心理學家認為，只有當孩子感到你承認他們害怕的東西是客觀存在時，他才會相信你對解除他的害怕所做的解釋。

一種非常有效的方法是教給孩子關於某些事物的知識。如有的孩子害怕貓、狗等小動物，父母就可告訴孩子一些有關這些動物的小故事，並告訴他們這些動物通常不會傷害人，但要學會與牠們相處的方法。這樣，就可以幫孩子增強安全感。

從以上猶太家長教育孩子的方法上看，要培養出勇敢的孩子，父母們就要從自身做起，並經常與孩子進行溝通，瞭解他們的真實想法，有意識地鍛鍊他們的獨立性。堅持下去，父母就會發現自己的孩子正漸漸成為一個勇士！

獨居鬧市而不犯罪

猶太人的靈魂深處，有種可貴的「慎獨」精神，也就是可貴的自我反

省、自我批評的精神。他們總是去問自己做了什麼，應該做什麼，做對了什麼，卻很少去要求別人該怎樣。

同樣，猶太人有著凡事從自己做起，善於自我反省，慎獨自律的傳統。作為上帝的「特選子民」，他們以信守合約、遵守法律著稱於世。不管如何，都要求自己遵照約定來履行自己的義務和享用自己的權利。

他們相信，只有從自己做起，從自己這方面去執行合約，才符合上帝對「特選子民」的要求，也只有這樣，才能真正體現合約的精神——按照合約規定來履行自己的義務。兩方都按合約來要求自己，這樣合約的價值才能真正體現；否則，一方不從自己做起，卻要求對方那樣做，合約的執行就會遇到困難；如果雙方都想著用合約去牽制別人，那麼這個合約就可能會破產。

在與猶太人的商業往來中，根本不存在猶太人不履行合約的情況，除非是合約本身有問題。正是這種先從自己做起，自己嚴格要求自己遵守約定的商業精神，使猶太人獲得了「世界第一商人」的桂冠。

《塔木德》上有一句話，叫「在他人面前害羞的人，和在自己面前害羞的人之間，有很大的差別」。這個差別，其實就是所謂「罪感」和「恥感」的區別。

所謂「罪感」，就是把罪之惡看作是由罪本身的屬性決定的。無論何時何地，人知我知，犯罪就是為惡，就是一件應該激起愧疚之心的事情。

而所謂「恥感」，則把罪之惡看作某種取決於外界狀態的屬性，為人知者方為惡，不為人知則無所謂惡不惡。所以，犯罪者的愧疚或者懺悔，不是為了作惡本身，而是為了作惡竟然被人發現。這種「悔」是為了搞錯時機而悔，要是正逢無人發現的機會，何悔之有？

很明顯，在「罪感」支配下的個體行為要比在「恥感」支配下的行

為，在遵守規範時有著更大的自願性、自覺性和自律性，這在猶太人的行為中表現得是十分明顯的。

猶太民族的大門始終敞開著，不能遵守上帝律法的人盡可以自己走出教門，何況連猶太共同體都長期處於某種「獨居」狀態，更不要說猶太人個體了。這樣一個民族不能不要求其成員多多「慎獨」，多多「知罪」。

在拉比的教誨中，「獨居鬧市而不犯罪」，之所以能和「窮人拾遺不昧」和「富人暗中施捨1/10的收入給窮人」同立為「神會誇獎的三件事」，其共同之處，盡在一個「獨」字。猶太人的上帝所讚賞的「慎獨」，其實正是猶太民族延存的基本要求。

猶太民族弘揚「慎獨精神」，但絕不意味著一切以自我為中心，他們絕不提倡「獨善其身」式的「隱士」，而是教導人們要和普通大眾生活在一起。

孩子毅力取決於家長意志

孩子有毅力，才能學習好。要學好本領，必須苦練基本功，必須持之以恆。只有堅持不懈地練習，才能精通。

猶太家長尤其注重孩子非智力因素的培養。非智力因素包括許多方面，對於孩子來說，意志應該是一個重點。意志太重要了。意志薄弱對任何人來講都是致命的弱點，意志薄弱不只影響孩子的學習成績，它還會影響孩子一生的發展。傑出人物幾乎都是意志非常堅強的人；而幾乎所有違法犯罪者都是意志薄弱者，他們控制不了感情，抵擋不了誘惑。

猶太家長經常對孩子說下面的故事。

義大利著名小提琴家帕格尼尼，最擅長演奏旋律複雜多變的樂曲，他高深的琴技很受喜歡古典音樂者的欣賞。有一天晚上，帕格尼尼舉行音樂演奏會，有位聽眾聽了他出神入化的演奏之後，以為他的小提琴是具魔琴，便要求一看，帕格尼尼立即答應了。那人看看小提琴，跟通常的琴沒什麼兩樣，心裡覺得很奇怪。帕格尼尼看出他的心事，便笑著說：「你覺得奇怪是不是？老實告訴你，隨便什麼東西，只要上面有弦，我都能拉出美妙的聲音。」那人便問：「皮鞋也可以嗎？」帕格尼尼回答：「當然可以。」於是那人立刻脫下皮鞋，遞給帕格尼尼。帕格尼尼接過皮鞋，在上面釘了幾根釘子，又裝上幾根弦，準備就緒，便拉了起來。說也奇怪，皮鞋在他手上，演奏起來竟跟小提琴差不多，不知情的人，在聽了這個美妙的旋律之後，還以為是用小提琴拉的呢！

　　鑽研任何一種技藝，只有長期苦練，才能達到出神入化、隨心所欲的境界。

　　天下無難事，只怕有心人。只要下定決心，有恆心、有毅力，那麼天底下再難的事也會變得容易了。窮和尚雖然沒有錢，坐不起車船，但是因為他有堅強的毅力，能夠長途跋涉，最終依然能夠達成願望。

　　做家長的經常會因為孩子的下述表現而苦惱：

　　孩子一會兒學這，一會兒學那，一天到晚忙忙碌碌，卻不見成效；孩子在做事時，前怕狼，後怕虎，怯懦膽小，猶豫不決；孩子自制力差，上課經常分心，學習時精神無法集中，或者是制訂計畫但不執行，一遇到困難就退縮。以上行為都是意志薄弱的體現，如果孩子長期存在這種問題，那麼他們將來很難有所成。

　　猶太家長在培養孩子毅力方面是這樣做的：

　　一、從點滴小事上培養。有些孩子意志不夠堅強，但又不肯從小事

做起，以為一節課，一次作業，無多大關係，這些與意志無關。豈不知，就是這小小的一堂課，一次作業，滋長了意志薄弱的蔓延，最後才導致學業上的「全線崩潰」。反之，學業上意志堅強的人，必定認真對待每一堂課，每一次作業，積小勝為大勝，獲得學業上的成功。

二、凡是孩子自己能做的事情，家長絕不要插手，更不能包辦。若一時搞不清孩子能不能做到，應該讓他先試一試，家長再決定幫不幫、幫到什麼程度。要想使孩子意志堅強，家長自己先要做一個理智的人、能保證自己的「愛心」不氾濫的人。

三、學會拒絕。對孩子的不合理要求，家長必須學會拒絕，否則就是在鼓勵孩子放縱感情。這方面特別要注意的是夫妻間要理念一致，以免孩子鑽漏洞。絕不可以認為誰滿足孩子的一切要求誰就是愛孩子，那樣會使孩子任性的，任性是學業成績不好最重要原因之一。

四、學會「撤退」。當孩子遇到確實解絕不了的學習問題時，家長不要硬逼他完成什麼指標，要「撤退」。「撤退」不等於「敗退」，「撤退」之後要想辦法找內行的人看看孩子問題到底出在哪裡，加以解決。明明打不勝的仗硬要打，很容易摧毀孩子的意志。

五、延遲滿足。對孩子的合理要求，只要情況允許，最好也不要立刻滿足，要讓他等一些時間，讓他學會忍耐，讓他知道這個世界不是為他一個人準備的，他所要的東西不是立刻就可以到手的。要磨孩子的性子，磨他的脾氣，使他變得更有彈性，更有耐心，這對學習是非常重要的，因為學習是慢功，不能一蹴而就。

六、幫助孩子制定學業目的和計畫。對每章、每節的學習，要制定出目的和計畫，且要經常檢查和監督。對日常生活中的許多小事，也要有計劃和目的。比如，為了培養自理能力，堅持讓孩子自己洗衣服，自己打掃

房間等，日積月累，就會養成做事有目的性的習慣。

七、對孩子進行適當的挫折教育。學習中的「失敗」，是任何孩子都不能避免的，關鍵是教他如何面對失敗。遇到困難和挫折時，幫孩子冷靜分析其原因，看看用什麼辦法才能克服困難，切忌動輒就給予幫助和呵護。這樣容易使孩子的意志不斷地被「軟化」，無法承受暴風雨的襲擊。

八、要求孩子讀書時要一心一意。有的孩子讀書時，經常是削削鉛筆，碰碰這個，摸摸那個，總不能集中精力去讀書。有時懾於家長的威嚴，在那裡磨時間，其實是他對讀書不感興趣。為了養成一心一意的習慣，可適當縮短其學習時間，要求在一定時間內完成一些作業，做完後，就可以痛痛快快地玩。不以時間的長短來判斷學習效果。如果常常在那裡磨時間，容易形成一種惰性，一遇到困難就止步不前。

九、形成良好的習慣。孩子意志水準的高低往往取決於是否有良好的習慣，獨立思考、持之以恆、鍥而不捨、循序漸進等都是些良好的習慣。而一曝十寒、半途而廢、虎頭蛇尾、知難而退等，都是些不良的習慣。

十、給孩子找點需要長期堅持的事情做。例如天天掃地，堅持晨練，寫日記，照顧鄰居老人，為教室開門等等，至少要能堅持一個學期。這種事對培養孩子意志作用很大。不過不要硬逼，要和孩子商量，讓孩子自己下決心。中間如果孩子半途而廢，家長不要發火，要再給孩子機會。培養耐性本身就需要家長有耐性，不能急於求成，也不要講什麼大道理。培養意志靠的是行動，而不是說教。

這樣看來，能否培養孩子毅力，這是對家長教育藝術的考驗，更是對家長毅力的考驗。意志堅強的家長才能培養出有毅力的孩子。

鄰人的禍患就是你的禍患

人的本質是愛的相互存在，人的生活是與他人的相互交往構成的。培養孩子從小樂於幫助他人的美德，對孩子今後具有高尚的情操、健全的人格有不可估量的影響。

樂於助人是猶太人格外崇尚的美德。猶太兒童從小就被灌輸樂於助人的思想。猶太拉比經常告訴孩子一個故事：

從前一個農場裡有個叫羅思的年輕人。有一天接近黎明時，窗戶外一片混亂，被驚醒的羅思睜開惺忪的雙眼，他猜出是惡狼闖進了鄰居家的畜圈，咬得牲口在院子裡直叫。「羅思，我還以為您不在家呢！」早晨見了面，鄰居責備他說，「我家的一頭小牛犢被狼拖走了，您怎麼不帶著獵槍出來搭救一下呢？」「我實在困倦，累得要命，睡得太死！」羅思打個哈欠說，「我什麼都沒聽見啊……」

沒過多久，羅思晚上入睡時忘了關門，狼闖進他家把他的孩子咬死了。

不要裝聾作啞，無視鄰居的禍患。

現實生活當中，常常會有些事情給人帶來喜悅或煩惱，帶來幸福或悲傷，帶來順利或困難，帶來成功或失敗。無論處於何種境地，人都需要別人給予相應的理解和幫助。因此，培養孩子樂於助人的精神，就成為兒童教育中的一個重要課題。猶太人是這樣做的：

首先，佈置有用的任務。讓孩子在鄰居之間或是校園裡做點有益的事情，比如照料寵物，做飯，教弟弟妹妹們做遊戲，或者給不幸的孩子製作玩具，這些都可以培養大多數孩子樂於助人的品德。當然，並非所有的孩

子都能自發地做這些事情，必須有人鼓勵他們，教他們，甚至有時需要規定他們。

其次，父母以身作則。要培養樂於助人的核子，最重要的就是：如果你希望孩子表現得體貼、大度、肯幫忙，你就必須身體力行，示範給孩子看。要是你自己都言行不一，孩子只會模仿你的行為，即使你把原則和指令講得頭頭是道，也一點用處也沒有。

再次，要創造溫馨的家庭環境。有些父母愛孩子，教育孩子時經常鼓勵孩子，他們的孩子就總是樂於助人、更為別人著想、更富有同情心。這反映出孩子效仿了你的行為。要是孩子情緒好的話，他是極有可能幫助別人的，所以努力讓他保持那種狀態是非常值得的。

最後，訂立規矩，並且解釋。有些父母會對孩子說：「要是你打他，會弄痛他的。」然後他們會向孩子解釋這類行為的後果，然後指出「你不可以打人」這條原則。他們用這種方法培養的孩子更具有同情心。

有許多研究證明，對孩子闡明慷慨助人的理由，尤其是強調說明他人的感受時，最能幫助孩子養成體貼、友善的行為方式。

品德決定成就高低

猶太父母除了教育孩子熱愛學習，掌握知識，擁有智慧外，還總是給他們講品德的重要性，鼓勵孩子從小就要做一個品德高尚的人。

事實上，所有取得巨大成就的人，無一不具有高尚的道德情懷。

那麼，如何培養孩子的品德呢？以下是為猶太人所推崇的居里夫人的品德教育方法，總結起來包括以下四個方面：

首先，教育孩子必須熱愛祖國。除了教孩子波蘭語外，居里夫人還以自己致力於祖國科學發展和幫助波蘭留學生的行動感染伊倫娜和艾芙。最為突出的是，她以祖國波蘭來命名首次發現的新元素「釙」，表現了她濃濃的赤子之情。

其次，培養孩子勇敢、樂觀、堅強、克服困難的品格。她常告誡兩個女兒：「我們必須有恒心，尤其要有自信心。」

再次，培養孩子重實際、不空想的作風。她與子女共勉道：「我們不應該虛度此生。」

最後，培養孩子節儉樸實的品德。居里夫人對女兒的愛，表現為一種有理智的愛，一種有節制的愛。她對女兒生活上嚴加管束，要求她們「儉以養志」。她教育女兒說：「貧困固然不方便，但過富也不一定是好事。必須依靠自己的力量謀求生活。」

每位父母都應該像猶太人那樣，重視對孩子的品德教育。從孩子懂事的時候起，告訴他們從古到今的各種勸人行善的故事，謳歌仁愛、友情、度量、勇氣、犧牲的篇章，把孩子培養成為品德高尚的人。

培養孩子博愛之心

父母和孩子一起參加有組織的社區服務活動，定期幫助他人，不僅能培養孩子關心他人的品德，增加孩子的親和力，也能教會他們許多社會技能，使他們懂得合作的重要性，以及鍥而不捨、持之以恆的價值。

在美國和歐洲各國，猶太社區會舉行一些社區服務活動，大多數孩子會定期參加這些類似幫助弱者的活動。這些活動使孩子們對幫助他人有

了親身體驗，也就懂得了活動的真正含義，因而養成了助人、博愛的好習慣。

如果父母不是某些宗教和社區服務團體的成員，不能讓孩子參加社區服務，那麼下列活動可以幫助孩子培養博愛之心：

做飯時讓孩子在廚房幫忙。

參加拯救瀕危動物組織。

幫助鄰居打掃環境衛生。

為老年人讀報。

給小孩當家庭教師。

和生病的小朋友一起玩耍。

當然，這些活動最好是父母與孩子共同參加，優先選擇那些能引起孩子興趣的，對家人和孩子有意義的活動。

品格高尚者永遠生活在白天

有一次，一位極有名望的高官前去看望猶太大哲學家斯賓諾莎。這位高官見他穿著一身皺皺巴巴的睡袍，不禁大驚小怪，並提出要送他一身新睡袍。斯賓諾莎平靜地說，一個人並不會因為有了一件好睡袍而變得更有價值，同樣，「給一錢不值的東西加個昂貴的包裝是極不合理的」。

斯賓諾莎的話雖然不符合目前商業社會的潮流，卻道出品格的意義。《舊約聖經》是猶太人永恆的聖書，《塔木德》則是猶太人實際生活的指南，而《塔木德》最提倡的就是倫理道德，這一切構成了一個人主要品格的底線。

謙虛給人們帶來力量。

《塔木德》告誡人們說：「儘量隱藏自己的優點和功績，就像是隱藏你自己所做的壞事一樣。」同時又說：「爬上知識之路，即達謙虛之頂。」

在猶太人的歷史中，那些賢人拉比不管遇到什麼人，都認為對方有優於自己的地方。

假如所遇到的人比自己年長，他們就認為他比自己更優越，因為他積善行的機會比自己多；

假如遇到的人比自己年輕，他就認為他所犯的罪比自己少，而同樣尊敬；

假如別人所過的生活比自己富裕，拉比就認為他比自己做過更多的努力；

假如所遇到的人比自己貧窮，就會認為他嘗過自己沒有經歷過的痛苦，所以比自己有修養；

假如他遇到比自己聰明的人，就對他的智慧表示敬意；

假如所遇到的人沒有自己聰明，拉比就認為他所犯的錯誤比自己少。

對於猶太人來說，一個人如果是為了求得別人的讚賞而誇耀自己的謙虛，這是非常卑鄙的行為。在他們的眼中，真正的謙虛絕非有意的做作，而是自然的流露。

正因如此，猶太人有這樣兩句諺語：愈是果實累累的葡萄，愈會垂下頭來；愈是偉大的人，愈平易近人。

水是由高處流向低處的，不流動的水是死水，容易堆積髒的東西；由高處向低處流的水，則是非常清澈透明的。

一位猶太父親對兒子說：凡品格高尚者，會永遠生活在白天，事業上

很少絆腳石。反之，品格惡劣而又不懂自我提高修養者，永遠行走在黑暗中。

只有行動才能體現美德

西元前，古代以色列的律法師擔負著宣講教義，訓誡百姓的職責。久而久之，一些律法師藉著至高無上的教義，使這些律法師本身彷彿也成了公理與道義的化身。但他們自己往往就不照教義上所說的去做。

一位拉比非常厭惡這些人的行徑，常常當眾揭露他們的虛偽，這使那些律法師們很不痛快。一天，一個地位很高的律法師存心跟這位拉比過不去，上門來找麻煩：「我該怎麼做，才能獲得你所說的永生呢？」

「你是律法師，」拉比說，「律法上寫的你還記得嗎？」

「我當然記得。」律法師不假思索地說，「《塔木德》上記載著，『你要盡心、盡力，既愛你的上帝，又要愛鄰舍如自己』，這些，我早就背得滾瓜爛熟了。」

拉比淡淡一笑，說：「你只要照你說的去做，你就能獲得永生了。」

律法師知道自己做不到這些，所以故意跟拉比糾纏：「可是，我的鄰居又是誰呢？」

拉比並沒有直接回答他，而是講了下面這樣一個故事：

「從前有一個人，從耶路撒冷到耶利哥去，半路上遇到了強盜。強盜搶走了他的錢財，並把他打得遍體鱗傷，扔在路邊。一個祭司從旁邊走過，四下看看沒有人，就匆匆繞過倒在血泊中的遇難者，自顧自走了。

過了一會兒，一個商人又從遇難者身邊走過，他只是更當心自己的錢

袋，逃離了這塊危險的地方。只有一個撒瑪利亞人經過這裡時，救下了遇難者，把他送到附近的客棧裡養傷，並為他交付所有的費用。」

拉比講完故事，問律法師：「這三個人中，哪一個是那遇難者的鄰居呢？」

律法師臉紅了，只得回答說：「當然是那個撒瑪利亞人。」

拉比接著說：「一點兒也不錯，你就照著他的樣子去做吧！」

一位猶太教育家說——只有行動才能體現美德。

猶太父母經常對孩子講這個故事，教育孩子不要像那個律法師一樣，自以為具備高尚的品德，什麼道理都懂，卻從來不用行動去體現它們。

私下能約束自己才算神聖

猶太人有這樣一個觀念——人類居於動物與天使之間，越靠近天使，就越接近神聖。

「那麼，神聖到底是什麼呢？」一位拉比問學生。

學生紛紛答道，為神犧牲生命是神聖；經常禱告是神聖；守安息日是神聖等等。各種回答不一而足。

可是拉比卻說：「正確的答案是：神聖就是選擇吃的東西，和你怎樣去做愛。」

學生一聽此言，頓時譁然：「什麼？難道不吃豬肉啦，什麼時候不可以做愛啦，就是神聖之事嗎？」

拉比給出的理由很簡單，也很實在：守安息日的狀態，大家都會知道；為了神而犧牲生命的事，別人一看也可以知道。然而，你在自己家裡

吃什麼，別人並不知道。在大庭廣眾之下，吃的都是猶太律法規定可以吃的東西；但回到家裡卻吃了完全不同的東西，這樣的情形完全可能發生。性行為也一樣。沒人看得見你做愛時的情況，是否遵守律法的規定，只有你自己知道。這就是說，在家裡飲食時和發生性行為時，人類可以任意站在動物與天使之間的任何一個位置上。唯有這個時候，能夠提高自己的人才是真正的神聖。

通常，在眾人面前受到社會的壓力，遵守規範是比較容易的。而單居獨處之時，外界壓力完全消失，只剩下內心的良知抵禦著蠢蠢欲動的惡念，唯有此時能把持得住自己，方算得上有道德根底的人。

דומלת

塔木德

第17輯

如何進行財富教育？

即便是一分錢也不亂花

猶太人從小就培養孩子節約的習慣。

猶太拉比經常這樣講：

習慣是一種動力定型，是長期積累和強化的結果。孩子從小就應養成勤儉節約的好習慣，如在幼稚園時應自覺愛惜食品、玩具、圖書和衣物。小學階段應養成不亂花錢的習慣，愛惜糧食和求學、生活用品，愛護公物等。中學階段應養成生活節儉，不浪費，不亂花錢，不向父母提出超越家庭經濟條件的要求等。

猶太父母經常對孩子講故事，來教育他們養成勤儉的好習慣。

從前有個工匠手藝很好，做出來的東西不但精巧，而且耐用，所以生意很好，賺的錢也不少。可是工匠好吃、好穿、好玩，因而錢雖然賺得不少，卻老是不夠用。工匠有個鄰居，是個大富翁。他聽人說這個富翁原來很窮，後來不知怎麼的，錢就漸漸多了起來。工匠便想去請教富翁，問他應該如何才能有錢？

到了富翁家，他先說明來意。富翁聽了，微微一笑說：「這個嘛！說來話長，卻也很簡單，你且等一等，讓我先把燈熄了，再好好對你說。」說著，順手就把燈關了。工匠原也是個聰明人，一看這個情形，馬上便明白了，立刻高高興興地站起來，說：「先生，謝謝你，我已經都明白了，原來致富之道就在於『勤儉』二字，是不是？」

勤儉節約是一種美德，也是一種致富之道。勤是勤勞，儉是節儉。賣力工作固然能增加收入，但還要懂得當用則用，當省則省，才能積聚財

富。

猶太人在勤儉節約方面是這樣教育孩子的：

一、利用各種機會，向孩子講述勤儉節約是一種美德，講述自己家庭勤儉節約的家史，讓孩子從小就受到啟發和教育。讓他們知道古今中外，有多少仁人志士，以勤儉節約為榮，克己奉公，一心努力在事業上，取得了偉大的成就，並且在史冊上寫下了光輝的篇章。這些一直為人們所傳誦和稱道，是教育孩子的好教材。讓孩子懂得一粒米、一滴水、一度電來之不易，都是人們辛勤勞動換來的。

二、要讓孩子真正地認識到勤儉節約的意義。要使孩子懂得，今天的好生活、好日子是來之不易的。教育孩子懂得節約一分錢、一粒糧食、一度電、一滴水的作用。一滴水不算多，一滴一滴匯成河；一粒米不算多，一粒一粒堆成垛。教育孩子懂得浪費就是犯罪，節約就像是燕銜泥，浪費就好比是河決堤。如孩子從小不養成勤儉節約的習慣，將來危害社會不說，還會害父母、害自己。

三、從小事著手，在實踐中鍛鍊，嚴格要求。在家裡，父母應做好培養孩子勤儉節約的習慣，從小事做起，從眼前做起。不要讓孩子亂花錢，該給的錢父母給，不該給的錢不給，即使小孩自己的壓歲錢也不能讓其亂花。使用文具要節約，一張紙寫錯了字，擦掉還可以用；生活上也要講節約，衣服破了個洞，補好了還可以穿，人離去燈要熄滅等等。同時，要讓孩子學會廢物利用。比如可用易開罐做個花籃，將舊涼鞋剪成拖鞋等等。這樣既可培養孩子的節約習慣，又是一種手工練習。

四、父母要做孩子的榜樣，以實際行動感染孩子。家長要具有良好的勤儉節約的習慣，如不具備，就要自己與孩子一起來養成節約的好習慣，勤儉治家，只有在勤儉節約的家庭環境薰陶下，才能培養孩子節約的好習

慣。

　　五、指導孩子如何運用零用錢。首先，家長給孩子零用錢要有計劃，要限止數額，不要有求必應。其次，家長要過問孩子把錢花在了什麼地方，每次給錢時，可讓孩子說說上次的零用錢用在哪裡。用得不當，應予批評，甚至暫停「援助」。另外，家長要鼓勵孩子該用的地方要大大方方地用，能少用的就不要多用，能不用的盡可能不用。

有錢不賺無異於犯罪

　　猶太人認為賺錢是天經地義，是最自然不過的事情。他們總是教育自己的孩子如果能賺到的錢不去賺，那簡直就是犯罪，會遭到上帝的懲罰。對於猶太人來說，表面上看，耶和華上帝是猶太人唯一的神，但實質正如猶太精英之一的卡爾·馬克思所言：「錢是以色列人的妒嫉之神；在他面前，一切神都要退位。」為了錢，追求錢，猶太商人的人生目標簡單直接，清晰明確，這對在金錢上獲得成功極有助益。

　　猶太人愛錢，但從來不隱瞞自己愛錢的天性。所以人們在指責其嗜錢如命、貪婪成性的同時，又深深折服於猶太人在錢面前的坦蕩無邪。猶太兒童從小就知道，只要認為是可行的賺法，猶太人就一定要賺，賺錢天然合理，賺到錢才算是聰明。這正是猶太人經商智慧的高明之處。

　　猶太商人賺錢強調以智取勝。猶太人教育孩子說，金錢和智慧兩者中，智慧比金錢重要，因為智慧是能賺到錢的智慧，也就是說，能賺錢的智慧才是真智慧。這樣一來，金錢成為智慧的尺度，智慧只有化入金錢中，才是活的智慧，錢只有化入智慧之後，才是活的錢。

基於這樣的觀點，在猶太人看來，即使是一個知識十分淵博的哲學家或學者，如果賺不到錢，那麼學者的智慧也只是假智慧、死智慧；真正有智慧的人，是既有學識又會賺錢的人，所以猶太人不會讚美一個家徒四壁的飽學之士。

在別人看來無可借助的條件下，猶太商人也能順順當當地賺到錢。因為猶太商人在賺錢時，對於所借助的東西，是從不存在任何感情的。只要有利可圖，且不違反法律，萬物都是可以拿來用的。

猶太人愛錢，儘管他們唯利是圖，卻不贊成不擇手段的拜金主義，所以在猶太商人中拜金主義極少，他們之中大部分人都遵守賺錢的遊戲規則。只要是賺錢，他們不會與任何一次機會失之交臂。

猶太人認為，商人追逐利益，這是沒有任何錯誤的。它是一個商人的天職，就像一個將軍帶領軍隊打仗，其目的就是要打垮對方的軍隊。商人把我們需要的一切東西提供給我們，並且利用這種交換行為得到自己所需要的金錢，這是一種利益交換的行為。如果經商不把賺錢放在第一位，就等於我們認同的勤勞、智慧和勇敢等一切美德毫無價值。

猶太人常對自己的孩子說：商場如戰場。在戰場上，向來都是以成敗論英雄的，而在商場這個特殊的戰場，成敗的關鍵就是把對手的錢變成自己的錢，把大眾的錢變成自己的錢。

賺錢就是為了享受

賺錢是至關重要的，但是一個人如果只知道賺錢和工作，而不知道休息的話，他就會失去人性。因此在假日裡，人們應該真正脫離所有的工作

羈絆，快樂地享受生活。

如果你問一個猶太人：「人生最終的目的是什麼？」

憑著我們對猶太人的認識，會認為他一定會回答：「還不是為了賺錢？！」那就大錯特錯了。

事實上，相當多的猶太人一定會這樣回答：「人生的最終目的就是可以隨心所欲地吃到美味可口的食物！」

如果你不服氣，再進一步地追問：「那麼，人到底為什麼工作呢？」

猶太人會毫不猶豫地這樣告訴你：「人就是為了吃到美味的食物而工作的呀！並不是為了儲備做工的精力而吃東西！」

猶太人經常算這樣一筆帳：「如果一個人一天工作8小時不休息，那麼一天可賺400美元，而那樣的話我的壽命將減少5年，按每年收入12萬美元計算，5年我將減少60萬美元收入。而如果我每天休息一小時，那我除損失每天1小時50美元外，將得到5年每天7小時工作所賺的錢。現在我已經60歲了，假設我按時休息還可再活10年，那麼我將損失15萬美元，15萬和60萬比，誰大呢？」

猶太人亡國兩千多年，四海為家，備嘗迫害虐待之苦，幸而他們自信為上帝的特選子民，手握世界的商業界及金融界的經濟大權為武器，令全世界的人們只能望其項背。因此猶太人炫耀他們的雄厚財力，最理想的時刻就是在豪華的晚宴之時。猶太人為了對朋友表示最高的敬意和偉大的友誼，交易完成後一定會邀請客人共進豐富的晚餐。進餐的場所，可以在家中，但更常選擇高級的豪華餐廳。猶太人把吃當作人生的目的，而在一日三餐之中，又以晚餐為重點。

猶太父母總是這樣對孩子說：人生的樂趣幾乎完全集中在晚餐的飯桌上，因此絕不能夠五分鐘、十分鐘就把所有的味道品盡，所以猶太人的晚

餐至少花費兩小時以上。他們絞盡腦汁，用盡一切方法把辛辛苦苦賺來的大筆金錢，毫不吝嗇地花在豐盛的晚餐上，藉此領略人生的樂趣，享受生活。

賺錢，是為了更好地休息和享受。所以，人應該在工作之餘，學會好好休息。生活很緊張，有很多人常常為了努力工作賺錢達到自己的奮鬥目標，而逐漸遠離自己本來所擁有的生活。猶太人認為，乍見之下，忙碌似乎是一種努力工作、努力學習的精神，其實並不是這樣，忙碌並不值得稱讚，只有有效率的工作學習才值得大家讚揚。為此，猶太人喜歡穿上筆直挺拔的晚禮服，溫文爾雅地步入豪華的餐廳，享受一頓豐富的盛筵。

猶太人在工作時可以拚命地賺錢，但在閒暇時間則非常重視自己的度假。因為賺錢就是為了享受。猶太人恐怕是世界上擁有假日最多的民族，遍佈世界各地的猶太人也很自然地把度假當成是自己的生活一部分。在享受假日時，猶太人從不談論有關工作的事，不閱讀有關工作的書，不思考有關工作的問題，也不從事有關工作的計畫，他們唯一做的事就是全身心地放鬆和娛樂。

在猶太人心中，賺錢是至關重要的，但是一個人如果只知道賺錢和工作，而不知道休息的話，他就會失去人性。因此在假日裡，人們應該真正脫離所有的工作羈絆，快樂地享受生活。

《塔木德》上寫著：「由人來安排假期，而不是由假期來控制人。」因為在猶太人的心中，解放自己的日子，才是真正的假日。如果一個人在8小時的工作之餘還在為工作煩惱，或者把工作帶回家來做，他是很不幸的，因為他犧牲了和家人團聚和自己休息的時間，這是得不償失的。

所以我們也要告訴我們的孩子：

除了要努力工作，也要學會如何休息，才會擁有一個豐碩的人生。

要零用錢就必須好好工作

　　猶太人認為，勤勉或懶惰很少來自一個人的本性，很少有人一生下來就是辛勤的工作者，也很少有人是天生的懶惰蟲，而大多數人的勤勉或懶惰都是習慣所致。此外，孩童時期的家庭環境以及所受的教育，也都有很大的影響。

　　勤勉有兩種：一種是外力強迫的勤勉，另一種是自願的勤勉。

　　在貧窮時代裡，猶太人為了生活，咬緊牙關辛勤工作，在非常惡劣的環境中，長時間地從事體力勞動，因為如果不這樣的話，便無法維持生活。

　　這是一種很讓人不情願的勤勉，唯有自覺的勤勉才能真正長久地堅持下去，成為一種良好的習慣。

　　因而在猶太人的家庭裡，猶太人的父母很注意培養子女的勤勉，比如父母們經常會給他們的小孩一份清單：

　　「吉米拖地15美分，收拾好自己的床鋪10美分，清除花園的雜草20美分。」

　　「瑪麗澆花10美分，洗碗10美分，收拾房間30美分。」

　　父母告訴孩子們這就是他們的零用錢。要零用錢就必須自己好好工作，不然就不能得到他想要的零用錢。如果他想得到更多的零用錢，那他就只有在家裡做更多的家事，父母不會隨便地給他們錢，目的就是鼓勵他們多工作。

　　猶太父母們這樣做的意圖很明顯，就是要孩子們知道只有努力工作才可以得到收穫，而懶惰的人是什麼也得不到的。這樣，等到這些孩子長大

了，大多都能勤奮工作。

因而，猶太民族的勤勉和任勞任怨的程度是其他民族的人少見的，猶太人裡有不少是「工作狂」，他們的敬業精神讓其他民族的人敬服。

實際上，所有人要想獲得成功，必須經過超人的頑強奮鬥，通常性的奮鬥是很難成功的。

猶太民族是世界最努力的民族，猶太人似乎是一群從來不知道疲倦的辛苦工作的人，他們可以在長期的工作中忍辱負重地工作而沒有絲毫的怨言。人們在猶太巨富的身上可以看到，他們通常都可以長期默默地埋頭工作而不為外人所知曉，人們似乎早已經忘記了他們，而他們也似乎和這個世界沒有任何關係，然而有這麼一天，他們卻獲得了意外的巨大成功。人們不能不為這些勤勞的人感到驕傲。

只要勞動每個人都會有收穫

《塔木德》中說：允許向非猶太人放高利貸，只是一種謀生手段，它可以使猶太人在沒有別的謀生手段時賺得足以維持生活的錢。

讓孩子用勞動賺錢是每個猶太人家庭常見的教育方式。在猶太人家庭中，如果一個孩子不做完他責任中的雜務，父母就不會給他零用錢，或者是拿走他的零用錢作為懲罰。猶太家庭認為，孩子們應該懂得勞動和工作的價值。當孩子們學習做各種家務時，他們就可以學習到獨立生活的各種基本技能。

在家事的分配上，不要給孩子太多的工作或是責任，因為這有可能會引起孩子的不平與怨忿。父母教孩子完成工作比自己親自完成工作要費更

多的時間。對於孩子們的努力和完成得非常出色的工作，父母要給予充分的肯定。

讓孩子明白家務事和日常的例行事務是生活的一部分。在家庭雜務之中，父母要先把各種小的責任分派給年紀小的孩子們，然後，根據孩子的年齡，再派給他們一些難度相當的工作。

隨著孩子們年齡的增大，他們希望得到更多的特權。

在家庭中自從有了為零用錢而勞動這個規定，就出現了把賺到零用錢的各種方法製作成圖表在家庭中作為記錄的方式。這種做法對於任何孩子都有很好的效果，特別是對於十幾歲的孩子效果更為明顯。

父母可以為家中的孩子列一個家庭雜務和日常例行事務的清單，每件工作價值一定數額的金錢，完成這項工作的孩子得到一定數額的零用錢。把各種工作公平地分給家中所有的孩子，不要給孩子一筆零用錢，然後又把這筆錢拿走。有了這個圖表之後，你就會發現你的孩子個個都很能幹，至少比你想像的要能幹。許多家庭雜務都是孩子們能完成的。勞動讓孩子明白：只要勞動每個人都會有收穫。

正如一位猶太母親說：

家庭勞動改變了孩子們的生活，孩子們不再為家庭雜務而爭辯不休。他們意識到，如果不按照父母所交代的任務而工作，就得不到零用錢。如果一個家庭中只有一個孩子，你可以找別人家的孩子來做這件事，把這份錢讓別人家的孩子賺走，也是一件很不錯的事情。

不是每個提款機裡都能取到錢

理財能力是一個人必須具備的重要能力。它關係到孩子一生的發展和幸福。

《塔木德》中說：節約是生財之源，節約是理財之方。

拉撒亞是個十分聰明的孩子。他手中的零用錢總是不斷增加，他父親總是很慷慨地買霜淇淋、糖果給孩子。拉撒亞的教師發現這個情況後，找到拉撒亞的父親，勸他不要慣壞了孩子，希望不要給孩子太多的零用錢。父親只好不給孩子那麼多錢了，可是孩子總是能從慷慨的父親手中弄到錢，而且花錢越來越大方。漸漸地這位父親才叫苦不迭，可是孩子已經養成了習慣，一旦不給他錢，他就恨父親。

在生活中，大多數父母進商場或超市之前，總要塞上幾張大額的鈔票，這樣才覺得在孩子面前有面子。

如果這樣想就完全錯了。當你把這麼多錢暴露在孩子面前時，孩子心裡會想自己的父母有很多的錢，這時他就會有著很多的欲望，一到了超市或者是商場，見到那些五花八門的商品，就會大膽地採購。原因是，他認為父母的口袋中有不少的錢，購買東西時從不知道選擇。在他們看來，立即得到一件東西滿足自己是再正常不過的事情了。

父母的這種作法最容易弄巧成拙，這種擺闊只會助長孩子的欲望。

孩子的這些費用不僅要由你來承擔，而且金錢知識也是從你那裡得到的。

聽到過許多孩子都對他們的父母說：「從那個取款機中就能得到錢。」科技的進步讓許多孩子在犯同一個錯誤，他們總是在認為取款機中

的錢是取之不盡、用之不竭的。我們應該對孩子說，取款機裡的錢是要先存進去後，才能取出來。要在銀行存錢，就得先賺錢。

在生活中我們常常會遇到這樣一些很為苦惱的父母，他們總是在向人詢問，怎樣才能讓孩子懂得節約、不亂花錢？

誰也沒有絕招來解除你的苦惱，除非你在每一天中都用你的言行、奮鬥、你的成就向孩子灌輸著有關金錢的知識。

孩子就是生活中的一雙眼睛，父母的一言一行都會在孩子心中留下一個印象，並成了他們學習的參照物。為了讓孩子養成不亂花錢，懂得節約的好習慣，父母在生活中就得讓孩子理解金錢是來之不易的。

如有機會，父母可以把孩子帶到工作的地方，讓孩子看自己是怎麼工作的，理解自己工作的辛苦，讓孩子知道，自己就是這樣工作才獲得金錢。孩子在亂花錢時，就會想起父母工作的辛苦，他就會養成節約的好習慣，除非他自己能賺錢了，他才會心安理得地花著自己的錢，去享受著他真正的人生。

猶太聖賢比特拉赫說：當你從一個經濟危機滑向另一個經濟危機後，會碰到更多危機，而且永遠不得逃脫。你必須改變自己的觀念和行為方式。

與孩子簽定一份備忘錄

洛克菲勒在教育子女方面非常嚴格，從小就鍛鍊子女吃苦耐勞和獨立自主的能力。洛克菲勒建立了他的金錢帝國，但他絕不任意消費這些金錢，也絕不允許自己家族的成員躺在帝國的大廈裡恣意揮霍。他僅僅把自

己當作這個帝國全部財產的管理者，而不是擁有者。

　　他的兒子小約翰・Ｄ・洛克菲勒繼承了父親的優點，同樣把勤勉和節儉視為整個家族不可丟棄的傳統。不知是巧合還是故意的安排，1920年5月1日，在國際勞動節這一天，小約翰・Ｄ・洛克菲勒給自己14歲的兒子寫下一封信，指定將來兒子要成為洛克菲勒基金會的主席，同時，與兒子簽下了一份備忘錄。

　　這份備忘錄其實是一份關於教孩子約翰應當如何處理零用錢的，共計14項要求，現抄錄如下：

　　1.從5月1日起，零用錢起始標準每週1美元50美分。

　　2.每週末核對帳目，如果當週約翰的財政記錄讓父親滿意，下週的零用錢上浮10美分。

　　3.每週末核對帳目，如果當週約翰的財政記錄不符合規定或無法讓父親滿意，下週的零用錢下調10美分。

　　4.在任何一週，如果沒有可記錄的收入或支出，下週的零用錢保持本週水準。

　　5.每週末核對帳目，如果當週約翰的財政記錄合乎規定，但書寫或計算不能令爸爸滿意，下週的零用錢保持本週水準。

　　6.爸爸是零用錢水準調節的唯一評判人。

　　7.雙方同意至少20%的零用錢將用於公益事業。

　　8.雙方同意至少20%的零用錢將用於儲蓄。

　　9.雙方同意每項支出都必須清楚、確切地被記錄。

　　10.雙方同意在未經爸爸、媽媽或家庭教師的同意下，約翰不可以購買商品，並向爸爸、媽媽要錢。

　　11.雙方同意如果約翰需要購買零用錢使用範圍以外的商品時，約翰必

須徵得爸爸、媽媽或家庭教師的同意。後者將給予約翰足夠的資金。找回的零錢和標明的商品價格、找零的收據必須在商品購買的當天晚上交給資金的給予方。

12.雙方同意約翰不向任何家庭教師、爸爸的助手和他人要求墊付資金（車費除外）。

13.對於約翰存進銀行帳戶的零用錢，其超過20%的部分（見細則第八款），爸爸將向約翰的帳戶補加同等數量的存款。

14.以上零用錢公約細則將長期有效，直到簽字雙方同時決定修改其內容。

最後，是小約翰‧D‧洛克菲勒和他兒子約翰的簽名。

這樣一份合約，大概會讓我們大大出乎意外，大跌眼鏡。可是，這正展現了猶太人對孩子進行財富教育的一項基本原則。

דומלת

塔木德

第18輯

如何進行生活教育？

自己的事情自己做

「自己的事情一定要親自去做。哪怕你完成得沒有別人好，那終歸也是你自己的成果。只有一次一次的不好，才能換來以後的完善。如果總是依賴別人，那麼你的一生將始終與貧窮和低聲下氣為伴。」猶太人常常這樣教育孩子。在他們看來，孩子有了自己的能力和地位後，與家人和社會的溝通才會變得更容易，才更能適應周圍環境的變化。

有一個猶太商人有兩個兒子。父親寵愛大兒子，他想把自己的全部財產都留給他。但是母親很同情小兒子，她請求丈夫先不要宣佈分財產的事。她總想找個辦法讓兩個兒子分得平均一些。商人聽從了妻子的勸告，暫時沒有宣佈分財產的決定。

有一天，母親坐在窗前哭泣，一位過路人看見了，就走上前來，問她為什麼哭得這麼傷心。她說：「我怎麼能不傷心呢？對我來說，兩個兒子都一樣親，可是我的丈夫卻想把全部財產留給大兒子，而小兒子什麼也得不到。在我還沒想出幫助小兒子的辦法以前，我請求丈夫先不要向兒子們宣佈他的決定。但是我到現在也不知道怎樣才能解決這個煩惱，過路人說：「你的煩惱其實很容易解決。你只管讓丈夫向兩個兒子宣佈，大兒子將得到全部財產，小兒子什麼也得不到。但以後他們將各得其所。」小兒子一聽說自己什麼也得不到，就離開家到耶路撒冷去謀生了。他在那裡學會了許多手藝，增長了知識。而大兒子一直依賴父親生活，什麼也不學，因為他知道，他是富有的。

父親去世後，大兒子什麼都不會，最後把自己所有的財產都花光了；

而小兒子卻在外面學會了賺錢的本事，變得富裕起來。

實際上，在不少發達國家，對在校學習的孩子要求也是非常「刻薄」的。在日本，許多學生利用課餘時間，在飯店端盤子，洗碗，做家教，在商店當店員或照顧老人等，以此賺錢交學費及零用。美國人一貫教育孩子自主自立，7、8歲的小孩就成了「小商人」，出售他們的「商品」來賺零用錢。美國中學生有個口號：「要花錢自己賺。」每逢假期，他們就成了打工族，自食其力。

現代家庭裡的孩子大多是獨生子女，物質生活相對優越，許多事情都由大人包辦，衣來伸手，飯來張口，孩子在這樣的環境中免不了失去獨立生活的能力。這對以後孩子參與社會競爭是十分不利的。為人父母者要從小就培養孩子的獨立能力。家長應該讓孩子成長為一棵獨立支撐、獨當一面的大樹，而不是靠大樹遮風擋雨的、經不起風吹雨打的脆弱小草。

有個一周歲左右的小男孩，被年輕的媽媽牽著小手來到公園的廣場前，等到要上有十幾個階梯的臺階了，小男孩一下子賺脫開了媽媽的手，要自己爬上去。他用胖胖的小手向上爬，他的媽媽也沒有抱他上去的意思。當他爬上兩個臺階時，他就感到臺階很高，回頭看一眼媽媽，媽媽沒有伸手去扶他，只是眼睛裡充滿了慈愛和鼓勵。小男孩又抬頭向上看了看，他放棄了讓媽媽抱的想法，還是手腳並用小心地向上爬。他爬得很吃力，小屁股抬得老高，小臉蛋也累得通紅，那身娃娃服也被弄得都是土，小手也髒兮兮的，但他最終爬上去了。年輕的媽媽這才上前拍拍兒子身上的土，在他那通紅的小臉蛋上親了一口。

這個小男孩就是後來的美國第16屆總統——林肯。

不言而喻，人的一生有無數級臺階——求學、工作和生活。父母如何教育孩子面對和攀登這些人生的臺階呢？是牽著手、攙扶著上，還是抱

著上？不同的父母會有不同的答案。顯而易見，如果家長牽著、攙扶著孩子，就會使孩子產生依賴性，常常把父母當成靠山而難以自立。如果家長抱著孩子上臺階，把孩子攬在懷裡，那麼，孩子就會成為被抱大的一代，不經風雨，不見世面，更難立足於社會。平時，孩子飯來張口，衣來伸手，上學接送，晚上陪讀，甚至考上大學父母還要跟著做「保姆」。孩子大學畢業後找工作，又得父母套關係，當「職業仲介」……這樣，孩子是很難自立大有作為的。

猶太父母認為，再富也不能富孩子。讓孩子吃點苦，有「臺階」讓他自己爬。只有這樣，孩子才能「一鼓作氣」，攀上光輝的頂點。

勞動教育從兩歲開始

從前，在猶太的一個城鎮裡住著一個人。這個人上無片瓦，下無立錐之地，自己又無一技之長，沒有謀生的手段，每天只有靠在城裡乞討度日，生活十分困窘。那時的城市又不大，他天天走的都是那幾條街巷，討的總是那幾戶人家。開始，人們出於一種同情心，還給他一點殘菜剩飯。時間長了以後，人們就覺得他來的次數太多了，令人生厭，於是誰也不願意再給他一些食物了。為此，他只有忍飢挨餓的份兒了。

恰在此時，有個馬醫因工作太多，忙不過來，需要找一個幫手。這個乞丐便主動找上門去，請求在馬廄裡當雜工，以此換取一日三餐。這樣，他再也不用沿街乞討，晚上也不必漂泊流浪了。安定的生活使他的日子變得充實起來，他工作也格外賣力。可是，又有人在一旁取笑他了：「馬醫本來就是一個被人瞧不起的職業，而你不過是為了混口飯吃，就去給馬醫

打雜，這不是你的莫大的恥辱嗎？」這個昔日的乞丐平靜地回答：「依我看，天下最大的恥辱莫過於寄生蟲，靠乞討度日。過去，我為了活命，連討飯都不感到羞恥；如今能幫馬醫工作，用自己的勞動養活自己，這又怎麼能說是恥辱呢？」

故事中這個人的生活態度是正確的。工作沒有高低貴賤之分，在任何情況下，都是自食其力好。

猶太人認為，只有精明和勤奮的人才能有所建樹。因此他們把培養孩子愛勞動作為孩子全面發展的一種重要手段，當作早期幼兒教育的重要組成部分。他們利用幼兒期這個人類身心發展的重要階段，對他們進行早期勞動教育，讓他們在輕鬆愉快、多種多樣的勞動中獲得全面發展。他們讓孩子從小就「自己能做的事情自己做」，增強他們動手做事克服困難的信心和能力，培養他們的獨立意識。隨著孩子年齡的增長，猶太父母還會培養他們為大家做事的良好意識。

一個猶太家長這樣講道：

「我有七個孩子，家裡條件很優越，但為了給孩子更多機會學習各種勞動技能，每年我都會在夏季帶孩子到山裡去住一段時間，讓他們過山裡人的生活：餵牛、砍柴、挖水渠、給牛建圍欄、給馬洗澡。我每天要給他們任務，每個人分配不同的工作，讓大一點的孩子挖水渠、建牛欄，讓小一點的孩子照顧比他更小的孩子，這樣做的目的是讓他們在自己工作的範圍內去發現問題，去解決問題，學會並懂得如何戰勝困難。孩子們從山裡回來多了許多生活經驗，認識了各種植物，他們比其他孩子知道的多，還會把山裡學會的技巧和解決問題的方法用到課業中去。還有重要的一點就是孩子不怕吃苦了。我的七個孩子都已讀完大學也開始工作了，從他們的成長看，我認為我帶他們在山裡生活的經歷對他們有著積極的影響。」

隨著孩子年齡的增長，父母應該培養他們為大家做事的良好意識，這樣既可以促使孩子神經系統、骨骼、肌肉及各部分器官都得到鍛鍊，同時也培養了良好的社會公德。

猶太父母重視早期勞動教育通常有以下三個層面：

首先，固定工作崗位。給孩子確定一個長期固定的工作，如洗碗、鋪自己的床等，並規定明確的標準。完成得好給予一定的獎勵。有意逃避勞務的，與孩子交談，瞭解其心理狀況，視實際情況加以解決。

其次，隨時教授孩子生活技能。孩子做事常常會越幫越忙，比如洗碗反而打破了碗等，這時不應責備，更不要由此叫停，而應教給他一些技巧。

再次，選擇工作類型應有目的性。這裡有兩個原則值得借鑑：一是「推進」，孩子有哪方面的長處，可以為他選擇相關聯的勞動內容。如孩子喜歡看母親做菜，家長可以讓孩子試試手。二是「彌補」，孩子有哪方面弱點，則可以選擇一些對他弱點進行鍛鍊的勞務內容。如孩子膽小羞澀，就可以安排讓孩子上街購物等。

猶太人認為，無論孩子是聰明早慧還是大器晚成，他們所取得的成績都和環境有直接的影響，他們所受的教育也與個人是否勤奮努力都有著密切的關聯。因此，有意識地培養孩子的勞動習慣，對於今後的發展也是大有裨益的。

多思考更安全

做事情若靠蠻力，而不懂得運用技巧，效果就會大打折扣。這就好比

打棒球，你本來具有能打出全壘打的力氣，但假如你不用心選球、不曉得用正確的姿勢來揮棒的話，往往就會失誤。

　　猶太人認為，做任何事情，都要思考敏於行。他們就是這樣教育其子女的。

　　孩子的年齡小，在這個充滿迷惑的世界裡容易由於無知而受到傷害，因此在他們成長過程中需要與一些敏感的、有責任感的、瞭解他們的身心發展的成人在一起，才能機智地避開生活中遇到的災難。如果父母對孩子的控制太多，孩子將很難有機會發展獨立性，他們會更加依賴父母告訴他們該做什麼、如何做以及什麼時候做、怎麼做。我們在生活中常常會看到一些孩子不管做什麼事之前，總是不能離開父母的眼神或指導，這樣怎麼能真正地敢於嘗試，掌握做事的技能呢？

　　古埃及有一位將軍，曾經降服了一個叫科西亞的山賊做他的侍衛。科西亞力大無窮，可惜生性粗心大意，不大用頭腦。這一天，將軍騎馬，科西亞步行，兩人來到一片樹蔭下休息。見樹下有一群螞蟻在爬，將軍便對科西亞說：「科西亞，你打這些螞蟻看看。」科西亞伸出拳頭，第一次用力，地面凹進一塊，螞蟻卻沒事；再用力，痛得哇哇大叫，螞蟻還是若無其事。科西亞眼見小小螞蟻都打不死，急得滿面通紅。將軍說：「看我的。」只見他伸出食指，輕輕一揉，螞蟻一下死了好幾隻。科西亞看得目瞪口呆，將軍便對他說：「有很大的勇氣和力量，還要懂得運用謀略和智慧，只有這樣才能做大事、成大器。」

　　通常，在嬰幼兒時期，成人總是容易把自己放在發號施令的位置上，一會兒要孩子做這個，一會兒又指使做那個。對孩子來說，玩什麼、怎麼玩似乎都被大人限制住了，孩子自身的主動性思考常常無從體現。因而父母在培養孩子做事能力之前最重要的在於訓練孩子學會自己獨立的思考。

父母怎麼在做事中培養孩子的自主思考呢？猶太家長的做法值得借鑑：

一、分享孩子做事的快樂。良好的情緒情感是促進孩子智慧發展的重要因素。與孩子分享做事的快樂，能夠使孩子經常處於正常的情緒中，並且增加他做事的熱情和積極性。譬如當孩子即使做成一件很小的事時，爸爸媽媽都會真誠地邀請孩子展示一下，或者和孩子一起重新體驗一遍他做事的過程。這種情緒將極大提高孩子做事的激情。

二、父母要學會平衡自己的權威和孩子自主之間的關係。比如媽媽在洗衣服的時候，孩子也想湊湊熱鬧，在旁邊轉來轉去，試圖「渾水摸魚」，這時媽媽不要怕麻煩或擔心孩子弄濕衣服，可以拿一條小毛巾給孩子，問孩子，毛巾該怎麼洗啊？有意識地讓孩子用行動或語言來展示一下，這樣孩子就會細心觀察、模仿學習、產生思考的興趣。

三、多鼓勵孩子的探究行為。孩子的探究行為是一種主動的適應性行為。由於孩子在很小的時候就表現出內在興趣，隨著孩子年齡的增長，用於探索的時間逐漸延長，在這種情形下，媽媽千萬不要急於讓孩子做自己認為有用的活動。其實孩子此時正是處於發揮想像力、思考能力和創造力的時候。

孩子在做事的過程中總是在無意識地深化自己對世界的認識，逐漸形成自己的一套經驗和知識系統，並從中抽象出一定的規律和模式，進而增強自己的做事能力。所以，家長為了培養孩子學會做事，要像猶太家長那樣，從鍛鍊孩子學會思考開始。

為孩子的謊言保守祕密

孩子的成長，是一個不斷犯錯、不斷改善的過程。父母要培養孩子能夠反省自己錯誤的能力，這比父母或他人指出其錯誤再改正，效果更好。

孩子說謊常常令父母感到頭痛，遇到孩子說謊時，有的家長是反應敏感，好像孩子犯下了滔天大罪；有的家長則會相當自責，認為自己的管教方式不對；也有的家長不在意這個問題，反而讓孩子不知道說話的分寸。

精明的猶太家長是怎麼做的呢？他們經常告訴孩子們猶太拉比和世界各國成功人士誠實的故事，與孩子一起面對這樣的問題，幫助孩子找到比說謊更好的方式，去解決遇到的困難。

孩子有時並不知道自己的認知是錯誤的，也未必明白自己做錯了事。他用他的眼光去看，用他的頭腦去想，難免不受到限制。孩子說謊大多不含惡意，有些可能是因為自我保護意識，害怕被懲罰，或為了吸引大人的注意、分不明白現實與幻想等原因。所以父母應理清孩子說謊的原因，針對不同的原因採取相應的方法，這樣一來，養成孩子誠實的習慣並不難。

以下列出的，是猶太人面對孩子說謊時所採取的原則：

一、父母對孩子及時進行教育。在進行教育時，必須「曉之以理」，使孩子明白所做的事情為什麼不對。

二、父母對孩子的教育應前後、內外一致。切忌在自己心情好的時候，見孩子做了錯事也不進行教育，心情不好時則進行責備、訓斥。

三、父母應查清孩子不誠實的原因，並注意為孩子保密。先瞭解孩子說謊的原因，然後再做處理。另外，對孩子進行教育時能在家裡進行教育的，就不必在公共場所。

四、父母對孩子的批評不應重複。對比較敏感的孩子應當特別注意。

五、父母以身作則，適時給予鼓勵。當孩子願意承認錯誤時，要給予適時的鼓勵，讓他能繼續朝著正向行為發展。

六、就事論事，不要盲目責備孩子。如果大聲責備，孩子受到驚嚇，這樣就無法清楚知道孩子說謊的目的和動機。要營造一個客觀平靜的氣氛，親子之間的互動關係才有正向的發展。

拉比告誡世人，不要將大人的生氣與自責，投射到孩子身上，打罵他們。這樣會造成惡性循環，反而失去教育他們的機會。每個人都會說謊，因此不必太責備孩子的行為，給他們留一些空間，且適宜地給予關心和協助，相信孩子會成為父母所期望的那種人。

不言而教是最好的教育

早期希伯來教育十分強調家庭環境及父母的言傳身教對子女的影響。當兒童從學校教育中獲取廣博知識之後，能否把這些知識付諸實際並以此來約束自己的言行，家庭對此負有監督責任。

猶太人認為，父母的「不言而教」才是最好的教育。生活中，父母的言語、行為和姿態會自然而然地傳遞給孩子，從而影響孩子的能力與性格的形成。父母日常的所作所為，就是對孩子的身教。

沒有什麼比強制和壓迫更能抑制孩子自覺性的了，父母的暗示教育是最為孩子所接受的教育方式。

猶太人很講究教育的藝術。他們有句至理名言：「要按照孩子該走的路來充分地訓練他。」他們認為，一個孩子能看懂《聖經》，卻看不懂

《塔木德》，那麼就不能試圖透過教他《塔木德》來促進他進步；如果他看得懂《塔木德》，就不要逼他學《聖經》，要在他可能懂得的事情上訓練他。

在教育孩子時，猶太人們認為，如果教師教的課學生不懂，那麼，教師不應該大發脾氣，而應該重複教學，直到學生們完全理解並掌握為止。

在學習過程中，猶太人還認為，一個學生在聽了好幾遍課之後才能掌握所學的，他不應該在那些只聽一兩遍課就能掌握的同學面前感到羞愧。

可見，從古代開始，猶太人就知道對孩子進行分級教育。

但是，這個學生的不理解只能是因為課程本身難或者是由於他們的智力不足的情況。如果學生在學習時粗心大意和懶惰，那麼教師就應該斥責他們，並由此而激勵他們。這就是教師的責任。

但是，教師不應粗暴地對待孩子們，因為指令只有在輕鬆愉悅地傳達時才有效率。要給孩子們小小的獎勵來讓他們高興。一個專心的學生會自己閱讀，如果學生不專心，那麼就把他安排在勤奮的學生旁邊。

教師應該在他的學生面前露出「破綻」。透過提問，激發學生們的才智，並探知學生們是否記住了他所教的東西。

父母的職責就是觀察孩子的好惡，給予孩子所需要的、積極的正面刺激。強迫孩子接受他不感興趣的事物，只會產生負面的影響。自己的孩子能說本國國語，任何父母也不會認為是自己教了才會說的。事實上，這就是一種不言而教的教育。父母親教給孩子的某種事物，固然是教育的手段之一，但不是所有的教育方式。

教育家曾說過：沒有什麼比不用強制壓迫，而給予正當動機的教育，更能收到良好的教育效果了。唯有父母親用心給予孩子深切的理解，才是正確的教育。

幫孩子節約時間

猶太父母是如何培養孩子的時間意識，幫孩子節約時間的呢？

首先，培養孩子良好的時間觀念。

結合生活與學業，跟孩子討論珍惜時間的好處和不珍惜時間的害處，使孩子認識到「時間就是生命，時間就是財富」的基本道理。在充滿競爭的現代社會中，磨磨蹭蹭不講效率的人就會被淘汰，就會生活艱難。讓孩子懂得「少時不努力，老大徒傷悲」的道理。

其次，讓孩子集中精力做好一件事。

做事拖拉是很多孩子的缺點之一，其根本原因是孩子不能一次完成一件事，把需要短時間做完的作業無限期拖下去。加強專時專用、提高效率的訓練可以增強孩子時間觀念。幫助孩子確定每次學習的時間、任務、目標要求，到時完成，評價結果。每次學習，都把三者結合起來。要根據孩子的年齡特點和個性特點，對三者的要求有所區別。要讓孩子嘗到提高效率、增加玩樂時間的甜頭。

第三，對孩子的每一項活動進行計時。

培養孩子的時間意識，要從孩子的點滴做起，不只在學習中表現出來，也反映在生活的各個方面，如穿衣、吃飯、收拾書包文具、洗衣物等。因此，克服磨蹭的毛病，需從不同角度入手。從孩子的實際表現出發，增加計時性活動是可行的方法。做某件事情，需要多長時間，事先設定，然後以最快的速度進行。事後家長與孩子一起評價，調整要求，下一次做得更好。對低齡的孩子，如果家長跟孩子一起進行計時閱讀、計時記憶、計時答題、計時活動的小競賽，會有更好的效果。

第四，發揮孩子之間的影響作用。

讓自己孩子跟講效率的孩子一起讀書、遊戲，發揮孩子之間的影響作用。可以事先與講效率孩子的家長聯絡，請家長給孩子提出更高的要求，在學習和遊戲的過程中帶動時間意識差的孩子。

最後，教孩子巧妙地利用時間。

比如，洗衣服、打掃房間的同時可以聽外語或音樂；一邊看電視，一邊做健身運動；幫父母做家務時，與父母聊天。

只要開動腦筋，日常生活中總會有許多方法幫孩子節約時間。

懶人像糞便一樣令人討厭

拉比猶大在走進書房時，總要在肩膀上頂著一個水罐，並說：勞動偉大，因為它使人光榮，也使人智慧。

一個孩子的動手能力強不強，不僅僅關係到孩子的智慧水準，而且對孩子將來的生活能力和工作能力有著極大的影響。孩子從兩歲開始，就有一種自己事情自己做的迫切欲望。這種欲望隨著成長而不斷提高，家長若能好好利用這種欲望讓他成長、學習，就能培育出優秀的孩子。

讓孩子自己洗手、繫鞋帶、扣紐釦。作為父母，就算多花一點時間，也要將方法教給孩子，努力讓孩子學習著自己去做。父母現在花點時間，麻煩一點，要知道只要孩子掌握了這種方法，將來就會變得輕鬆起來。

學習對每個孩子都是極有吸引力的。當他做得足夠好時，便滿足了他的欲望，並對自己很有信心，孩子就會一步步地成長。

相反的，如果孩子養成了一直由父母親替自己做事的習慣，那麼孩子

會處於缺乏成長的停滯狀態，進步就會顯得極為緩慢。

《塔木德》中說：懶惰的人就像一堆糞便一樣，令人討厭，誰也不願意接近這樣的人。

在家庭教育中，不要以為2、3歲的孩子什麼都不能做，什麼都不讓他做，只會讓孩子養成懶惰的習慣。孩子從2歲左右起，母親就得把一條抹布放在他手中，讓他學著幫忙做家務。

養育不等於教育

在家長會中，很多母親都這樣說：每天照顧孩子的衣、食、起居，根本就沒有時間教育。

這些話很多母親都在講，這些話其實是一種託詞。

當然，有的母親還有更為充分的理由，比如自己工作太忙，沒時間照顧孩子，把孩子交給傭人或者是在家的祖父母照顧。這種把養育與教育劃分開來，是教育中最致命的錯誤。如果做母親的每天帶孩子，她與孩子相處的態度與感情，都會對孩子的心靈產生潛移默化的影響。

在現實生活中有更為嚴峻的事實。有不少的家庭並不富裕，母親為了生計出外工作。這時一個更為有力的藉口誕生了，「賺錢已經夠累了，哪還有多餘的時間去教育孩子。」

對於很多女性來說，她們最大的心願就是養兒育女，這是她們的一件終身大事。當她們一心一意把孩子生下來時，就認為是完成了一件大事，可是這些母親卻忽略了一件重要的事情，即教育孩子是一件更為重要的事情，等著她去完成。

可是，有些母親同樣在應付生活，卻仍將孩子培養成為一個成功人士。原因是這些母親能根據自己所處的環境和經濟、工作條件，精心鑽研一套與之相適應的教育方法，盡力去完成做母親的責任。

猶太教育家曼德經常就這個問題在家庭教育交流會上與一些孩子的母親進行交談，他常常對這些母親說：「世界上沒有比教育孩子更為重要的工作了。如果你沒有時間教育孩子，那你為什麼要生下他呢？」

這位教育家為了整個猶太民族的命運，總是四處奔走，四處呼籲，要那些母親成為教育幼兒這一偉大的事業最高責任者。在他看來，能夠永擔這角色的，不是父親，不是師長，也不是兄弟姐妹，而是生了這個孩子的母親。

在猶太人中如果一個母親說沒有時間教育孩子，這個理由是不成立的，也不會得到人們的認可——身為母親，沒有任何理由逃避自己育兒的責任。

孩子是父母的翻版

孩子就是父母的翻版，父母對工作、對休閒時光的態度，不久將成為孩子對人生的態度。

在猶太《律法書》中有這樣一則對話：

有一次拉比芝摩和他的兒子在路上走，看到一個喝醉的父親和他喝醉的兒子一起跌進溝裡去了。

「我嫉妒那個父親，」拉比對自己的兒子說，「他實現了有個兒子像自己的願望。我還不知道你會不會像我。我只希望醉漢教育他的兒子不要

比我教育你更成功。」

通常，孩子向父母學習不外乎兩種方式：

遵循父母的教導而學習，或者是透過觀察父母的行為而進行模仿。

在家庭中，父母的行為比他們的諄諄教導要更有說服力。比如生活中父母不讓孩子喝酒，他們自己每天晚上卻喝上幾杯酒，孩子可能就會把喝酒視為可以接受的行為。如果父母都吸菸，孩子自然而然也就接受了吸菸這一事實。

父母想要孩子養成什麼樣的生活習慣，並不需要天天掛在嘴邊，只需自己做出榜樣，讓孩子模仿和感知。

這一經驗同樣適用於父母對待生活的態度。在家庭中如果父母只知道對工作無休止地抱怨個不停，從來不去改善工作環境，這樣只會讓孩子得到這樣一個事實：只需要抱怨就夠了。

如果父母帶給孩子的是一些積極的東西，孩子所獲得的可能也是積極的東西。如果父母只滿足於毫無新意的行為方式，對人生規劃抱著無所謂的態度，孩子肯定也會繼承他的這一人生哲學。

父母所要注意的是：孩子就是父母的翻版，父母對工作、對休閒時光的態度，不久將成為孩子對人生的態度。

猶太《律法書》中還記錄一個故事：

有個人在經常有妓女光顧的市場上為兒子開了一家香料店。

一次他到店裡去，看見孩子和妓女在一起鬼混，於是他大叫起來：「我要殺了你！」

他的朋友來了，對他說：「你使你的兒子迷了路，現在你又對他大喊大叫。你不做其他的生意而是教他賣香料，你不在其他的地方而在紅燈區開商店。你希望他怎麼樣他就會怎麼樣。」

《律法書》上說得對。你希望孩子怎樣，你就會怎樣。每位父母都應記得這句話。

理解孩子的報復行為

《塔木德》中記載著這樣一個故事。

有一個人向拉比托夫抱怨自己的兒子。那年輕人完全脫離了宗教，這對他父親的打擊很大。

「我該怎麼辦，拉比？」發狂的父親問。

「你愛你的兒子嗎？」

「當然愛」。

「那就更加的愛他。」

孩子也有心情不好的時候，孩子也有受了委屈或傷害的時候，孩子也有發怒的時候，孩子也有……當孩子在承受這一切之時，他也想報復。當然，父母是首當其衝的，因為父母在這中間是孩子的直接衝突人之一。

報復對孩子來說是很重要的，因為他們在潛意識裡有著強烈的平等意識。

孩子的報復通常主要表現在以下方面：

有些孩子在他人面前使父母感到窘迫。

有些孩子打破對父母來說非常心愛的物品。

有些孩子傷害年幼的弟弟妹妹。

有的孩子離家出走。

有的孩子打碎窗戶或者是有價值的東西。

當父母因為某件事要懲罰孩子，但孩子認為父母的做法不公平的時候，他往往就會付諸報復行為。

孩子決定利用一次行為不端來報復父母，孩子向父母挑釁，父母發怒，再次罰懲他，孩子再次報復，一種惡性循環就這樣開始了。

有些父母自己的教育方法缺乏自信。如果是一個聰明的孩子，他會很快明白父母的意圖，並很快來利用父母的這一弱點對父母進行報復。

作為父母首先要堅信自己的能力。只有這樣，才不會時時成為孩子報復的對象。

父母所要做到的是：

堅持原則。

當孩子戳到痛處時，要堅強一點。

相信自己是一個好父母。

在管教孩子之時，儘量聚焦於肯定性方面。

不要老是批評孩子。

確保每一項懲罰都是公正的，而且對你的孩子有意義。

你所實施的懲罰不應該使孩子感到羞辱和窘迫。

教會孩子做出更好的決定。

不要因為孩子做的某件事傷害了你或者是讓你生氣，而使你來懲罰與報復他。

生活中有許多父母是以孩子的成功來衡量自己的價值的。失敗的孩子的父母就會這樣想：

如果我是成功的好父母，我的孩子恐怕就不這樣糟糕了。

很多的父母們認為，如果他們的孩子不夠完美，那麼他們一定不是一個合格的父母。

一位猶太教育學家說：

如果父母們有這種想法，這就使自己處於一個很容易受到孩子攻擊的境地。這樣的父母就很容易戳到孩子痛處。

犯錯誤與改正錯誤一樣珍貴

《塔木德》中說：不論孩子對我們多麼重要，他們最終也不屬於我們。

猶太教育家錢尼說：我絕不為我的孩子做任何他自己能做的事情。

如果說對孩子放任不管的父母浪費了孩子寶貴的生命，那麼過分呵護孩子的父母卻是給孩子的人生布下了充滿誘惑的陷阱。有的父母已深深認識到這一點對孩子的重要性，於是就要求孩子從小學會自己洗衣服、洗碗、鋪床疊被。

有的父母卻不是這樣，寧願自己受苦也不讓孩子做一點事，孩子的事情總是不辭勞累統統代勞。這樣的結果，只會讓孩子在不知不覺中喪失了動手的能力，而這種能力喪失的後果，是直接損害了孩子的自信心。一個處處受到保護的孩子，一個永遠也沒有機會嘗試成功與失敗的孩子，也就永遠無法體驗到成功的喜悅。

孩子有犯錯誤的權力，也有改正錯誤的權力。作為父母，應該培養孩子敢於犯錯誤、敢於失敗的精神。孩子與成人有一樣的權力。對於孩子來說敢於犯錯誤與改正錯誤是一樣珍貴。父母只有鼓勵孩子、放手讓孩子去自由的運動，這樣才能培養出孩子的自信心和獨立精神，所以父母應該盡量鼓勵孩子去做力所能及的事情。

在家庭中，父母可以鼓勵孩子幫助自己收拾桌子、清洗地板、收拾屋子、洗涮碗筷等，孩子自己可以料理自己的生活，比如穿衣服，洗衣服等，哪怕是孩子做得十分糟糕，父母也要對孩子的付出加以肯定與鼓勵。

不要認為孩子還小，就可以對孩子的一些行為放任不管。孩子就是再小，父母也要把他們當作成人一樣對待——要像尊重成人一樣尊重他們。年幼無知的孩子當然會經常犯錯誤。父母管教孩子是有必要的，但不能因為他們不懂事就不尊重他們。

孩子需要一個空間去成長，他們需要一個空間去試驗自己的能力，需要一個空間利用自己的能力應付社會。如果父母過多的幫助孩子，過多的為孩子分擔事務，這樣只能剝奪孩子自由發展的能力，剝奪孩子自立、自強的精神與信心。

猶太智者朱特比說的好：讓孩子自己的事自己解決，過分呵護孩子反而害了孩子。

דומלת

塔木德

第19輯

如何進行成長勵志教育？

每個孩子都是出色的

　　瑪麗生長在一個普通的猶太家庭中，從小的家庭教育培養了瑪麗的高度自信。獨立不羈的個性使她常常有一種心理優越感。瑪麗所在的學校經常請人來校演講，每次演講結束，她總是第一個站起來大膽地提問。不管她的問題是否幼稚，是否尖銳，她總是充滿好奇地脫口而出，而其他的女孩子則往往由於膽怯而不敢開口，她們只是面面相覷或抬眼望著天花板。

　　每次回家後瑪麗向父親彙報學校的情況時，父親總是鼓勵她：「好孩子，你有這樣的信心，我真的為你感到驕傲，你一定會成為一個出色的辯論家。」

　　父親的不斷鼓勵使瑪麗對自己的口才充滿了自信。瑪麗上中學時，她是學校辯論社的成員，演講從不怯場。但老實說當時瑪麗的演講技巧一點也不高超，用她同學的話來形容就是根本不能振奮人心，自然不受同學歡迎。但是，即使這樣，瑪麗也毫不顧忌，一有機會就滔滔不絕上臺演講。

　　有一次，因為她講的內容大家不感興趣，而且她又講了很長時間，台下噓聲、諷刺聲、嘲笑聲隨之而起，但是瑪麗自信好強的個性卻使她根本不把這些放在眼裡，依然毫不臉紅地演講下去。到後來，聽她演講的人都跑光了，她卻仍然坦然地把自己想講的話講完才停止。許多同學不理解她這種突出個性，而她對別人的議論也毫不在乎，一直維持著獨立自信、我行我素的個性。

　　當自己面臨困境時，猶太人最先想到的是「我會贏」，而不是「我可能會輸」。當自己與別人競爭時，猶太人最先想到的是「我跟他們一樣

好」，而不是「我無法跟他們相比」。當出現機會時，猶太人最先想到的是「我能做到」，而不是「我不能做到」。他們深知自信的重要性，並對他們的子女從小就灌輸這種思想。

有個猶太小男孩，頭戴球帽，手拿球棒和棒球，全副武裝地走到自家後院，大聲喊：「我是世上最偉大的打者。」他滿懷自信地說完後，便將球往空中一扔，然後用力揮棒，雖然沒打中，但是他毫不氣餒，繼續將球拾起，往空中一扔，然後大喊一聲：「我是最厲害的打者。」他再次揮棒，可惜仍是落空。他愣了一下，然後仔仔細細地將球棒與棒球檢查了一番。之後他又試了三次，這次他仍告訴自己：「我是最傑出的打者。」然而他這一次的嘗試還是落空了。「哇！」他突然跳了起來，「我真是一流的投手。」

可見，信心的大小決定了成就的大小。庸庸碌碌，過一天算一天，總認為做不了什麼事的人，僅能得到很少的報酬。這樣的人認為自己不可能做出偉大的事情，結果他們就真的不能；如果認為自己很不重要，那麼你所做的每一件事就真的無足輕重。久而久之，連你的言行舉止也會表現得缺乏自信，如果你不能將自信抬高，你就只能在自我評估中萎縮，變得愈來愈渺小，而且一個人怎麼看待自己，也會使別人怎麼看待他，於是這種人在眾人的眼光下又會變得更加渺小。

相反，那些積極向前，肯定自己有更大的價值的人，往往能得到很高的報酬。這種人相信自己能處理艱巨的任務，結果他們就真的能做到。這樣的人所做的每一件事情，包括待人接物、個性、想法和見解等，都顯示出他是專家，是一位不可或缺的重要人物。

每個父母都應該像猶太父母那樣，教育孩子從小樹立信心，相信自己。

大聲說出孩子的優點

當著自己孩子的面，父母要公開、大聲地讚揚孩子的優點。要讓孩子從小知道，父母以他為榮。

猶太人培養孩子自信心的有效方法有：

發掘自己家族或親戚中取得傑出成績的當代人或歷史人物，經常用來鼓勵孩子，以此增加孩子的自豪感。

發掘孩子的優點，抄寫在一張大紙上，貼在家人和孩子容易看到的地方，例如同情心、正義感、歌唱、表演、繪畫才能等。當孩子遇到困難和挑戰顯得退縮、信心不足或畏懼時，可以引導孩子回憶過去的光榮成功史。

當著自己孩子的面，父母要公開、大聲地讚揚孩子的優點。要讓孩子從小知道，父母以他為榮。

對孩子不要過高要求，讚美孩子取得的最微小進步。

父母要用積極的言語評價孩子的一切行為。

讓孩子做他自己會做的事情。

教孩子認識自己的缺點，明白自己的力量。

家庭和睦的孩子更容易成功

有兩個兄弟為了母親的遺囑而爭吵起來，雙方各執一詞，互不相讓。最終反目成仇，互不來往，見面也形同陌路。

這兄弟倆自幼形影不離，戰爭期間，相依為命。不料，現在卻為母親的遺囑反目為仇。時間長了，二人都覺得這樣不妥，分別到拉比那裡訴說情況，希望能言歸於好，恢復手足之情。

拉比趁機講了一段《塔木德》上的故事：

在以色列某地，有兩兄弟，哥哥已經結婚生子，弟弟還是單身漢。父親死後，他倆平分了父親的遺產。

蘋果和玉米豐收之後，兄弟倆把它們公平地分成兩份，儲存在各自的倉庫裡。

弟弟想，哥哥是有妻室的人，開支較大，生活肯定有難處，而自己單身一個，不應該平分收成，便在夜裡把自己所分得的收成搬一些到哥哥的倉庫裡。

哥哥也在想，自己已有妻兒，年老之後有人侍奉，弟弟仍舊孤身一人，應該為他儲備積蓄，以供結婚和養老之用。哥哥在這麼想著的時候，也在夜裡把自己所分得的收成裝進麻袋，悄悄地往弟弟的倉庫裡搬。

第二天，兩人去倉庫時，驚訝地發現倉庫裡的東西跟前一天相比，並沒有減少。雖然心中納悶，但臉上並沒有表現出來。

第二天晚上和第三天晚上，兄弟二人仍然重複著前一天晚上所做的事。

在第四天晚上，兄弟倆在搬運途中不期而遇，當他們發現彼此之間竟是如此關心對方時，連忙放下手中的東西，感動得相擁而泣。

這個故事使為了母親遺產而鬧糾紛的兄弟倆聽後大受感動，他們當著拉比的面握手言和，歡快而去。

猶太人不僅重視兄弟之間的關係，更重視家庭的和睦。

拉比美雅是眾所公認的天才演說家。每個週五晚上，他都要在禮拜堂

裡宣講教義，聽者數以百計。其中有一位婦女對美雅的口才佩服得五體投地，為之著迷不已。

通常，週五晚上，猶太婦女都要在廚房準備安息日的飯菜，但是這位崇拜美雅的婦女，每次都到教堂聽講而耽誤了家裡的事。

美雅講道時間很長，但聽眾卻感覺不到，時間在不知不覺中過去。有一天，這位婦女聽完講演回到家時，發現丈夫怒氣衝衝地在門口等她，看到她就暴跳如雷地罵道：

「明天就是安息日了，飯菜還沒有準備好，你到哪裡去了？」

婦女回答道：

「我到教堂去聽拉比美雅講道了。」

丈夫氣急敗壞地說：

「除非你往拉比的臉上吐一口痰，否則你休想再進這個家。」

這位婦女只得暫時借住在朋友家中。

消息傳到拉比美雅的耳朵裡，他深感不安，因為自己講道時間過長而破壞了一個家庭的和睦。自責的同時，他邀請這位婦女到自己家中，對她說：

「我的眼睛很痛，用水洗一洗也許會好一些。請你替我洗一洗。」

這位婦人聽後非常生氣，以為美雅是在調戲她，就朝美雅的眼睛吐了一口痰。

這位婦女回家了，丈夫還能有什麼話說呢？

弟子們問美雅：「您是一位尊貴的受人尊敬的拉比，怎能甘受侮辱而不聲不響呢？」

美雅說：「只要能挽回一個家庭的和睦，任何犧牲都是值得的。」

《塔木德》說：家庭是一個神聖的地方，從和睦友愛的家庭中走出的

孩子，更容易獲得成功和接受豐厚的報酬。

不要讓孩子感到窘迫

懲罰孩子時，不要讓孩子感到羞辱或者說是被貶低，也不要讓孩子感到窘迫。

父母懲罰孩子的目的是要讓孩子明白，不好的行為源於某種不好的決定，良好的行為取決於某種好的決定。當父母懲罰孩子讓孩子感到窘迫時，這種懲罰所製造出的不健康的感情會讓孩子受到某種程度上的傷害。

同時，這種窘迫只會導致孩子認為你卑鄙或者是不公平。

當這種情形出現時，你的孩子可能會以怒氣相對抗，出現這樣的情況只會讓你與你的孩子形成一種惡性循環。

懲罰必須合理。對孩子進行簡單而行之有效的懲罰，要比苛刻的懲罰更有立竿見影的效果。懲罰是依據孩子的不良行為的大小做出適當的處理。不要因為你的孩子不肯吃那些你認為對他身體有好處的東西，而對他實行一個星期的限制，拿走他的點心就可以了。

合理的懲罰，會讓孩子瞭解到恰當的行為對他們來說是重要的。

對於孩子反覆發生的不良行為，只有在你嘗試過幾種積極的補救措施之後，實施懲罰才是應該的。

指出孩子的不良行為時，他們的影響比懲罰的效果更好。當孩子們相互協作和共用歡樂的時候，使用鼓勵和肯定的態度，會有另一種效果。

對於孩子的不良行為，大多數成年人會首先想到用懲罰來處理這件事，如果你用肯定性的回饋來加強不良行為舉止的對立面，就可以改善不

良行為舉止本身。肯定性回饋使用起來容易得多，也有趣得多，肯定性回饋創造孩子們的內在動力。它教孩子自律，並能促成一種健康、愉快的家庭氛圍。

使用肯定性回饋，強化孩子某種良好行為舉止，當他們試圖用某種否定方式引起你的注意時，不要理睬他們。

回家遲到的孩子第二天不能外出。

沒有完成份內家務活的孩子要喪失部分零用錢。

對孩子使用肯定性回饋有以下好處：

1.讓孩子愉快地接受。

2.強調孩子良好的行為和舉止，它教會孩子思考。

3.增加動機。

4.給孩子創造出成功感。

5.增強孩子的自尊。

6.給孩子自信。

7.教會孩子相信他們的決定。

8.激勵孩子去尋找目標。

9.當孩子做出好的決定時，他感到開心。

10.鼓勵孩子和父母們交談。

11.教會孩子看到其他人肯定性的方面。

成功的父母強調積極的方面。肯定性回饋、杜絕和懲罰總是有效的，無論你是否意識到了這一點。成功教育的關鍵是清醒地明白這些原理，並根據你的需要加以使用。

把孩子的話聽完再說

在家庭教育中，有一些孩子興沖沖地想跟父母說一些事，但父母總是忙著手中的事，不顧孩子想說什麼就武斷地打斷孩子的話。有的父母在懲罰孩子時，根本不想聽孩子要說什麼，也不想去瞭解事情的根源。

如果這樣下去，親子之間的溝通就會發生問題。

如何來克服這個問題呢？一位猶太家長認為，作為父母，首先要做到的是：當孩子跟父母說話時，父母要盡可能放下手中的事，聽孩子說話。只有這樣，才能讓孩子覺得父母很在意他說話，感到自己受到尊重和鼓勵，也就更願意向父母說出自己的內心感受了。如果和孩子形成這樣的良性循環，孩子也就不會向父母隱瞞什麼了。

作為一個稱職的父母，在聽孩子的談話中，不但要努力的聽進去，而且還要思考，能從孩子的談話中發現孩子談話中的閃光點。對不好的加以指正，對好的加以真誠的讚揚。當然，在這個過程中要用平等與欣賞的態度與孩子討論。

在與孩子的交談中，如果孩子指出父母的缺點，父母應該謙虛地接受，並表示感謝；或者向孩子解釋自己為什麼會有這種缺點，甚至可以真誠請孩子幫助自己改正缺點。

在與孩子的交談中，如果孩子主動把自己犯的錯誤、接受的批評告訴了父母，父母應該首先表揚孩子的勇敢精神和真誠態度，對孩子這種面對現實的行為表示肯定。接下來可以和孩子一起進一步分析他面臨的問題，包括原因、克服的措施，甚至於可以進一步討論。如果不改正缺點和錯誤會造成什麼樣的後果，讓孩子加深對問題的認識，增強改正缺點的決心。

在與孩子的交談中，不少父母都認為孩子不會說出什麼有意義的事情。這種想法是不對的，一個孩子有他的經歷就會有他自己的思想。雖然孩子很小，可是他們也有得到尊重與愛的需要。因為孩子弱小，一切都要靠成人幫助，因此往往顯得特別的無助，這也就更加需要父母的關心和愛護。

如果作為父母只顧自己感情的需要，不顧孩子的心理的需要，把自己的意志加在孩子的頭上，強迫孩子按照自己的想法去做，這樣只會讓孩子更加孤獨。如果父母仔細傾聽孩子的訴說並回答孩子的問題，不但可以加深親子關係，還可以加強孩子的信賴感和安全感。

孩子成功來源於父母誇獎

猶太智者朱西蒙特認為：鼓勵孩子的真正意義在於父母對孩子的寬容，而這類寬容的直接表現是多給孩子一次機會。

在我們周圍，不是有很多人抱怨自己沒有成功的機會嗎？既然成年人都這樣渴望機會，那麼孩子也一定需要。

教育博士塞德茲認為，使孩子成為天才的辦法就是對孩子說：你真棒！

塞德茲博士7歲的孩子學騎單車時，一開始怎麼也學不會，而且摔得渾身是傷。連孩子的媽媽也不忍心孩子再學下去了。只有他堅持認為孩子可以學會，並不斷地鼓勵孩子說：「爸爸相信你，你一定能學會，你是一個非常棒的孩子，只要再堅持就能學會。」果然，沒過多久，孩子就學會了騎車。

有些父母常常忽視孩子自身的特點和心理感受，不問什麼理由隨意打罵孩子，這樣很容易挫傷孩子的自尊心。相反，如果父母對孩子不斷進行鼓勵，就會讓孩子得到一種成就感。這是每一個做父母的應時刻關注的，也是時刻所要注意的。

有很多孩子在經過父母的無數次打擊之後，便不再按照父母所希望的方向去努力，反而用反抗的心理逆向而行。這是為什麼呢？

因為孩子從未得到過父母有效或恰當的鼓勵，這樣就導致了孩子自暴自棄，自貶自卑，認為自己做不出有價值的貢獻，乾脆就惹是生非弄出一些麻煩來，以期得到別人的注意。

孩子的自信，是在一次次成功的行動中培養起來的。因此，要儘量讓孩子自己去探索，讓孩子自己去搞懂自己不明白的事，讓孩子自己去做自己想做的事，這樣就能讓孩子滿足自己的成就，體驗到成功的喜悅。

很多父母都希望自己的孩子是詩書滿腹的才子，不停地向孩子灌輸各種各樣的知識，殊不知這種灌輸對孩子的信心有很大的束縛作用。父母經常低估了孩子的學習與自我觀察能力。只要父母們留心就可以發現，孩子有時有出人意料的聰明之舉，這是因為孩子的思路開闊，對事物有驚人的理解與洞察能力，沒有任何觀點的束縛，很多見解超過了成年人。

在生活中，父母忽略了孩子這一點，無心去思考孩子的意見。當他們迫使孩子接受自己觀點的時候，孩子們積極去探索世界奧祕的信心遭受了粗暴的打擊。

作為父母，應當細心觀察自己的孩子在哪些地方取得了進步，並對孩子的進步給予適當的表揚與肯定。有的父母見到孩子做了一件不錯的事也緘口不言，從不誇獎孩子，怕助長孩子的傲氣，其實不然。作為父母為什麼不為孩子的進步而感到驕傲呢？

父母在表揚孩子時既要注意用溫和平靜的口吻，把話講清楚，讓孩子有一種親切感，又要用充滿鼓勵的眼神，讓孩子從你的眼中看出你對他的嘉許。

父母指出孩子的不足時，也要採用適當的方式。最好先肯定孩子的成績，然後再進一步指導孩子怎麼做。如果父母對孩子的成績視而不見，只是一味地指責孩子，孩子可能會認為自己做什麼都不行，在孩子心裡父母的要求永遠也達不到，這就會使孩子非常沮喪，以至於完全放棄努力。

很多教育家的理論證明，每個人都有成就感與自尊感的需要，每個孩子也不例外地渴望獲得他人的認可與肯定。對孩子進行鼓勵之所以能夠幫助孩子樹立自信心，這是因為符合孩子喜歡成功、喜歡鼓勵的心理特點，它可以成為一個孩子成功的動力。

孩子的成功來源於父母的誇獎。孩子需要成功，也需要誇獎與鼓勵。父母如果希望孩子成才，首先要為孩子創造機會讓孩子嘗到成功的歡樂。在每個孩子身上都有某方面的成功或優點，如果父母善於發現和肯定，就會使孩子更加自信，更有熱情，更加努力，這是一個良性的循環。

相信就能做到任何事

一個星期六的下午，史派克急匆匆地回到家，準備把院子裡的例行工作處理掉。當他正在打掃院子裡的落葉時，5歲的兒子尼克走過來，拉了拉史派克的褲腿：「爸爸，我需要你幫我寫一個牌子。我打算把我的一些石頭賣掉。」

尼克一直對石頭很著迷，他自己從各處搜集了許多。此外，別人也送

給他一些，在他家的車庫裡放著滿滿一籃子的石頭，他定期為它們清洗、分類和重新堆放。它們是他的珍寶。

過了一會兒，尼克拿著他的牌子，一個小籃子和四顆最好的石頭向車道盡頭走去。在那裡，他把石頭一字排開，把籃子放在它們的後面，自己則在地上坐下來。史派克從遠處注視著兒子，關注事情的發展。

大約過了半個小時，沒有一個人從那裡經過。史派克走過車道來到兒子面前，想看看他正在做什麼。

「怎麼樣，尼克？」史派克問。

「很好。」他回答。

「這個籃子是做什麼用的？」史派克問。

「放錢的。」他一本正經地回答。

「你給石頭定價多少？」

「每顆1美元。」尼克說。

「尼克，沒有人會願意出1美元買一顆石頭的。」

「不，有人願意的！」

「尼克，我們這條街道一點也不繁華，沒有什麼人從這裡經過，你為什麼不把這些東西收起來，去玩一會兒呢？」

「不，有許多人從這裡經過，爸爸。」他說，「人們在我們這條街道上散步，騎自行車運動，還有人開著他們的汽車到這裡來看房子。這裡有很多人。」尼克一直耐心地堅守著自己的崗位。又過了一會兒，一輛小型貨車沿著街道駛過來。當尼克精神抖擻地把他的牌子舉起來使它正對著那輛小型貨車的時候，史派克凝神注意觀察著。當那輛小型貨車從尼克面前慢慢經過的時候，他看見一對年輕夫婦正伸著脖子在看尼克的牌子上的字。他們繼續沿著這條道路向前方的巷子開去，沒多久，他們原路折回來

了。當他們再次從尼克身邊經過的時候，車上的女士搖下了玻璃窗，史派克聽不見他們的談話，但他看到她轉過頭對那個開車的男人說了些什麼，然後那個男人遞給她1美元。她下了車，走到尼克面前，在對那些石頭做了一番仔細地的觀察比較之後，她選中了其中的一顆，遞給尼克1美元，然後開著車離開了。

史派克坐在院子裡，看著尼克向自己跑過來，他手裡揮舞著那張1美元的鈔票，嘴裡大聲嚷著：「我賣了1美元！」

故事中，這位猶太父親並沒有完全限制兒子，而是讓他按照自己的想法做事。這正是猶太民族的教育智慧。

在學校裡，猶太拉比們常教育孩子說：

相信，能使人努力克服困難，排除障礙，去爭取勝利。如果你對自己有充分的信心，你就能做到任何事情！

等待的人最終會得到一切

忍耐是一種高素質的象徵，善於等待的人最終得到他想得到的一切。

《塔木德》上說：等待的人，最終會得到一切。

據說，猶太史上最偉大的拉比希雷爾，是一個堪稱忍耐典範的人。

關於他，在猶太人中還有一個廣為流傳的故事：

一次，有兩個人打賭，說如果誰能讓希雷爾拉比發火，就可以贏400元。

這天剛好是安息日前夜，希雷爾正在洗頭。

這時，有個人來到門前，大聲喊道：「希雷爾在嗎？希雷爾在嗎？」

希雷爾趕忙用毛巾包好頭，走出門問道：「孩子，你有什麼事？」

「我有個問題要請教。」

「那就請講吧，孩子。」

「為什麼巴比倫人的頭是圓的？」

「你提出了一個重要的問題，原因在於他們缺乏熟練的產婆。」

那個人聽完，就走了。

過了一會兒，他又來了，大聲喊道：「希雷爾在嗎？希雷爾在嗎？」

希雷爾拉比連忙又包好頭，走出門來問道：「孩子，你有什麼事？」

「我有個問題要請教。」

「那就請講吧，孩子。」

「為什麼帕爾米拉地方的居民都長爛眼睛？」

「你提出了一個重要的問題，原因在於他們生活在沙塵飛揚的地區。」

那個人聽完，又走了。

過了一會，那個人又回來了，問：

「為什麼非洲人長的都是寬腳板？」

「你提出了一個重要的問題。」希雷爾拉比說，「原因在於他們生活在沼澤地帶。」

那個人聽完了，沒走，又說道：「我還有許多問題要問，但我怕惹您生氣。」

希雷爾乾脆把身上都裹好了，坐下來說：「有什麼問題，你儘管問吧。」

「你就是那個被人們稱為以色列親王的希雷爾嗎？」

「不錯。」

「要真是這樣的話，但願以色列不要有許多像你這樣的人。」

「為什麼呢？」

「因為為了你，我輸掉了400元。」

希雷爾問明情況後，對他說：

「記住了，希雷爾是值得你為他輸掉400元的，即使再加400元也不算多，不過希雷爾是絕不會發火的。」

在猶太人看來，忍耐是一種高素質的象徵，善於等待的人最終得到他想得到的一切。

正如一位猶太拉比所說：

如果你的表現不盡如人意，首先要採取的行動是以退為進，而不是鋌而走險。

只有嘗試才能得到正確答案

鼓勵孩子勇於嘗試，讓孩子不斷提升自我。猶太父母經常強調這一點。

父母是孩子最早的教師，父母的言傳身教對孩子的影響非常大。但很多父母在教育孩子時，往往只是直接灌輸自己的過往經驗，代替孩子回答問題，而不是啟發孩子，讓孩子在親身實踐中得出自己的答案。

猶太拉比經常給孩子們講這個故事。

18世紀下半葉，班傑明·韋斯特在英國畫壇的傑出表現被稱為藝術奇才的「橫空出世」。這位英國皇家學院的院長，一生的作品除少數宗教、神話題材的以外，絕大多數是描繪英國在殖民北美洲時期的歷史題材。他

被英王喬治三世奉為上賓，雷諾茲爵士稱他為最值得尊敬的怪物。班傑明·韋斯特1738年10月出生於美國，不到20歲就已經是紐約市頗有名氣的肖像畫家了。

　　關於自己的成功，他宣稱是母親的一個吻才使他有了今天的成就。班傑明·韋斯特的母親年輕時叫莎拉·皮爾森，是一個貴格會信徒的女兒，她嫁給了一個貴格會信徒韋斯特之後就一直定居在賓夕法尼亞州的印第安人居住地。他們共有十個孩子，班傑明·韋斯特是最小的。韋斯特的家庭很清貧，十個孩子的大家庭的重擔幾乎都壓在了莎拉一個人的身上。

　　1745年，班傑明·韋斯特7歲。這年夏天的一天，母親讓班傑明去照看親戚家的一個嬰兒。讓他用扇子趕走嬰兒臉上的蒼蠅。那天中午，在班傑明的細心呵護下，嬰兒慢慢地進入了夢鄉。小班傑明·韋斯特被熟睡著的嬰兒的異常美麗吸引住了。他用手在扇子上比劃著，好像要畫下嬰兒美麗的臉龐。這一切被母親莎拉捕捉到了。「你想畫下寶寶的臉嗎？」莎拉微笑著問班傑明。「我不會畫畫，我畫不出。」班傑明說。「可是你不畫怎麼知道你畫不出呢？」莎拉指著桌子上的一紅一藍兩瓶墨水說，「你試試。」母親說完便走了。班傑明拿出一張紙，打開墨水瓶，畫了起來。過了好一會兒，畫是畫好了，可是他的臉上、衣服上都沾了很多的墨水，桌子上也是一片狼藉。他擔心母親看到這個髒亂的局面的話他可能會挨罵。哪知母親走來後，用她特有的慈愛目光看了一眼那張畫，聲音顫抖著驚叫起來：「哦，天哪，這簡直就是小莎莉的照片啊！」然後她摟著班傑明的脖子，親吻了他一下，並且說，「總有一天你會成為一個偉大的藝術家。」

　　孩子的成長過程也是認知的過程，大人的經驗固然對孩子的成長有很大的幫助，但孩子的親自嘗試要比大人的教誨深刻得多。即使孩子在親身

體會的過程中犯錯誤，我們也要允許他們犯錯誤。因為他們有能力去犯錯誤，也同樣有能力改正自己的錯誤，在犯錯誤中得到正確的答案，那是最珍貴的。班傑明母親的做法就很值得我們學習。

孩子在日常的學習和生活當中會有許許多多的疑問。做家長的要意識到疑問是孩子求知的動力。猶太家長在孩子有了疑問的時候，先不忙著給孩子正確的答案，他們會因勢利導，讓孩子在疑問中探求事情的真相，藉此啟發孩子的探求欲望，這樣，孩子的分析問題能力和解決問題能力將會得到加強。

每位父母都應該像猶太家長那樣，鼓勵孩子勇於嘗試，讓孩子不斷提升自我。

דומלת

塔木德

第20輯

如何進行生命健康教育？

首先學會愛自己

基督教宣揚博愛，而猶太教卻教導人們首先要學會珍惜自己。猶太家長時常教育孩子：只有珍惜自己才懂得去珍惜別人。

一個15歲的女孩曾經問一位拉比：「我該怎麼做才能過充實的生活？」拉比的答案很簡單，只有4個字：「做你自己。」

在這個世界上，「我」是獨一無二的個體。「我」有自己的幻想、希望、美夢以及恐懼。「我」是自己的主人。因為「我」是自己的主宰，所以我能深刻瞭解自己。由於「我」認識自己，所以「我」能喜歡自己，接納自己的一切，進而將自己最好的一面呈現出來。

猶太人在2000多年的流浪漂泊中，受盡歧視、冷落甚至迫害。他們身在異地他鄉，除了依靠自己，再無別所依。因此，他們養成了依靠自己，靠自己來拯救自己的信念。

在他們看來，人活在世上，首先就要學會為自己謀福利，只有自己有了財富，才會真正具有幫助別人、普善眾生的力量；一個有價值的人生，就是靠自己奮鬥與拚搏，最終獲得成功的人生，而那些一天到晚心憂天下，而自己卻潦倒窮困的人，固然值得尊敬，但他們實際上並沒有做出貢獻。猶太人相信，只有懂得珍惜和完善自己，才真正懂得，也才真正有能力去幫助、去解救別人。

一個人愛自己的方式很多，你可以選擇從喜歡自己的身體開始。也許你的某些身體特徵確實令自己無法喜歡，你不停地羨慕別人。

對於自我形象，你也可以做出同樣的選擇。如在智力方面，你可以按

照自己制定的標準來判斷自己是否聰明。事實上，你越讓自己保持愉快，你也就越聰明。如果你在數學、英語或者寫作方面水準較差，這並不說明你智力很差，只不過是你到目前為止選擇的一種結果，如果你多花些時間加以訓練，一定可以大大提高自己的水準，因此，這與你聰明與否並無直接關聯。

有些人認為，自愛行為是一種無異於極端利己主義的令人反感的行為，這實在是一種極大的誤解。自愛與那種到處誇耀自己多麼了不起的行為，毫無共同之處。後者並不是一種自愛行為，而是企圖靠自吹自擂，來贏得他人的注意和贊許。它與自我輕蔑行為一樣，都是病態行為。自負行為的目的在於贏得他人贊許，採取這些做法的人，是根據別人對他的看法來評價自己。如若不然，他便沒有必要靠自吹自擂來說服別人。自愛則意味著你愛你自己，它並不要求別人愛你，因而也沒有必要說服別人。只要你接受自己便足夠了，自愛與別人對你的看法如何毫不相干。

猶太家長經常這樣教育自己的孩子：

如果要自愛，就必須摒棄一個觀點——人的自我形象要麼是積極的，要麼是消極的。實際上，你具有許多自我形象，而且它們經常在不斷變化。如果要你回答：你喜歡自己嗎？你可能傾向於將所有消極的自我形象彙集起來，說「不」。可是，如果你能具體分析自我嫌惡的表像的實質，你就可以明確努力的方向。

像愛惜生命一樣愛惜大自然

人應該居住在清潔的環境中，並且禁止任何人去做任何對城鎮的衛生

有害的事。

為了使人們生活在清潔的環境中，《塔木德》規定：「禁止生活在一個沒有一座綠色花園的城市裡。」

猶太人為使最神聖的耶路撒冷清潔、美麗，實行10個特殊的規定。其中包括：在城裡不得堆糞堆；不得建磚窯；除了早期先知們留下來的玫瑰園以外，不得耕種其他花園或果園；不得養雞；死人不能在城裡過夜。

城裡不得堆糞堆——因為會有害蟲在糞堆裡繁殖。

不得建磚窯——因為它帶來滾滾濃煙。

不得耕種花園或果園——因為肥料和腐爛的花、水果發出難聞的氣味。

為了使人生活在潔淨的環境中，猶太人可以說是世界上最有力的環境保護者。把人的生活環境作為生活文明的重要內容，這是猶太人較其他民族先進的意識，也是他們保持身體健康的生活智慧。

在猶太人的生活智慧中，還有一條就是猶太人像愛惜生命一樣愛惜大自然。

猶太人認為愛惜大自然，是敬重上帝的體現。

猶太人的這一觀念是出自《聖經》的記載和教誨。《聖經》中說：

上帝造出第一個人後，帶著他看遍了伊甸園中所有的樹木。

上帝對人說：「看啊，這些都是我的作品，它們多麼美麗，多麼值得讚美啊。我所創造的這一切都是為了你。想想這一點，不要使我的世界腐爛，也不要破壞它；因為如果你破壞它，就沒有人在你身後修補它了。」

猶太人認為，這個世界是上帝的選擇和被選擇中的人創造的。猶太人是上帝選中的人，因此，整個世界都是為他們創造的。為此，他們應該每時每刻地照料它、滿足它的需要。

猶太人對於上帝創造的世界的照料是如此悉心，如此認真。當亞述軍隊侵犯猶太王國時，猶太國王希西卡塞住了城外某處的泉源，使亞述人沒有水喝。但是，猶太拉比們知道了國王的做法後，不贊同希西卡的行動，因為在他們看來，堵塞泉源是一種對大自然的破壞行為。

在《聖經》中，猶太人甚至禁止在作戰時砍伐果樹，他們把它視為破壞自然平衡——即造物秩序的惡行。

對於砍伐果樹，猶太拉比們的看法是：

「你若長期圍困、攻打一座城，就不可舉斧子砍壞樹木，因為你可以吃那樹上的果子。田間的樹木難道是人可以糟蹋的嗎？無論是誰，只要砍伐結果子的樹，就要受鞭刑。」

在猶太人眼中，不僅在圍城時砍伐果樹是被禁止的，無論何時，只要是惡意砍伐果樹，都要懲之以鞭刑。但是，如果果樹對其他的樹木造成了破壞，或對別人的土地造成了破壞，或者它用於別的目的價值更大，那麼，可以砍伐它。

猶太法律禁止對樹木的惡意破壞是十分嚴格但又非常理性的。

猶太人對於愛惜大自然的心情略見一斑。愛惜大自然，保護我們的家園，是猶太人教育的成功之處。

飲食有度有時

拉比伽瑪列說：「我因三件事而羨慕波斯人：他們飲食有度，如廁有度，房事有度。」

猶太人也把飲食的節制，作為健康體格的先決條件，並把它看作是與

清潔相輔相成的。

猶太人飲食的「度」基本原則是：「吃（胃的容量的）三分之一，喝三分之一，留下三分之一的空。」平時，猶太人無論是出於貧窮，還是出於節儉，通常都是吃最儉樸的飯。《塔木德》中提到「窮人」做完工作回到家後吃的晚飯是「麵包加鹽」；然而，即使是吃得起佳餚美味的人，也是「早餐麵包加鹽，再加上一罐水」。

猶太人把這樣的飲食作為能除百病的飲食之道。

對於飲食，猶太人還有許多良言：

「從需要祭獻的白麵包中吃得最少的人，身體健康並有福氣，比他吃得多的人是嘴饞的人，比他吃得更少的人得腸胃病。」

「40歲之前吃飯有益，40歲之後飲酒有益。」

猶太人認為，合理的進食時間是感覺到需要進食物的時候，「飢時食，渴時飲」。作為原則，猶太人是每日兩餐，安息日例外，多加一餐。晚餐是一天的工作做完之後回家吃，而早餐是在工作之間吃。

《塔木德》為不同階層的人規定了一個進食時間表：

鬥劍士在第1個小時用早餐，強盜在第2個小時，有錢人在第3個小時，工作的人在第4個小時，老百姓在第5個小時。

另一種觀點認為：老百姓在第4個小時，工作的人在第5個小時，聖哲的門徒在第6個小時。

猶太人認為，吃早飯晚於這個時間就像把石頭扔進酒囊中。

拉比阿基巴忠告他的兒子：「早起床，先吃飯，夏天是因為熱，冬天是因為冷。」

吃飯時猶太人是坐著，因為猶太人認為，站著吃喝毀壞身體。猶太人還認為，人吃飯的時候不應該講話，以免把食物吃到氣管裡，危及生命。

猶太人在旅行時，往往會減少飯量。旅行的人吃的飯不應超過在荒年正常的飯量，猶太人認為這可以避免腸胃不適。

節制飯食和講究飲食之法，是猶太人身體健康、長盛不衰的重要原因，也是他們的生存智慧。

凡不潔淨的食物不能接觸

猶太學生常常因為亂吃東西，而遭到猶太拉比的批評。

按照《舊約聖經》中耶和華對猶太人的指示，猶太人把食物分成潔淨與不潔淨兩種，凡不潔淨的食物不能食用和接觸。

猶太人的主食是餅，有用小麥做的，也有用大麥做的，後者通常為家境不好者食用。由於餅在食物中占頭等地位，所以猶太人稱餅為「生命線」，吃餅時他們不用刀切，而是用手掰，唯恐用刀割斷了「生命線」。

猶太人對食物的潔淨與否，是這樣分類的：

走獸中，反芻的偶蹄類動物，如羊、牛等，是潔淨可食的。而奇蹄類動物，如駱駝、兔子、豬等，均是不潔淨的，不可食用。

水生動物中有鱗、有鰭的魚類為潔淨的可食物。無鱗、無鰭的如蝦、貝類等，為不潔淨的，不可食用。

雞、鴨等多數禽類可以食用，而天上的雕、鷹等飛禽不可食。鼬鼠、蜥蜴、壁虎等地上爬物也是不潔淨的，不可食用。

凡陸地、水中或空中靠食腐物為生的動物，因老、病而自亡的動物，都是不潔淨的，不可食用。

但是，即便是潔淨的動物，猶太人也要透過規定方式宰殺並加工後才

能食用。由於猶太祖先雅各與天使角力而傷腿筋，所以在宰殺牛羊時他們要挑出腿筋不食。

根據《舊約·出埃及記》中耶和華告誡摩西「不可用山羊羔母親的奶煮山羊羔」這句話，猶太人不同時食用肉類和乳類食品。

猶太人把食物分為可食和不可食之物，是出於宗教的目的。事實上許多規定人類不可食之物，並不是真正人類不能吃的。但是，把食物分為可吃和不可吃，卻是一種生活智慧的體現，這恰恰保持了宗教的純潔和身心健康。

在現代社會中，人們如果時刻能分清什麼可以吃、什麼不可以吃，這對於挽救快速滅絕的各種野生動、植物而言，無疑是一個福音。

食物營養搭配皆有說明

不是所有食物都適合每一個人，不是所有的人都喜歡同樣的食物。別以為你非嘗盡人間美味不可，別什麼都貪吃。吃太多會生病的。長此以往，你的胃就受不了。

大多數猶太人以素食為主。他們特別推崇吃蔬菜，對蔬菜有益健康的論述也頗為詳細。

關於蔬菜獨特的好處，猶太人在書中說：

「甜菜湯對心臟和眼睛有好處，對腸道好處更大。然而，甜菜湯只有放在爐火上發出嘟嘟聲響時才有此功效。」

「每30天吃一次小扁豆的人不得哮喘病；但天天吃卻不行。它會使你口的氣味不好。」

「馬鈴豆對牙齒不好，卻有益於腸道。」

「捲心菜有營養，甜菜能治病。」

「大蒜有五種作用：它可以充飢，它可以使身體保持溫暖，它能使臉龐發亮，它能增強人的力量，它能殺死腸內的寄生蟲。」

「小蘿蔔是生命的萬應靈藥。」

「但是人不得食用洋蔥，因為它含有刺激性液體。」

同時，猶太人又認為生吃蔬菜是有害處的。

猶太教「不允許先哲的門徒居住在無法吃到蔬菜的城市，因為蔬菜有益健康」。然而，拉比卻對教徒們還有另一種訓示：「三件東西能夠增加糞便，降低體能，並且奪走人眼睛光澤的五萬分之一，即粗麵包、新釀的酒，還有蔬菜！」其中的蔬菜是「生的蔬菜」。猶太人認為：「所有的生蔬菜都會使膚色蒼白。」

為了消除食用某些蔬菜所帶來的有害後果，猶太人又有自己的妙法，即要消除萵苣的危害就吃蘿蔔；要消除蘿蔔的危害就吃韭蔥；要消除一切蔬菜的危害都應喝熱水。

此外，在各種對人體有益的食物中，猶太人最推崇魚、蛋、蜂蜜。

在猶太人眼中，常吃小魚的人不會患消化不良。小魚還能使人體生殖力強盛並且健壯。

但是，猶太人又認為，用鹽醃製而保存起來的魚並不好。因此，猶太人又有這樣的說法：「醃製的小魚有時會在每月的初七、十七致人死命。」有些人則說是在每月的二十三。

當然，猶太人認為這只是適用於沒有燒透的魚；如果燒透了，則不會有問題。如果魚燒透了，吃魚的人倘若吃過之後不喝點啤酒，可能還會發生這種情況；但如果喝了啤酒，則不會有問題。

按體積來說，猶太人認為，最有營養的食物是雞蛋。

對於煮雞蛋，猶太人有這樣的說法：「從營養上說，煮雞蛋比任何與之同樣大小的食物都要好。」

但是，猶太人又認為吃雞蛋太多，則可能有害。「凡吃上40個雞蛋或40個堅果或二兩半蜂蜜的人，他的心將被撕出來。」

在水果中，最令猶太人滿意的是棗。

猶太人認為，「棗為身體增加熱量，令人感到愜意，理順大便，增強體質，並且不傷心臟。早晨和晚上食用對身體有益，下午食用對身體有害，中午吃棗好處無與倫比，這時棗能驅憂鬱、助消化、癒痔瘡。」

「蜂蜜及一切甜食有助於傷口的癒合。」

從現代科學來看，魚、蛋、棗和蜂蜜確實是富含營養或含有對人體有益的多種元素的。猶太人從許多食物中能夠挑選出這幾種東西，如此崇尚，確實是獨具慧眼，並且是很有科學見地。

不要吃對身體有害的東西

《塔木德》中說：孩子，在你的生活中，要節制食欲，不要吃對身體有害的東西。不是所有食物都適合每一個人，不是所有的人都喜歡同樣的食物。別以為你非嘗盡人間美味不可，別什麼都貪吃。吃太多會生病的。長此以往，你的胃就受不了。

《聖經》中說：不要吃自己所不喜歡的食物，否則就違背了三條戒律：輕視自己，輕視食物，同上違背了祝福。

猶太人認為孩子在成長發育中有以下需要：

維生素：維生素能增強日常飲食不佳者的智力。血液內維生素含量不夠的兒童，可適當補充維生素。在今天，大多數的孩子身體的營養狀況很好，正常飲食就可以使他們得到足夠的維生素，不需要添加劑。

　　食物：包括穀物、麵包以及橘子（促進鐵的吸收）在內的早餐能為大腦提供良好的養料。

　　水：水分缺失有損思考。含糖飲料會引起血糖濃度激增，影響能量的穩定釋放。茶和咖啡是利尿劑。

　　新鮮空氣：新鮮的氧氣有助於大腦正常的工作。兒童應當在涼爽、通風的環境之中活動，並多做深呼吸。

　　健腦操：兒童可以做一些簡單的鍛鍊——例如頭部的按摩和胸部的按摩來啟動大腦功能、緩解精神壓力以及增強注意力。

　　交談：父母應當在孩子4歲左右時，從哲理角度和他們進行談話，以此來加強孩子的思維能力與好奇心。

　　音樂：教授孩子古典音樂，能改進他們識別時空物質形態的方式。

　　電視：限制孩子看電視。

　　睡眠：小孩子每晚應當保持在10個小時以上的睡眠，而且應該在晚上九點鐘以前上床睡覺。

　　環境：把孩子的寢室粉刷成藍色，這將促進孩子放鬆情緒。

　　憂鬱：在生活中我們時常會碰上這樣的孩子，任性、易怒。殊不知，當今的學習和工作節奏要緊張得多，精神負擔、各種複雜情況要比20年前增加數倍。孩子要碰上許多許多消極的社會問題與社會現象，而這些現象正是孩子們的家長所沒有碰到過的。

　　人格障礙：精神病學家研究發現，孩子小時精神壓抑，長大後會成為人格障礙患者。嬰兒獨自睡覺，愛撫、安慰不夠，長大以後可能容易出現

精神緊張性障礙和人格問題。嬰兒需要身體上的接觸，因此才不能把他們包裹在毯子中，任由他們啼哭幾個小時。研究人員在美國科學促進協會年會上說，他們已經發現精神壓抑所引起的嬰兒腦內發生物理變化的證據。嬰兒獨自睡覺，精神是非常緊張的，我們可以從嬰兒的哭泣中發現這一點。

不要逼孩子盲目減肥：今天的孩子普遍肥胖。如果說你硬要去逼一個孩子，就會把事情弄得更糟。當然，這不排除你用飲食和運動來達到為孩子減肥的目的。

דומלת

塔木德

第21輯

如何進行社交教育？

鼓勵孩子走出家門

一句溫馨的祝福比得過大筆的資金。社交能力是孩子所必需的一種能力。

好多父母對孩子關切過度，事事代為安排，往往令孩子失去發展合群性的機會。例如當孩子學習自己玩的時候，父母常過分注意他，拿東西給他、抱他，令孩子不能自由、充分地發展自己的興趣，這樣的孩子很少向人打招呼。因為總是父母先開口，教他叫某叔叔或某阿姨。父母常喜歡拿他來向人炫耀，次數多了則令孩子感到尷尬。孩子生病時，父母總是不眠不休的細心照顧，同樣，當孩子頑皮時，父母也往往把事情看得太嚴重，以致小題大做。

凡此種種，使孩子太少練習說話能力，不懂如何合群與討人喜歡。入學以後，這類孩子也很難適應學校生活，不容易結識朋友。與同齡的夥伴玩耍時，也不能相安無事，不是畏縮，便是爭吵打架，最後被群體孤立。

正因為以上原因，使當代獨生子女的社會適應能力普遍發展較緩慢。如果不能及時輔導，孩子便逐漸養成內向、孤僻、沉默寡言、軟弱怕事的性格，沒有通常小朋友的天真活潑氣息。另一方面，也會造成做事過分認真，追求完美，以至容易鑽進「牛角尖」。

一個女孩走過一片草地，看見一隻蝴蝶被荊棘弄傷了，她小心翼翼地為牠拔掉刺，讓牠飛向大自然。後來蝴蝶為了報恩化作一位仙女，向小女孩說：「為了報答你的仁慈，請你許個願，我將幫您實現。」小女孩想了一會說：「我希望永遠快樂。」於是仙女彎下腰來在她耳邊悄悄細語一

番，然後消失無蹤。小女孩果真很快樂地度過一生。當她年老時，鄰人問她：「請告訴我們吧，仙女到底說了什麼，讓您的一生都這麼快樂？」她只是笑著說：「仙女告訴我，我周圍的每個人，都需要我的關懷，需要我真心以待。」

讓我們來看看猶太父母培養孩子社交能力常用的方法吧。

1.創造平等和諧的交往氛圍

家長不能擺出「長者尊嚴」的面孔訓斥孩子。家庭中涉及到孩子的問題，更應想到孩子，聽聽他們的意見。家庭中的大事，孩子可以知道的應該讓孩子知道，適當地讓孩子「參與」。

2.教給孩子基本的交往技能

孩子的交往技能，如分享、協商、輪流、合作等，需要家長在潛移默化中傳授給孩子。通過一個個生動的故事，教孩子學會關懷別人——這正是與他人積極相處、培養孩子的社交能力的根本。

3.鼓勵孩子走出家門

交往的技能只有在與人交往中才能學會，家長應該盡可能地為孩子打開生活空間，鼓勵孩子走出家門，廣交朋友，為孩子提供更多的交往機會。

如：讓孩子去找朋友玩，邀請鄰居家的小孩子、同班同學來家做客；適當地帶孩子進入自己的社交圈，外出坐客時，盡可能帶孩子參加，提醒孩子注意大人間的交往與談話禮貌；家中有客來，把孩子介紹給大家，讓孩子參與接待，倒茶、讓座、談話等等，不要一味地將孩子趕走。

讓孩子在實踐中學習交往，有利於消除孩子交往中的膽怯、恐懼心理。平時家長還可以讓孩子去完成一些需要交往的任務，比如說去樓下小店買個日用品，幫忙把需要轉交的東西送到某處等等。

4.鼓勵孩子的每一點進步

隨著孩子的成長，在與他人交往時一定會有明顯的進步，一見陌生人就膽怯退縮不敢說話等情況一定會有所改變。這時候，家長應及時去發現孩子的每一點變化——課堂上勇敢地舉手發言；第一次主動與教師打招呼；熱情邀請同學來自己家做客；向一個陌生人微笑致意；購物時學著討價還價；同情弱者；幫助他人——所有這一切，你要隨時看在眼裡，記在心裡，並持續不斷地鼓勵他。如此堅持下去，你一定能看到孩子的良好表現而備感欣慰。

人是有社會性的，每個人要想在社會上生存，就必須學會與他人溝通、交流，掌握一定的交往技巧。

父母要做的，就是讓自己的孩子早日融入社會這個大家庭。

洩露祕密意味著失去友誼

「能夠守口如瓶的人才是善於處世的高手。」《塔木德》上如是說。

在處世智慧中，猶太人很強調為人保守祕密。保守祕密是一個人是否值得信賴的試金石。猶太人常常把人的價值用保守祕密到何種程度來予以計量。同樣，他們認為沒有祕密就不算真正的兒童時代。祕密的存在可以幫助兒童的成長。但是，保密與撒謊之間的痛苦賺扎，始終會伴隨著擁有祕密的兒童。

猶太人告訴孩子許多格言，說明保守祕密的重要性：

「聽到祕密很容易，但要將之保存下來則是很困難的。」

「有三個以上的人知道的消息，就不能稱之為『祕密』了。」

「只有傻瓜和小孩不能保守祕密。」

在眾多猶太人守祕的格言中，猶太人最喜歡的是：

「喝下祕密這種酒，舌頭就會跳起舞來，所以應該特別小心。」

個人祕密會影響人際關係，人們通常會把祕密告訴自己信賴的人，圍繞在祕密知曉者之間的是親密關係，而被祕密排斥在外的，則有可能是排斥關係甚至敵對關係。

孩子們的祕密多種多樣，有不讓父母知道的祕密、有不讓朋友知道的祕密、令人難以理解的幻覺祕密、藏身或脫身的祕密場所、被人出賣的祕密、被人信任的祕密以及與其他重要的人共同擁有的祕密。

一項心理研究發現，只有6～9歲的孩子才會經常去思考該不該把祕密洩露出去的問題。10歲的孩子就會用友誼的標準來衡量自己的行為。12歲的孩子就越來越能夠感覺到自己有為他人保守祕密的責任，他們認為，洩露他人的祕密就意味著自己失去一份友誼。如果他們洩密，會受到朋友和良心上的譴責。

猶太人認為當一個人得知一個祕密時，都會沉不住氣地想把那一份祕密透露出去，並且認為這是人之常情。因為一個人擁有某種祕密時，他希望可以藉此引人注意。每一個人都喜歡打探別人的祕密，同時也希望吸引眾人注目的眼光。說出祕密時，必定會受到大眾的注目，而使人覺得高人一等。但是，猶太人又認為，當一個人從朋友甲處聽來一件祕密，再將此祕密轉告給乙時，表面上似乎非常信任乙，事實上卻不是這樣。他非但不信任乙，而且也已經辜負了朋友甲的信任。

為此，拉比教育學生說：「只要祕密仍在你手中，你便是祕密的主人；但當你說出祕密後，便會成為它的奴隸。」

在日常生活中，猶太人保守祕密，為人守口如瓶，常常表現為對別人

隱私的尊重。

有一次，占卜者巴拉姆去詛罵以色列人。可是，一看到他們的營地，他就開始為他們祈禱。原來，巴拉姆看到以色列人的帳篷並非彼此正對著，他認為他們尊重彼此的隱私，所以為他們祈禱。

猶太人把對隱私的高度尊重訴諸法律，防止對隱私做任何方式的探查。為了尊重別人的隱私，猶太拉比告誡人們說：

「在他宣誓的時候，不要向他提問。」

「當你的朋友憤怒的時候，不要試圖安慰他。」

「屍體還停在他面前的時候，不要試圖消彌他的悲傷。」

「在他不幸的時候，不要堅持去看他。」

《塔木德》規定，如果一個人的屋頂特別高，高到可以俯瞰鄰居的庭院，他應該在屋頂周圍修建足夠高的欄杆，以攔住視線，使自己看不到別人家的庭院。

拉比們是這樣解釋特殊規定的：

庭院的主人只在特定的時候使用自己的院子，可是屋頂的主人卻沒在特定的時間使用他的屋頂。庭院的主人沒法知道屋頂的主人什麼時候到屋頂上來，這樣庭院的主人就沒法不讓人看到自己在院子裡，也沒辦法保護自己的隱私。

所以，每一個猶太父母都會教育小孩要尊重別人，尊重他人不同的生活習慣，保守別人說給自己的祕密。只有這樣，才能成為一個值得別人信賴的人，成為一個人人尊敬的人。

有尊重才能有自信

猶太人培養孩子獨立意識的做法，在我們看來雖有些殘酷，但絕對理智。它正是猶太民族長期流而不散的一個重要原因。

這種相信自己的思想，是孩子們獨立意識形成的基礎，它使猶太小孩從小便有獨立生活的意識。他們相信，只有自己才能養活自己，靠別人來生活絕對是天真的幻想。

因此，他們在任何條件下，都能頑強地生存下去。他們憑藉的是自己的能力，再加上強烈的生存意識，他們當然能找到賺錢的好辦法去解決自己的生活問題。

而商業經營者作為獨立掌握自己命運的分子，首先應具備的便是這種理智的獨立意識與生存意識。

這種意識還構成了猶太商人自我保護的「防護膜」，使他們從不陷於別人的商業陷阱。

具有獨立意識，只是你掌握自己命運的第一步，你還必須具有自強不息的精神。可以說，自立當自強，自強促自立，兩者相輔相成。

傑出的人物之所以能成功，一個重要的原因就是他們具有必勝的信念，均能自強不息。生活中總有許多人抱怨自己沒本事，從而消極平庸，但實際上每個人都有成功的潛質，正如拿破崙所言：

「世上沒有廢物，只是放錯了地方。」只要選對適合自己的路，堅持下去，自強不息，積極進取，就一定能成功。

自強不息是猶太人的一個優良傳統，在困難和挫折面前，他們從不退縮，迫害和殺戮也封鎖不了他們前進的路。從羅馬帝國時代起，猶太人便

被迫離開故土，流散天涯。在漫長的流亡漂泊歲月中，猶太民族的特性、宗教、語言、文化、文學、傳統、曆法、習俗和智慧沒有因這兩千多年的悲慘民族史而分崩離析，他們至今仍保持著自己民族的特色和凝聚力。千百年來，猶太人人才輩出，精英遍佈世界。處境惡劣與成果卓著形成的強烈反差，是這個民族旺盛的生命意識和自強不息的進取精神的反映。

教育孩子首先要培養孩子自信的優良品格，這一點十分重要。一個自信的孩子首先必須得到父母和他人的尊重。有自尊才能有自信，因此，對父母來說，要孩子自尊，父母就要尊重孩子，讓孩子處處感到父母的愛和因為他帶給父母的自豪。

跟狗玩就會有跳蚤上身

一位忠實的朋友，就像一頂牢固的帳篷，會為你遮擋風雨。他是無價之寶，不要輕易忘掉。

有個富翁生了10個兒子，他計畫自己去世的時候給他們每人100第納爾。

可是，隨著時光流逝，他失去了一些錢，只剩下950第納。所以他給前9個兒子每人100第納爾。最後他對最小的兒子說：

「我只剩下50第納爾了，我還得留30第納爾作喪葬費。我只能給你20第納爾。不過，我有10個朋友，準備都介紹給你，他們比100個第納爾好多了。」

他把最小的兒子介紹給朋友們，不久就死去了。

前9個兒子各自謀生，最小的兒子也慢慢地花著父親留給他的那點錢。

當只剩最後一個第納爾時，他決定用它請父親的10個朋友美餐一頓。

父親的朋友們一起聚餐時，紛紛說：「在這麼多兄弟中，他是唯一還記得我們的人。讓我們對他仁慈一些，報答他對我們的好意。」

於是，父親的朋友們每個人給他一隻懷了牛犢的母牛和一些錢。母牛產下小牛，他賣了牛犢，開始用換回來的錢做生意。上帝保佑他，他比自己的父親還富有。

後來，他成為一名拉比。他說：「我父親說朋友比世上所有的錢都珍貴，這話一點都不假。」

正因如此珍重友情，猶太人交友時非常慎重，絕不濫交朋友。他們有一則最出名的交友格言就是：「跟狗玩，就會有跳蚤上身。」

猶太人認為，沒有朋友的人就如同失去手臂通常。他們將朋友分為三種：第一種是像麵包一樣的朋友，不可或缺；第二種是像酒一樣的朋友，偶爾需要；第三種是像狗一樣的朋友，不注意躲閃，就會引得跳蚤上身。

一位猶太哲人這樣寫道：

「親切可愛的演講獲得熱烈的掌聲，和藹可親的神態受人歡迎。」

「許多人向你祝賀，但真正的朋友萬裡挑一。」

「如果你想要得到朋友，那需要患難見真心，切不可輕信。」

「一些人是階段性的朋友，在你危難時他就會離你遠去。」

「一些人是酒肉朋友，在你幸運時對你笑臉相迎，在你不幸時逃之夭夭。」

「某些朋友翻臉不認人，一有利益衝突，就會變成敵人。」

「一位忠實的朋友，就像一頂牢固的帳篷，會為你遮擋風雨。他是無價之寶，不要輕易忘掉。」

「走進香水店，就算什麼都不買，也會沾上芳香的氣味。」

不懂禮節就被瞧不起

在猶太人看來，不論一個人的思想多麼超前、世界觀多麼先進，也不論一個人多麼富有，如果他不懂得禮節，不善於在各種不同的場合保持大方的舉止，他就會被人瞧不起。

一位猶太拉比說：一個人要保持良好的風度，表現出很好的修養，就不要忸怩作態，不要看不起別人。我們不要因為自以為自己具有某些長處，便以為應在別人面前佔優勢。我們應該謙虛本分地接受別人對我們的批評。

猶太教育家彌塞亞說：行為美是一種表現方式，要掌握好方法。有時幫助了人，卻有可能因為不得體而使對方或旁觀者不悅。

培養行為美，一直為猶太人所重視。早在猶太的遠古時代，培養優美的行為舉止就成了社會所關注的事。從西方到東方每個民族都有著他們一系列的舉止儀式，他們透過一些專門學校和體育場所來訓練人們的舉止儀態。

在猶太民族的普通小學，都特別注重培養學生的舉止和禮節。同時還有大量指導禮節的書籍。

猶太教師在接受禮儀培訓的過程中首先要接受這樣的培訓：你們在生活中每時每刻都在教育孩子，即使你們不在家的時候，也如此。你們怎樣穿著打扮，怎樣與其他人談話，如何議論別人，怎樣對待朋友和敵人，怎樣笑，如何看報——所有這些，無不對孩子具有重大意義。孩子能覺察到你們語氣和臉色最細微的變化，通過各種無形的途徑瞭解你們思想情緒的變化。

猶太拉比以利亞拉說：

不要忽略教育的任何一個方面，要教育孩子們講究整潔，保持身體和服裝的清潔，講究舉止風度和待人接物的尊嚴，同時要以普遍而永恆的本源來說明這一切的必要性——這種必要性不是來自社會身份等級地位的虛假要求，而是來自崇高的人類稱號；也不是來自禮儀表面的虛假觀念，而是來自人類尊嚴的永恆觀念。

人類的尊嚴、人道主義、對周圍人們的關心，同時也表現為對自己舉止風度美的關心——這就是猶太人衡量行為美的標準。

一個孩子的行為美是社會進步的一大標誌，是社會的一種需求，也是為人父母者所面臨的挑戰。

雖然他有著無窮的智慧和神祕的外表，卻因他凡人的品性和粗俗的舉止，使他陷在日常生活的瑣碎問題之中。一個人的修養從哪裡開始，就會沿著哪條線前進。

優秀的孩子不是孤獨的

任何一個有所作為的人，總是在團隊中獲得成就的。除非這個人是苦思冥想的思想家與哲學家，遠離人群才讓他感到精力充沛，才思敏銳。

猶太雅波尼拉比有個很受歡迎的說法：

我是上帝的創造物，我的鄰居也是上帝的創造物。我在城區工作，他在農村工作。我為我的工作而早起，他為他的工作而早起。正如他不擅長我的工作，我也不擅長他的工作。你會說我做的事情了不起，那麼他做的事情就很渺小了嗎？

不要鄙視任何人，沒有什麼不可能。因為任何人都有自己的事情，任何事情都有它的價值。

人不應該在睡著的人群中清醒，也不應該在醒著的人群中睡著。

不要在歡笑的人群中哭泣，也不要在哭泣的人群中歡笑。

不要在別人站著的時候坐下，也不要在別人坐著的時候站著。

總而言之，人不應該從他身邊人的行為狀態中脫離出來。

任何一個有所作為的人，總是在團隊中獲得成就的。除非這個人是苦思冥想的思想家與哲學家，遠離人群才讓他感到精力充沛，才思敏銳。

在孩子漫長的一生中，團隊精神直接影響著他的命運。父母從小就要讓孩子學會與他人相處合作。

孩子在3、4歲時，就願意加入到群體之中。到6、7歲之時，孩子們就開始意識到，加入某一個群體使他有精神的歸屬感，可以增強信心，他們甚至會死心塌地忠誠於這個團體。

孩子在這個年齡層，最為痛苦的事是被同伴排斥。一個孩子如果得不到同伴或得不到團體的接受，這對孩子來說是十分痛苦的事，自信心就會受到挫折。

一位猶太教育家認為，通常會有兩類孩子遭到夥伴的排斥：

一是出於特殊原因暫時被拒絕。這種情況主要是由於遷居他處，人生地不熟。通常來說，經過一段時間後，孩子就會找到他的夥伴，很快被同伴們所接受。

另一種情況是孩子的性格所造成的。例如有的孩子性格內向，離群索居，極為害羞。有的孩子性格極為外向，富有侵略性，脾氣暴躁。這兩種孩子的情況比較讓父母擔心，如果不加以引導，他們就會變得非常孤僻，容易沉浸於暴力與報復性行為的幻想之中。如果父母不加約束與管教，就

有可能走上犯罪之路。

　　為了避免以上這幾種情況的出現，父母可以從多個方面來幫助孩子：

　　不要把孩子死死限制在家中，這樣孩子可能會更加封閉。父母要鼓勵孩子參加團體活動，讓他們開眼界，長知識。孩子長到7、8歲時，就要鼓勵他們參加各種活動與團體。如果孩子是被某個團體所拒絕，可以讓孩子參加一些以某項技能、興趣愛好、交流指南等為基礎的特定的團隊。在這些主題團隊中，成員在個性、興趣和社會技能方面更有可能處於同一水準，因而孩子們更容易相處。

　　如果孩子暫時沒有朋友，父母就和孩子站在一起，給孩子一種心靈的安慰，不要讓孩子有失敗感與無能感。縱然這種安慰是暫時的，卻是孩子需要的。

　　讓孩子在家庭中成為主角，比如可以讓孩子制定家庭旅遊計畫，成為旅遊的計畫者，讓孩子安排家庭活動等，這樣可以訓練孩子在社交上的能力與技巧。

　　父母可以加入某個社團，這樣會讓孩子受到感染。深厚的家庭傳統是重要的資源，它會讓孩子受益無窮。

理解別人的痛苦

　　一個人能否成為受別人歡迎的人，很大程度上取決於他是否具有同情心，是否關心別人。

　　在猶太人中，父母從小就讓孩子養寵物，促進孩子的同情心和責任感。很多家長還帶孩子去動物領養機構，讓孩子領養無家可歸的動物。

在他們看來，從關心小動物到關心他人，對孩子來說這二者沒有太大的區別，但孩子的同情心卻可以在照顧小動物的過程中一點點的積累起來。

　　孩子在1到3歲之間，已經能分辨出自己和他人，同時也能分辨出自己的痛苦與他人的痛苦。在一歲之前的孩子是分不清自我和他人，分不清自己和世界的。自己的痛苦和世界之間有什麼關係，他人的痛苦和自己有什麼樣的關係，對這個時期的孩子來說是混混沌沌的。所以我們只看到這個時期的孩子哭。當他看到別的孩子哭泣時，自己也會跟著哭。

　　孩子到了3歲左右時，就會對他人的痛苦表現出本能的同情了，如表露出關心的表情，同情的關注，甚至用充滿同情的肢體接觸，撫摸、輕拍，以示安慰。然而，在此階段，孩子仍然不具備語言的安慰和更為高級的同情、關心行為。

　　孩子到了5至7歲時，他們就已經具備對他人的同情認知的回饋能力。也就是說，已經超越了他人哭我也哭，或者說是他人哭我立即跑過去表示「安慰」的階段，而是能夠根據別人痛苦的情況，決定安慰的時間和關心的形式：是陪別人哭，還是語言安慰，或者說是去叫大人來處理等等。

　　孩子到10歲左右時，許多孩子已經能夠用理智的態度來對待弱勢或者是劣勢的人和事，表現出恰當的同情心和關心。這個時期的孩子的同情心已不再局限於家庭或者是認識的人身上了，他們已經把同情心擴散到任何一個弱勢或者是劣勢的陌生人和事件上了。

　　從上面這些孩子的年齡段來分析，培養孩子同情心的最佳時機是從小時候開始。此時一方面孩子已經具備了形成同情心的心理基礎，另一方面是孩子的模仿能力強，父母透過言傳身教，就能增強孩子的同情心。

　　孩子具有天生的同情心，父母應該注意保護、培育，不要輕易扼殺。

當孩子做了好事時，父母要多加鼓勵。因為父母的信任感，外界的回饋會促進孩子有更多的行動，孩子與父母的互動會形成良性的循環。

《塔木德》中說：

如果一個人知道悔過，別人就不應該對他說：「記住你從前的所為。」

如果他是贖罪者的兒子，他不應該受到奚落：「記住你的父親做過的事。」

關注孩子成長的父母，一定要警惕孩子冷漠心態的滋生與發展。要多帶孩子到生活中去感受他人的苦難，理解什麼是愛，讓孩子多參加各種社會公益活動⋯⋯

當孩子有熱心行為時，父母要及時給予表揚、鼓勵、獎勵。孩子在你的鼓勵下，會變得更加有愛心，終將成為播撒幸福的使者。

與他人保持不同的立場

《塔木德》說：「不要害怕與他人保持不同的立場。」

許多猶太人正是在這句格言的鼓勵下走向成功的。

黛比出生在一個有很多兄弟姐妹的大家庭。從小她就非常渴望得到父母親的讚揚和鼓勵，但是由於孩子多，她的父母根本就顧不上她。這種經歷使得她長大成人後依然缺少自信心。她後來嫁給一個非常成功的高級管理人員，但美滿的婚姻並沒有能改變她缺乏自信的心態。當她與朋友出去參加社交活動時總是顯得很笨拙，唯一使她感到自信的地方和時間是在廚房裡烤麵包的時候。她非常渴望成功，但是鼓起勇氣從家務中走出去，做

出決定去承擔具有失敗風險的羞辱，對她來說是想也不敢想的事情。隨著時間的推移，她終於明白自己要嘛停止成功的夢想，要嘛就鼓起勇氣去冒一次險。黛比這樣講述自己的經歷：

我決定進入烹飪行業。我對我的媽媽爸爸以及我的丈夫說：「我準備去開一家食品店，因為你們總是告訴我說我的烹飪手藝有多麼了不起。」

「噢，黛比，」他們一起驚呼道，「這是一個多麼荒唐的主意。你肯定會失敗的。這事太難了。快別胡思亂想了。」你知道，他們一直這樣勸阻我，說實話，我幾乎要相信他們說的了。

但是更重要的是我不願意再倒退回去，再像以往那樣猶猶豫豫地說：「如果真的出現……」

她下決心要開一家食品店。她丈夫始終反對，但最後還是給了她開食品店的資金。食品店開張的那一天，竟然沒有一個顧客光臨。黛比幾乎被冷酷的現實擊垮了。她冒了一次險，並且使自己身陷其中。看起來她是必敗無疑了。她甚至開始相信她的丈夫是對的，冒這麼大的險是一個錯誤。但是人就是這樣，在你已經冒了第一個很大的險以後，再去面對風險就容易得多。黛比決定繼續走下去。

一反平時膽怯羞澀的窘態，黛比端著一盤剛烘製好還熱騰騰的食品在她居住的街區，請每一個過往的人品嘗，所有嘗過她食品的人都認為味道非常好。人們開始接受她的食品。今天，「黛比‧菲爾茲」的名字在美國數以百計的食品商店的貨架上出現。她的公司「菲爾茲太太原味食品公司」是食品行業最成功的連鎖企業。今天的黛比‧菲爾茲已經成了一個全身都散發出自信的人！

一位猶太拉比教育學生：

當你面對風險有些猶豫不決，又得不到親人、朋友支持的時候，不妨

大膽些，只要認定了自己的道路，充滿信心，就可以放手一搏，及時邁出決定性的第一步。

再好的東西也不要強加於人

《塔木德》中記載著這樣一個故事：

皇帝安東尼有一次派使者到朱丹拉比那裡，問這樣一個問題：「國庫馬上就要空了，你能給我一個增加收支的建議嗎？」

朱丹拉比一句話也沒有回答，他把使者帶到自己的花園裡，然後安靜地做起事來。他把大的甘藍拔掉，種上小甘藍，對蘿蔔和甜菜也是這樣。看到朱丹拉比無意回答問題，使者對他說：「請您抽出寶貴的時間，給我個回信。」

「你什麼都不需要，馬上回到皇帝身邊去吧！」

於是，使者返回到皇帝安東尼那裡。

「朱丹拉比給我什麼回信了嗎？」皇帝問。

「很遺憾，他沒有。」

「那他給你說了什麼嗎？」

「也沒有。」

「那他一定做了什麼吧？」

「是的，他把我領到他的花園裡，把那些大棵的蔬菜拔掉，種上小的。」

「那我明白他的建議是什麼了！」皇帝興奮地說。於是，他立刻遣散了他所有的稅收大臣和官員，換成少量且更誠實、更有能力的人。不久，

國庫就充足起來。

猶太人運用這個故事說明：不要去強迫別人做他們不願意做的事情。這正是猶太父母的一個教子智慧。

在現實生活中，人們進行種種欺騙的事情屢見不鮮。但是，猶太人認為壞事掩不住別人的耳目，人們終會有一天發現事情的真相。即使能夠僥倖地瞞過別人，但是做了壞事之後，自己的心裡一定會覺得很不舒暢，並時時懷著恐懼之心。因此，以不利條件強迫他人的做法是不可取的，不能強迫別人。

猶太父母經常給孩子們講這樣一個故事：

有一天，拉比在路上碰到兩個男孩正在爭辯。兩個男孩子正在面紅耳赤地爭論到底誰的個子比較高，吵來吵去，還是沒有結果。後來，其中一個男孩強迫另一個男孩站在水缸裡和自己比較，他終於證實了自己的個子高一些。

拉比看到了這一幕，很傷心地對自己的弟子說：「是否世界上的人都經常這麼做呢？為了證實別人不如自己，就強迫別人站到水缸裡；如果別人不願意下去，他們就會自己爬到椅子上面，以顯示自己優越於別人。」

猶太人經常引用這個故事告誡那些以不利條件去強迫別人的人。

再好的東西，如果不加節制地強加於人，也會令人討厭。

因此，猶太人在教育孩子和別人進行競爭時，總是站在平等公平的立場上，而不是以不利的條件去強迫別人。

דומלת

塔木德

第22輯

如何進行處世教育？

遇到馬路消息趕快逃跑

猶太人認為話一旦說出口，就像射出的箭，再也不能收回了。他們教育孩子，話不可以隨便亂說，應該一字一句地斟酌才對。

猶太人認為，長舌遠比三隻手更令人頭痛，假話傳久就會變惡言，謠言足以隔離親近的朋友。因此，不要用嘴巴去發現看不見的東西。同時，猶太拉比們還告誡學生說：「遇到鬼的時候，你一定會拔腿就跑；同樣的，遇到馬路消息時，你也要快速地逃。」因此，猶太人總是尊敬那些懂得聽話藝術的人，而討厭那些只是喋喋不休地說個不停的人。

拉比西蒙對他的僕人塔拜說：「到市場去給我買些好東西。」僕人去了，帶回來一個舌頭。他又對僕人說：「出去到市場上給我買些不好的東西。」僕人去了，又帶回來一個舌頭。拉比對他說：「為什麼我說『好東西』你帶回來一個舌頭，我說『不好的東西』，你還是帶回來一個舌頭？」僕人回答說：「舌頭是善惡之源。當它好的時候，沒有比它再好的了；當它壞的時候，沒有比它更壞的了。」

基於此《塔木德》告誡人們說：「不要說得太多——要習慣傾聽多過說話。」對此，《塔木德》又說：「神為什麼給人兩個耳朵，卻只給人一個嘴巴呢？這是因為神要告誡我們：聽的分量要有說的兩倍，因此才這麼做的。」

猶太人認為，愚者常常暴露出自己的愚昧，賢者卻總是隱藏自己的智慧。假如想活得更幸福、更快樂的話，就應該從鼻子裡充分吸進新鮮空氣，而始終關閉你的嘴巴。

「青蛙、蛤蟆日夜不停地叫，叫得口乾舌燥也沒人注意到牠的存在，可是公雞每天按時啼叫，一啼人們就知道是天亮了。話說多了並沒有好處，只要說的是時候就行了。話說多了不僅沒有好處，甚至還有許多壞處；你在上課的時候老是不停地和鄰座同學講話，不但無法專心學習教師講授的東西，也妨礙了別人的安寧。平時和朋友聊天，你若是滔滔不絕地講個沒完，就會給人『沒修養』的感覺；況且話說得多了，出口不夠慎重，難免又在無意間得罪了別人。」

「應該由心來操縱舌頭；而不應該由舌頭來操縱心。

少說多聽已成為猶太民族的處世祕密之一。他們也是這樣教育自己的子女的。他們告訴孩子舌頭可比刀劍，必須小心使用，否則不但會傷害別人，而且還會傷到自己。

說大話者讓人鄙視

只有凡事符合實際，才能令人信服，贏得他人的信任。盲目吹噓只會引起別人的反感，久而久之，會失去原本相信自己的朋友。

虛張聲勢，向來是不可怕的。說大話者永遠讓人鄙視。

猶太人很早就明白這一點，他們也是這樣教育孩子的。

猶太拉比經常給孩子們講這兩個故事。

從前，有一隻山雀飛到海邊，牠誇下海口，說是要把大海燒枯！全世界都為山雀這一奇怪的舉動而不安地議論紛紛。京城裡擠滿著吃驚的居民；森林裡的野獸川流不息地跑過來；鳥兒也成群結隊地往海邊飛。大家都想看海水怎樣燃燒，熱量又有多大。

那些聽到這轟動消息的人們都跑了過來，大家擠在一塊，張大著嘴巴眺望這場奇觀，他們默默地凝視著海洋，這時有人說話了：「快看！快看！海沸騰了！快看，海著火了！」

「不對！海在燃燒嗎？不，沒有燃燒。海發燙了嗎！一點沒有呀！」

山雀吹牛誇口，結果如何呢？最後牠羞慚地逃回了老巢。山雀的大話鬧得滿城風雨，卻不曾把海燒著。

有隻老鷹總在村子上空飛翔，一心一意想要下來抓小雞。可不幸的是牠被獵人看見了，獵人瞄準牠就是一槍。老鷹被打中了，頓時掉在地上，然而，鷹毛仍在空中飄了很久⋯⋯這時公雞從矮樹林裡正往外走，一看，牠最怕的傢伙一動也不動，兩眼沒有了神，利嘴失去了勁。這時候公雞一下子變得威武萬分！牠的那頂雞冠簡直跟血一樣紅。「喂，鳥兒們，都來瞧一瞧吧！」牠發出勝利的呼聲，幾乎喊破了喉嚨。鳥兒飛來看見老鷹倒在公雞腳下。「好厲害，大公雞！你的力氣竟這麼大！」這位吹牛大王越叫越威風，用戰勝者的姿態向四面環顧。偏偏有隻鳥過去把那老鷹翻個臉朝天，從毛裡面一啄，啄出一顆子彈，接著又啄出一顆。於是，真相大白，吹牛大王只好倉皇地溜走了。

有的人很像這隻公雞，最擅長的就是吹牛。

猶太家長從孩子小時候就教育他們要實事求是，不說大話。只有凡事符合實際，才能令人信服，贏得他人的信任。盲目吹噓只能引起別人的反感，久而久之，會失去原本相信自己的朋友。

在誇獎別人之前絕不誇獎自己

即使是一個賢人，只要他炫耀自己的知識，他就不如一個以無知為恥的愚者。

世界上有很多不美麗的東西，但是其中最醜陋的便是「自大」。

有一位從事神聖工作的拉比好像在熟睡。他的旁邊坐著信徒，他們正在討論這位神聖的人無與倫比的美德。

「他是多麼虔誠！」一個信徒帶著陶醉叫了出來，「在整個波蘭也找不到第二個像他的人！」

「誰能和他比仁慈？」另一個狂熱地吶喊，「他給人以寬廣無私的施捨。」

「還有多麼溫和的脾氣！難道有誰見過他激動嗎？」另一個信徒眼睛發光地低語。

「啊，他是多麼的博學！」一個信徒用聖歌般的調子說，「他是第二個偉大的拉比！」

信徒們陷入了沉默，這時這位拉比慢慢地睜開了一隻眼睛，用一種受傷害的表情看著他們。「怎麼沒有人說說我的謙虛？」他責備說。

猶太家長經常對孩子講的這則「謙虛的拉比」的故事，嘲諷了一個毫不謙虛、狂妄自大的拉比的愚蠢。

猶太人認為，當一個人自滿自大時，就會失去一個人應有的謙虛以及改過向上的念頭。自滿自大的人很容易犯錯。因此，《塔木德》雖不認為自大是一種罪過，但卻認為它是一種愚昧。有很多人總以為自己是世界的中心，但是周圍的任何人卻不可能那麼重視自己，因此他厭惡別人的漠不

關心，同時更為自己沒有達到更高的目標而生氣，於是就會產生過度的自我厭惡。在猶太人看來，這也是自大的一種。這種自我厭惡和虛榮心是互為表裡的。

猶太人常說：「如果自己的內心已由自己占滿，就再也不會有留給神住的地方了。」因此在猶太人中，在誇獎別人之前，絕不會誇獎自己。

猶太人告誡孩子們不可自大時，常引用《聖經·創世紀》做比喻：在《創世紀》中，神首先分開了光明和黑暗；再分割天空和地面；並將地面劃分為水和陸；然後他開始創造生物；到了最後才創造人——亞當；因此，甚至連跳蚤都比人早到這個世界，所以人有什麼了不起呢？即使在動物面前，也沒有耀武揚威的資格。

猶太人教育孩子要謙虛，《塔木德》對謙虛有很嚴格的規定。它告誡人們說：「即使是一個賢人，只要他炫耀自己的知識，他就不如一個以無知為恥的愚者。」

此外，法典還對自大的危險提出了警告：

「金錢是自大的捷徑，而自大是罪惡的捷徑。」

猶太家長時常告誡孩子：

不把內在顯現給別人看的人，才是最聰明的人。

1+1+1>3

人與人只有彼此尊重和理解，各自發揮自己的長處，共同向著同一目標努力，才能產生1+1+1大於3的功能。如果互相都不信任，甚至相互攻擊，相互推諉責任，那麼1+1+1就小於3。

猶太民族在其5000多年的發展歷史中，有2000多年是過著顛沛流離的生活。在長期的流浪生涯中，每到一處，他們都十分注重與當地的居民合作，友好相處。因此，在孩子小時候，他們就教導孩子：為了更快的達成目標，必須懂得與人合作。

父母要藉由學習情境以及日常生活，讓孩子明白任何合作的有效性取決於選擇合適的合作策略。例如要用最快速度完成家庭清潔工作，如果媽媽一個人做，要花1個多小時；如果爸爸、媽媽和兒子分工合作，則半個多小時就完成了。媽媽也可以同時提出幾個合作分工方案，大家討論，在討論中教育孩子明白分工的合理性和可行性，則合作的有效性也就高。

卡耐基透過自己的成功經驗發現了一個重要的規律：一個人的成功，15％靠專業知識，85％靠人際關係和處世技巧，而所謂處世技巧和人際關係就是學習合作。現在企業在招聘人員時特別強調：要具備有關的知識技能，敬業並具有團隊精神。團隊精神包含著諸如團結、合作、信任、誠實、奉獻、敬業等很多道德品質的內容，其中主要的是善於合作。

在科技高度發展的21世紀，一個人的成功在某種意義上取決於他是否善於合作。父母要利用生活中、學習中、遊戲中的相關情境，讓孩子從具體事實中初步體會到：一個人再能幹，也難以獨自做完所有的事。有些事需要眾多人的同心協力來做。人與人只有彼此尊重和理解，各自發揮自己的長處，共同向著同一目標努力，才能產生1+1+1大於3的功能。如果互相都不信任，甚至相互攻擊，相互推諉責任，那麼1+1+1就小於3。

幫助別人是對的，但是要以尊重對方為前提。在現實生活中，人們總是帶著良好的願望與人交往，但有時卻達不到預期目的。究其原因，除了有些是雙方缺乏真誠合作的意願和有效的策略之外，還有一個很重要的原因就是在交往中人們缺乏認知的換位。人們在交往過程中經常需要站在對

方的位置上，思考一下自己的言行對對方可能產生的影響和心理反應。例如，同情不等於施捨，當你同情人、幫助人的時候，特別要注意維護對方的尊嚴。

讓孩子懂得一個「合」字，也就是要培養孩子有與人合作的願望。有一項調查顯示，在六種兒童人格需要中，獨生子女的親和需要最強，孩子盼望能和同輩交往。有20％左右的獨生子女感到孤獨，認為「孤單寂寞」是最大的苦惱。但兒童還有另一種人格傾向就是富有攻擊性，這是兒童向外界證實自己的存在和力量的一種方式，但直接的結果卻使兒童在行為上表現出不懂交往、不會交往，甚至破壞交往的情形。這兩種人格體現在一個孩子身上是一種矛盾的心態。

家庭成員相互尊重本身就是一種無聲教育。如果家中每個人都能為別人著想，多付出些，互相幫助，孩子就會從父母的言行中學會關心別人，與人合作，與人共處，學會做人。

除了家庭，家長還可以從猶太人對孩子的培養中學到一些在其他環境下團隊精神的養成方式：

首先，在學校日常生活中培養孩子的愛心和責任心，消除孩子孤僻的心理障礙。比如，在吃飯和睡覺時要讓孩子互相幫助，值日時要負責任，對有困難的小朋友要有同情心並及時給予幫助。對於孤僻的兒童，首先要消除他與其他孩子的疏遠感，使他真正參加到孩子們中間去，然後才有可能進一步培養其團隊精神。

其次，在遊戲中培養兒童的團隊精神。遊戲可以說是孩子的重要科目。遊戲中父母和教師可以有意識培養孩子團結協作，為了集體的榮譽而努力的精神。比如，將孩子分成幾個小組，選擇需要互助合作才能完成的遊戲讓孩子比賽，賽完後分析獲勝和失敗的原因，讓孩子知道，只要服從

集體利益，即使自己吃虧也是光榮的。

再次，樹立孩子正確的競爭意識。在當今社會競爭日益激烈的形勢下，對孩子進行教育時，適當讓他樹立爭第一的意識，使每個小朋友用較高標準要求自己。但同時也要讓孩子明白，在爭第一中要有正確的心態，要用正當的手段，各種教育活動對孩子起著潛移默化的影響。

未來的時代是一個需要團隊精神的時代，所以，每位父母從小都應注重培養孩子的團隊精神。

愚蠢的夥伴比敵人還危險

緊急的時候得到幫助是寶貴的，然而並不是人人都會給予合適的幫助。別交上愚蠢的朋友，因為殷勤過分的蠢材比任何敵人都要危險。

如果孩子失去了朋友，或者不被同伴接受，那麼即使日後取得了很大的成功，也會終生有不滿足感和不完全感。

記得這個故事吧。有一個農夫跟蛇交上了朋友。農夫只誇讚牠一個，並且永遠把牠捧到天上。然而，如今農夫的一切老朋友和親戚，竟然沒有一個上門來了。

「這是怎麼回事呢？」農夫問他的一個昔日的朋友說，「請你告訴我，你們沒有人來看我，這是為什麼呢？是我的老婆沒有按照禮數款待你們呢，還是你們嫌棄我的食物粗劣呢？」

「不，」他的朋友回答，「問題不在這！我們很願意和你在一起。你們夫妻兩人，誰也沒有得罪我們，沒有人會這樣埋怨你們的，我可以保證！可是，如果跟你一塊兒坐著，老是提防著你的朋友蛇會爬過來從背後

咬我們一口，那又有什麼樂趣呢！」

　　農夫交上了蛇這個朋友，因此失去了其他的好朋友，即使這條蛇不會對其他的朋友造成危害，別人在與農夫交往時也是戰戰兢兢，這對農夫來說是得不償失的。所以在鼓勵孩子交朋友時，要妥善選擇自己的擇友範圍，交對朋友。

　　猶太人非常重視人際關係對孩子性格發展的影響，他們認為孩子的性格發展和人際關係的總和是相等的。

　　孩子的人際關係首先開始於與父母的相處，同時也包括同齡人對他的影響。孩子到了7～8歲時，開始脫離父母的影響，越來越看重同學和朋友對他的喜歡、支持和贊成。儘管他們的感情食糧理所當然地要從父母身上汲取，但從朋友身上也能得到意外的精神與情感的源泉。

　　孩子的交友技能在兒童期過後就很難再學會了，它有點像學習游泳，對姍姍學步的幼兒來說極其容易，但如果在童年時代失去了機會，等到成年時再學就比較難了。當然，儘管孩提時代沒有朋友並不註定成人後就會孤單，但應該承認，有些情商技能的發展是有時間性的，正常的時間一過去，一樣的技能就會變得很難學會。所以要鼓勵孩子們多交朋友，但擇友時一定要慎重。

　　父母在幫助孩子學會交友時應該牢記一位猶太拉比的教誨：

　　擁有一個「好朋友」，是孩子成長過程中的重要任務，這會影響他日後的人際關係。

做孩子孝敬長者的楷模

尊重長者，是猶太人崇尚的美德。

根據調查，三代同堂的家庭，中間有一代孝敬長輩，孩子就會懂得孝敬父母和祖輩。在這樣的家庭中不僅長幼有序，而且互相關心，互相寬容，呈現其樂融融的氣氛，這對每個人的身心發展都是有利的。做家長的都深知這個道理，知道孝敬父母長輩是美德，因此每個為人父母者都希望自己的孩子長大成人後能夠有孝心，然而在父母們教育孩子的時候，又往往忽略這方面的內容。

猶太拉比經常對幼小的孩子講述下面這個故事。

一位老祖父和小孫子在後花園玩耍，小孫子過分好動頑皮，爬上爬下不聽祖父的勸導，老祖父顧及小孫子的安全，禁不住用力打了他幾下，小孫子受到突然而來的責打，痛得哇哇大聲哭了起來。這時候站在旁邊工作的父親見到此情景，竟然一言不發地猛打自己的耳光。老祖父更是納悶，百思不得其解，走上前去詢問自己的兒子，幹嘛自己打自己呢？兒子賭氣地答道：「你打我的兒子，我就打你的兒子。」

一個人如果都不知道孝敬父母，就很難想像他會愛他人和社會。孝敬父母是每一個人必須做到的，它可以促使家庭和睦、溫馨幸福。一個連自己父母都不關心、不孝敬的人，又怎能為他人、為自己的社會獻愛心呢？

培養孩子的孝心，必須從小做起。以下是猶太人培養孩子孝心的幾條原則。

一、要明理。讓孩子從小知道，孝心是一種美德，沒有孝心的孩子不是好孩子，還要讓孩子們知道怎樣做才算是有孝心。讓他們知道媽媽十月

懷胎的艱辛，知道父母的養育之恩。為了明理，做父母的可以多對孩子講故事，讓孩子透過形象去理解。

二、要建立合理的長幼有別的家庭關係。全體家庭成員之間首先是民主平等的，父母要尊重孩子的獨立人格，尤其是在處理孩子自己的事情時，一定要充分聽取他們的意見，盡可能按他們合理的意願辦事。同時，家庭又是一個整體，不能各自為政，總要有人當家「長」，來「領導」家庭，管理指導家庭全體成員的生活。父母是家庭生活的供養者，而且他們有豐富的生產經驗，自然應當成為家庭的核心和主事人。孩子應當在父母的指導和幫助下生活、學習。

三、要讓孩子瞭解父母為他和家庭所付出的辛苦。父母應當有意識地經常把自己在外工作和收入的情況告訴孩子，說得越具體越好，從而讓孩子明白父母的錢得來不易。自然，孩子會逐漸珍惜自己的生活，也會從心底裡產生對父母的感激和敬重。

四、父母要做出好樣子。為人父母要對自己的孝心做一番反省，在自己身上求真，孝心的種子才會播撒到孩子心裡去。

五、創造機會，從小事入手培養孩子孝敬父母的行為習慣。真正的孝心要透過實踐去培養。平時，孩子應該分擔家裡的事情，讓他們負起責任來。遇到有為難的事情，把事情的前因後果告訴孩子，讓他們一起出主意、想辦法。如果有長輩身體不舒服或生了病，告訴孩子應該做哪些事情，並付諸行動。久而久之，孝心便會在孩子的身上扎根。

六、要以身作則。父母本人要做孝敬長輩的楷模。孩子對待父母的態度，直接受父母對待長輩態度的影響。我們不僅要管好自己的小家庭，還要時刻不忘照顧年邁的父母親，絕不能添了兒子就忘了老子。如果說平時因居住地較遠，工作較忙不能和長輩朝夕相處，那麼在休假日要盡量抽時

間帶孩子去看望長輩，幫長輩做些家務，與長輩共聚同樂，盡一份子女應盡的責任和義務。如此日長時久，孩子耳濡目染，潛移默化，也會逐步養成尊敬長輩，孝敬父母的好習慣。

以自己需要的方式對待別人

農場主湯普森的小店裡有很多寄宿的人。蘇珊的媽媽每週都替他們代洗衣物，報酬僅5美元。一個週六晚上，蘇珊像往常一樣去那兒替媽媽領錢，她在馬廄裡遇到了這位農場主。

顯然他正處於氣頭上。那些總和他討價還價的馬販子激怒了他，令他火冒三丈。他手裡的錢包打開了，被鈔票塞得鼓鼓的。當蘇珊向他要錢時，他沒有像從前那樣訓斥她打擾了正在忙碌的他，而是馬上將一張鈔票遞給了她。

蘇珊暗暗高興自己這次比往常輕易地逃過了這一關，她急忙走出馬廄。到了路上，她停下來，拿針將錢小心翼翼地別在圍巾的褶皺裡。這時，她看到湯普森給了她兩張鈔票，而不是一張！她往四周望了望，確定附近沒有人看到她。她的第一反應，是為得到了這筆飛來橫財而興奮不已。

「這全是我的了。」她心想，「我要買一件新的斗篷送給媽媽，媽媽就能把她那件舊的給瑪麗姐姐了；這樣，明年冬天瑪麗就能和我一起去上學了；說不定還可以給弟弟湯姆買雙新鞋呢。」

過了一會兒，她又認為這筆錢一定是湯普森在給她時拿錯了，她沒有權力使用它。正當她這樣想時，一個充滿誘惑的聲音說：「這是他給你

的，你又怎麼知道他不是想要把它作為禮物送給你呢？拿去吧，他絕對不會知道的。就算是他弄錯了，他那大錢包裡有那麼多張鈔票，他也絕不會注意到的。」

她一邊往家走，一邊進行著激烈的掙扎。她一路上都在思考著是拿這筆錢買享受重要呢，還是誠實重要。

當她經過家門前那座小橋時，她想起到了媽媽平時的教誨：「你想要人家怎樣對你，你就得怎樣對人家。」

蘇珊猛地轉過身，向回跑去。她跑得很快，快得讓她差點連氣都喘不過來了，彷彿是在逃離什麼無形的危險。就這樣，她跑回了農場主湯普森的店門口並把錢還給湯普森。

湯普森注視著眼前這個小女孩，他從口袋裡取出1先令遞給了蘇珊。

「不，謝謝你，先生。」蘇珊說，「我不能僅僅因為做了件正確的事就得到報酬。我唯一希望的是，你不要把我看成是一個不誠實的人，因為那對我來說的確是個巨大的誘惑。先生，如果你曾看到過自己最愛的人連尋常的生活用品都買不起的話，你就能知道，要時刻做到對待別人就像希望別人如何對待自己一樣，這對我來說是多麼的困難。」

《塔木德》上說：

倘若你希望人家怎樣待你，你就應以那樣的方式對待人家。

女孩之所以那樣做，與父母的教育顯然是分不開的。

說過的話就一定要兌現

一諾千金，看來只是一種作風，一種實在，一種牢靠，可是它的內涵

卻涉及到對世界是否鄭重。誠摯、嚴謹的人，做人做事自然磊落、落地生根，一言既出，駟馬難追。那種準則的含義已超出了本身，而帶著光彩的人類理想、精神和正氣在其中。

　　猶太人很早就意識到了這一點，他們常用「一諾千金」來形容一個人很講信用，說話算數。在他們的學習和日常生活當中，也確實做到了無時無刻不信守諾言。而且他們還將這種優良品德灌輸給孩子，告訴他們「君子一言，駟馬難追」的道理。

　　猶太拉比常告訴學生下面這則故事。

　　從前，有一對好朋友陀力卡拉和勞倫司基。兩個人都很有學識，德行也受到大家的稱讚，分不出誰好一些，誰差一點。

　　有一年，洪水氾濫，淹沒了許多村莊和大片的良田，百姓叫苦連天。陀力卡拉和勞倫司基的家鄉也遭了災，房子都被大水沖走了，盜賊也趁火打劫，四下作案，很不太平。無奈，陀力卡拉和勞倫司基只得和幾個鄰居一起坐船去逃難。船上的人都到齊了，物品也裝妥了，馬上就要解纜離岸出發。這時候，遠處忽然過來一個人，他背著包袱跑得氣喘吁吁，大汗淋漓。這個人也顧不得擦汗，一邊朝這邊揮手一邊扯開嗓子大叫道：「先別開船，等等我，等等我呀！」這人好不容易跑到船前，上氣不接下氣地說：「船都被人叫完了，沒有人肯收留我，我遠遠看到這邊還有一條⋯⋯船，就跑過來⋯⋯求求你們⋯⋯帶上我⋯⋯一起走吧⋯⋯」陀力卡拉聽了，皺起眉頭想了想，對這個人說：「很對不起，我們的船也已經滿了，你還是再去另想辦法吧。」勞倫司基卻很大方，責備陀力卡拉說：「陀力卡拉兄，你怎麼這樣小氣，船上還很寬裕嘛，見死不救可不是君子所為，帶上人家吧。」陀力卡拉見勞倫司基這樣說，就不再堅持自己的意見，略微沉思片刻，答應了那人的請求。

陀力卡拉和勞倫司基的船平安地走了沒幾天，就碰上了盜賊。盜賊們划船追過來，眼看盜賊越追越近了，船上的人們都驚慌不已，不知該怎麼辦好，拚命地催促船家快些、再快些。勞倫司基也害怕得不行，他找陀力卡拉商量說：「現在我們遇上盜賊，情況緊急，船上人多了沒有辦法跑得更快。不如我們讓後上船的那個人下去吧，也好減輕船的重量。」陀力卡拉聽了，嚴肅地回答道：「開始的時候，我考慮良久，猶豫再三，就是怕人多了行船不便，弄不好會誤事，所以才拒絕人家。可是現在既然已經答應了人家，怎麼能夠又出爾反爾，因為情況緊急就把人家甩掉嗎？」勞倫司基聽了這番話，面紅耳赤，羞愧得說不出話來。在陀力卡拉的堅持下，他們還是像當初一樣，攜帶著那個後上船的人，始終沒有拋棄他。而他們的船也終於在大家的共同努力下，擺脫了盜賊，安全地到達了目的地。

勞倫司基表面上大方，實際上是在不涉及自己利益的情況下送人情。一旦與自己的利益發生衝突，他就露出了極端自私、背信棄義的真面孔。而陀力卡拉則一諾千金，不輕易承諾，一旦承諾就一定要遵守。我們應該向陀力卡拉學習，守信用、講道義，像勞倫司基那樣的品行，是應該被人們所鄙棄的。

處在大千世界，有著太多隨意許諾，卻從不兌現的人。那種人較這種一諾千金的人似乎活得輕鬆。可惜，這種情景不會長久，一個人失信多了，他的諾言也就被當成戲言，大打折扣。人一沾上那種氣味，做人的光彩就會大為遜色。

作為家長要像猶太家長那樣，教育孩子注意自己的言行——說過的話定要兌現，這樣的人才能有所作為。

דומלת

塔木德

第23輯

如何進行生存教育？

把好酒裝在普通罈子裡

珍奇貴重的東西，有時候必須裝在簡陋普通的容器中，才能保存其價值。

在許多猶太人的學校裡，都貼有一則標語：把好酒裝在普通罈子裡。

這則標語來源於一個故事。

有一位相貌醜陋而頭腦聰明的拉比去見羅馬公主，公主當面奚落他說：

「在如此醜陋的人的腦袋裡，怎麼可能有了不起的智慧？」

拉比受到如此羞辱，不但沒有惱怒，反而笑容滿面地問公主：

「王宮裡有沒有酒？」

公主點了點頭。

拉比又問：

「裝在什麼容器裡？」

公主說裝在罈子裡。

拉比驚訝地說：

「貴為羅馬帝國的公主，為何不以富麗堂皇的金器、銀器盛酒，反而以粗陋的罈子裝酒呢？」

公主覺得拉比的話很有道理，便令宮中傭人將那些金器拿來裝酒，而用那些罈子去裝水。結果時隔不久，酒變得淡而無味了。

皇帝知道酒變味後，勃然大怒，下令追查是誰做的。公主連忙坦白說，是她要傭人做的，原以為這樣會更好，沒想到反而把事情弄糟了。

公主想到這是拉比唆使她做的，就去找拉比算帳。

「拉比，你為什麼讓我這樣做呢？」

拉比微微一笑，溫和地說：

「我只是要讓你明白，珍奇貴重的東西，有時候必須裝在簡陋普通的容器中，才能保存其價值。」

公主恍然大悟，從此以後再也不敢小看這位醜陋的拉比了。

尊重別人，不以貌取人，這是猶太人最重要的處世之道之一。

按自己的意願去讀書

猶太人家教中，有一個極為有意思的經驗。他們引導孩子自由閱讀，這就填補了他們學習時間中的空白。

在猶太父母看來，孩子的閱讀方式並不重要。幼兒雜誌、少年雜誌也能夠成為孩子的主要讀物，也能為孩子提供一個良好的閱讀習慣，儘管它們不具有小說一樣的「實質性內容」。

能夠讓孩子輕鬆閱讀的書籍有童話故事，探險之類的小說。這些書可能讓孩子著迷。不過這些書仍舊需要父母來分析和判斷。

以色列著名社會心理學家科治博士提出了孩子閱讀的六種方法，這既可倍增孩子的學習能力，也能讓孩子養成閱讀習慣。這六種方法是：

不要讓孩子長時間對著書本，每日溫習一段時間，只要持之以恆，比長時間苦讀更加有效。

吃飽後不要讓孩子閱讀，因為飯後血液會流向胃部幫助消化，腦部的血液便相對減少，如果此時勉強閱讀，會讓孩子頭昏腦漲。

尋找孩子的「生理時鐘」，有些孩子早上特別有精神，有的孩子晚上才能夠集中精神，父母要幫助孩子選擇這段時間全力學習。

　　孩子閱讀時，不要靠近喧嘩的地方，不要邊聽音樂邊閱讀，盡可能找一個寧靜的地方閱讀，不然就會心有雜念，學習起來事倍功半。

　　孩子學習新課題時，儘量用自己的文字演繹裡面的知識或理論，先別理會一些專有名詞，到完全理解和熟悉之後，再背熟這些名詞。

　　儘量讓孩子一次學習或是溫習一個課題，例如要背熟一首詩，最好是全篇背誦，避免逐句逐段去記。

　　生活中有很多不會讀書的人，這種人雖然有求知的欲望，卻不能隨心所欲地閱讀，因為他們不瞭解讀書的訣竅。通常不會讀書的人，他們手中有一本書時，總是從第一頁的第一行，一個字一個字地讀下去。然而，有些書籍的前幾頁或者是前面的一部分，大多是枯燥乏味的，因此，這種閱讀總是讓人大失所望。

　　父母可以這樣來輔導孩子閱讀：

　　如果一本書的前幾頁不能讓孩子感興趣，就不要讓孩子去從頭到尾地閱讀。因為閱讀完全是因孩子自己內心有所企求才讀的，即使這本書是自己所喜歡的，也未必從頭到尾都合乎孩子的要求。當然有些必讀書除外。

　　有些有深度的文章或者詩，必須要求孩子一字一句地去閱讀。

　　討論一個問題或是某篇評論類的文章，如果孩子沒有興趣，就不要讓孩子硬著頭皮逐字逐句去讀。有些書籍厚達幾百頁，真正所要說的東西只占幾十頁，如果讀二三十頁就可以瞭解作者的論點，就不需要去閱讀那些冗長無味的敘述了。

　　有些書籍，只需要孩子閱讀序言就可以瞭解該書的主題和作者的態度，那麼就不必閱讀全文。

有些書籍可以先瀏覽目錄，選擇有趣的部分來讀。

真正的讀書，並非按部就班地讀那些鉛字，而是把握自己所需要的部分，跳過自己所不需要的部分。不要讓孩子認為「讀書就得記憶，若不記憶，不能算是讀書」，這種念頭會讓孩子視讀書為畏途。凡是孩子專心閱讀的書籍，即使未能記住，也能讓孩子在精神上得到有益的汲取。對於讀書感到索然無味的孩子，往往是未能找到他自己所需要的書，或者說是盲目地聽從了社會的評論或是相信書店的廣告。

讓孩子不要對書籍望而生畏，讓孩子隨著自己的意願去讀書，這就是讀書最為重要的原則。只有這樣，讀書才能給孩子的日常生活帶來無窮的喜悅。

給孩子制定一個家務時間表

在猶太家庭中，每個孩子都要從事力所能及的勞動。通常，一個學齡兒童所做的事包括：

把玩具從地板上撿起來，整理桌子，倒垃圾，餵食寵物等等。這些都是孩子可以做到的。作為父母，他們是怎樣來為孩子安排這些工作的呢？

很多教育學家都建議家長與孩子共同制定一個時間表。父母先與孩子提出自己最為民主的意見，把內容確定下來。內容是孩子在不同的時間所要完成的家務，而且還是必須按時間完成的任務。

制定這個表要相當的精確，既包括完成任務的天數，又包括準確的時間。然後貼在牆上，或者貼在一個大家都看得見的地方。你可以留白一些空格，這樣孩子每完成一項工作就可以做個記號。有了這樣一個最為有效

的家庭工作計畫表，就可以讓孩子工作得有次序並持之以恆。

家務的真正目的以及完成每一件家務所需要的時間，應該適合孩子的年齡，要留給孩子充分的自由度。如果事情太多，要想圓滿地讓孩子做好是非常困難的。如果讓孩子做得太少也是不合適的，因為做家務不會對孩子形成什麼影響。

給孩子安排家務事，最為理想的是，在計畫書中應該有一兩項內容是孩子必須完成的，父母中任何一位在時都可以監督孩子。給孩子安排家務勞動，其目的是為了訓練孩子，透過勞動獲得對生活的理解。

永遠不為孩子代勞

猶太拉比朱丹拉說：勤勞工作與學習《律法書》一樣，都會收到相同的效果，因為辛勤工作和學習都會把邪念逐出頭腦。

如果父母與孩子一同做家務，不但可以培養親情，還可以與孩子在勞動之中進行交流，讓情感更加牢固。

家長在給孩子安排家務時，要儘量安排孩子能獨立完成的工作或一兩件家長與孩子共同來完成的工作。

在給孩子安排家務事之前，要徵求孩子意見。讓孩子做願意做的事。只要有可能，就對孩子的主動精神給予鼓勵與誇獎。

如果你的孩子想做某件事，而你認為這件事超出了孩子的能力，你可以把這件事分成幾部分，然後讓孩子去完成其中某一部分。當孩子在勞動中的能力增強時，可以把這件事完整地交給孩子做。

在孩子勞動過程中，父母不要為孩子代勞。父母代勞會增長孩子的

惰性。比如，如果孩子沒有將垃圾袋倒掉，那就讓垃圾袋留在垃圾桶中好了，直到孩子把這些垃圾收拾乾淨。

猶太拉比朱丹拉還說：

那些藝術工匠們，他們白天黑夜地雕刻那些寶石，小心翼翼地設計圖樣。他們通宵達旦創作出栩栩如生的雕像。這就是勞動。正是勞動創造了這個世界，讓這個世界變得如此美麗。

眾所周知，勞動可以分為腦力勞動與體力勞動，這兩者是相互促進的。那麼，如何讓孩子在進行體力訓練的同時得到腦力訓練，怎樣讓孩子成為一個全面發展的人呢？

這是許多父母面臨的問題。在生活中有不少這樣的孩子，他們什麼都不怕，就是怕上學，這就是沒有讓孩子養成腦力勞動的習慣。

造成孩子討厭上學的原因很多，其中最主要的原因是家庭因素。一個家庭如果沒有給孩子提供一個能充分發揮潛能的環境，孩子是不可能喜歡上學的。

改變孩子情緒的方法很多，比較常用的是培養孩子的興趣。在肯定孩子的優勢、優點的基礎上，要充分鼓勵孩子發揮自己的優點、長處，突出優勢，透過培養孩子的興趣，使孩子看到自己的能力，進而樹立學習的信心。

孩子有了強烈的學習興趣，他才會主動、持久地進行學習。

興趣是求知的動力，而且是發展孩子求知欲的基礎。求知是一個複雜的心理過程，需要敏銳的觀察、感知、豐富的想像能力與靈活和牢固的記憶能力，還需要堅韌的毅力等，這些都是需要從生活中得到培養與發展的。

天才是個值得警惕的詞語

天才的孩子興趣廣泛，對很多領域中的知識都有著無窮無盡、無止無終的追求欲望。

一位叫丹拉姆的天才孩子說：我並不聰明，也不偉大，我只是內心有一股熊熊燃燒對學習的渴望。

一位教育學家問一位小天才喜歡學校裡的什麼，這位只有5歲的孩子給出的答案就是：

「我喜歡學習！」

天才兒童總是精力十分充沛的，他們有著強烈的求知欲望，他們對什麼事情總是要弄個水落石出。只要有時間、有機會，他們就會學習各個領域中的課程。當然，他們也會閱讀自己所能接觸到的任何讀物。

由於這樣的孩子對他們所感興趣的任何事物都能駕輕就熟、得心應手，長大後他們也就很難將注意力集中在某一個領域。因此他們中的許多人擁有兩份職業，他們靠其中的一份職業來賺錢，靠另外一份職業來增加自己人生的樂趣。這樣一群人：他們既是醫生又是作家，既是教師也是專業藝術家，既是企業家又是教師，等等。

興趣廣泛是天才的一個寶貴特徵，它能夠幫助天才孩子理解與應對多種多樣的知識。出於某些實際的考慮，父母要謹慎對待這種現象。它很容易導致天才孩子們對許多感興趣的活動蜻蜓點水、淺嘗輒止。因此父母在對天才孩子的廣泛興趣持鼓勵態度的同時，也要幫助他們專注於某一個或某兩個能夠成為他們終生事業的特定領域。

達到這一目的的最佳方式，就是鼓勵孩子們能夠長期保持感興趣的

早期活動和愛好，以便使它們能夠成為孩子將來職業選擇的基礎。作為父母，如果發現孩子在某一特定學科很早表現出愛好的傾向，這種早期選擇具有同樣重要的價值。

許多著名人士的職業，就是以兒童時期的興趣為基礎的。還是個4歲小孩的貝多芬，就已經完成了四部奏鳴曲；畢卡索兒童時期就表現出繪畫的天才，他的父親放棄自己的事業促進兒子繪畫的進一步發展；愛迪生7歲那年，他那難以滿足的好奇心讓教師大發雷霆。他的母親把他帶離學校，自己在家裡輔導。他的好奇心得到極大的發展空間，最終成為世界最著名的發明家。

正如猶太教育家所說，父母是孩子的搖籃，如何讓孩子在這個搖籃中得到發展與認可是極為重要的。

給孩子自由的空間

一位猶太人是這樣描述如何撫育孩子的：

一個溫暖的夏日，上天將一份珍貴的禮物——一個嬰兒交到她手邊。

那禮物看起來如此柔弱，讓她激動，戰慄不已。這是上天不同尋常的饋贈——這禮物終有一天會屬於整個塵世，而在此之前，上天啟諭她要細心照管和保護。母親說自己明白了，然後就虔敬地把禮物帶回家中。她決心遵守對上天的承諾。

最初，母親密切關注，無比眷顧呵護，使他遠離任何險境。她看著他從自己營造的隱祕天地中探頭探腦，心中惶惑不安。但她開始明白不能永遠把他置於自己羽翼之下。若要茁壯成長，必須經受艱苦的環境。於是她

謹慎地給他更多的空間，使之恣意自由地生長。

　　靜夜之時，母親躺在床上，有時會自感信心不足，會問自己有無能力負荷如此令人敬畏的撫育重任。這時神靈會在她耳畔低語，向她保證上天知道她做得很好，於是母親就安然入眠。

　　時光流逝，母親漸漸相安於她的責任。那件禮物使她的生命如此豐盈，以至於在此之前的生命歷程不堪回首，以至於沒有了如此饋贈，生命的後半段將難以為繼，難以想像。她差一點就把與上天的約定置之腦後。

　　有這麼一天，母親意識到那禮物發生了變化——不再柔弱，變得強壯、堅定、生氣勃勃。一月月地，她看著他越來越有力量。於是母親憶起她的約定，她從心底知道她與禮物在一起的時間已不多了。

　　那一天終於不可避免地到來。神仙們下凡來取走禮物，因為他已長大成人，要在天地間闖蕩一番。母親心內悵惋，因為他不能與她的生命相與長存。她深深感謝上蒼的恩典，讓她多年與如此心愛的禮物朝夕相伴。她挺起雙肩，自豪地站起來，心想這真是一件非常特殊的禮物——他——她的愛子——會給這塵世、這眾生增添美好與真義。於是母親放飛了她的孩子，讓他自由地飛翔。

　　故事中的母親，用不同方式的愛，兌現了自己的責任和使命。這正印證了一位猶太法學博士的那句格言：

　　不要把孩子限制在你的知識範圍內，因為他誕生於另一個時代。

דומלת

塔木德

第24輯

如何進行挫折教育？

黑暗著開始，明亮著結束

科學家燒開一鍋油，把一隻青蛙放在滾熱的油鍋旁邊，那隻青蛙在快到油裡面的時候，竟然跳離了油鍋。然而，把這隻青蛙放進注滿冷水的鍋裡，下面放火去煮，這隻青蛙開始還覺得溫熱，後來水越來越熱，隻卻不願意離開鍋裡，最後被水煮死。

猶太人就像那隻快碰到油鍋的青蛙，他們時刻充滿了危機意識，在任何情況下都保持著警惕。許多猶太人的一生經歷了非常多的痛苦和苦難，因此，當他們有了安定的生活的時候，他們是絕不會忘記曾經受過的苦難的。在他們的心裡，時刻充滿了警惕，目的就是不讓自己忘記過去。

為了不讓自己忘卻苦難，猶太人制定了各種規則，在他們的日常生活、紀念節日、假日甚至婚禮上，都時刻提醒自己不要忘記痛苦。

他們每週的休息日是從星期五開始，直到星期六為止，星期天規定為一週的開始。為什麼要把週五的黑夜定為全家幸福愉快節日的開始呢？

《塔木德》是這樣解釋的：「與其明亮地開始，黑暗地結束，倒不如黑暗地開始，明亮地結束。」這就提示人應該先吃苦再享受。

他們不僅在休息日提示不要忘記痛苦，即使在猶太社會的紀念日中，最盛大、最隆重的節日「逾越節」也同樣作了規定。「逾越節」這天是猶太人紀念他們重返以色列的日子。在這一天，他們早早準備好精美的食品、華麗的服飾，大家快樂地度過這個美好節日，但是在這個節日上，猶太人規定每個人必須要吃一種很粗的麵包，還有一種很苦的野菜葉子，因為這些代表著屈辱和失敗。

據猶太歷史記載：猶太人早期的時候曾在埃及做奴隸，過著很悲慘的生活。西元前15世紀的時候，他們在自己的英雄摩西的率領之下，越過沙漠，由於來不及準備糧食，他們只有吃那些沒有發酵的麵餅和路途上的野菜，最終千里迢迢、千辛萬苦地回到以色列。這件事距離現在已經有3500多年了，可是時至今日，猶太人仍然在紀念那段苦難的日子，讓自己不要忘記苦難和屈辱。

　　即使在結婚這樣喜慶、重大的事情上，他們也提醒新人不要忘記苦難。婚禮規定新人不能把酒喝完，把酒杯完整地放入盤中，而是喝完酒後把酒杯摔碎，這個動作表示兩個人同甘共苦一起度過艱難的一生。希望兩個人不要注重享樂，並告訴他們一味享樂、忘記艱辛是敗家的象徵。

　　人們在評價猶太人的危機感及憂患意識時說：「每當幸運來臨的時候，猶太人總是最後感知；而每到災難來臨的時候，猶太人總是最先感知。」

　　任何一個猶太人都知道他們是不能輸的，他們只能成功，失敗了就意味著滅亡和永遠沒有機會重來，因而，他們都異常努力。很多猶太人就是在別人看起來根本就不可能東山再起的時候，取得了成就。打開猶太名人的少年經歷，就會發現在十個猶太名人裡面，有八、九個是從小在苦難、坎坷中長大的。猶太人的這種逆境成功的精神，永遠為世人所敬佩。成功對於他們來說，不是「我需要」，而是「我必須」。

　　這就是猶太人的危機教育——黑暗著開始，明亮著結束。

最好的禮物是放手

猶太人的一位領袖撒曼以色三世曾經說：

「沒有比既能做事又能做學問更好的了。沒有勞動的學問結不出果實，相反可能導致罪惡。」

正因為有這樣的教育，所以很多猶太學生很早就開始打工。他們有的在蔬菜店門口招攬生意，有的在工廠裡打雜，有些立志當教師的高中生還在夏天的時候參加夏令營，做中、小學生的領隊。

猶太人從小就被灌輸這樣的思想：

如果要實現自己的理想，不學會自己賺錢，不在經濟上獨立是不行的。如果一直由家人或是朋友提供經濟上的援助，不可能實現真正的獨立。你能夠得到別人的幫助固然是好，但一定要知道，人是絕對不可能靠別人來生活的。

有這樣一個猶太人，他的名字叫萊姆。他在16歲的時候考上了英國的一所大學，準備到那裡去留學。臨行之前，他的父親只給了他100英鎊的學費，並說，這些錢只算是借給他的，在他學成之後，必須歸還。

要是在華人的父親眼裡，這樣做簡直是有辱斯文。父母對孩子所做的，應當是「無私」的奉獻，哪怕做牛做馬都應該，豈有借錢給孩子還要求他歸還的！

而華人的孩子面對這樣的情況，恐怕也會感到不悅和難堪。

按照我們的觀點，猶太人萊姆父親的做法無疑是荒唐的、絕情的，可按照猶太人的觀點，這正體現了家長對孩子獨特的關心和愛護。因為，正是這樣帶有壓力的要求，才能讓孩子儘快成長、成熟並獨立起來。

果然，萊姆到英國後，一邊學習，一邊熟悉情況，很快就想到了很多賺錢的好點子。在倫敦讀書的四年裡，學費全部用自己賺的錢交納，在從倫敦大學經濟系畢業的時候，他回到父親身邊，將100英鎊交還給父親。

放開手讓孩子學會獨立生存，是猶太人給孩子們最好的禮物！

有人或許會說，像萊姆這樣的例子也許是偶然的吧？天下哪有這樣的父親，連自己的子女讀書還要死摳！多給他講道理，讓他心裡明白不就行了嗎，難道非要做得那麼絕嗎？

按照我們的習慣，也許是這樣的，但按照猶太人的想法就不是這樣的了。猶太人深知「實踐出真知」的道理。在商業領域，只有經歷過親身的實踐和體驗，才能夠獲得寶貴的經驗。

災難是好事

有人類就有苦難。

猶太歷史就是一部苦難史。生活的磨難，身體的疾病，生存的險惡，到處被排擠流離失所，人格歧視……無不折磨著猶太人。

在迦太基的一家著名博物館，有一幅畫，題名為《將軍》，畫面上是一個人正在和魔鬼下棋，而且危在旦夕，魔鬼正在將軍。這一盤棋正是人類命運的象徵，苦難就是那個正在將軍的魔鬼。那麼，人類還有希望贏嗎？每一個猶太人從小受到的就是「磨難教育」，磨難轉化為生命的財富。人類正是在與魔鬼的戰鬥中，鍛鍊了自己。

有這樣一則關於猶太人「磨難教育」的小故事：

一個研究《塔木德》的猶太學者，剛剛結束他的學習生涯，到艾黎札

拉比那裡，請求給他寫封推薦信。

艾黎札拉比非常熱情地接待了他。

「我的孩子」，拉比對他說，「你必須面對嚴酷的現實。如果你想寫作充滿知識的書，你就必須像小販那樣，帶著罈罈罐罐，挨門挨戶地兜售，忍飢挨餓直到40歲。」

「那我到40歲以後會怎樣？」年輕的學者滿懷希望地問。

艾黎札拉比鼓勵地笑了：「到了40歲以後，你就會很習慣這一切了！」

「逾越節」就是猶太人關於「磨難教育」的最重要的節日。「逾越節」是專門紀念摩西帶領猶太人逃出埃及而設立的，透過講述祖先的艱難歷程和吃特殊的食品，來進行認識生命艱難的教育。

逾越節家宴桌上的食品主要有：三塊無酵餅。當年猶太人逃離埃及時，來不及準備路上的乾糧，只能吃沒發酵的餅，三塊的說法是指為了紀念猶太人的三位祖先。

一盤食品，五種食物。這五種食物指的是：烤羊腿、烤雞蛋、哈羅塞斯、一碟苦菜、一碟鹽漬芹菜。

烤羊腿是逾越節的祭品，猶太人失去聖殿後，無處獻祭，在宴席上用烤羊腿（或烤肉）代替。

烤雞蛋，猶太人習慣在正餐前吃雞蛋，逾越節的雞蛋是烤的，烤的蛋很堅韌，很難咬碎，猶太民族就像烤的蛋，受苦難的時間越長越堅強，猶如蛋烤的時間越長越堅硬一樣。

一碟哈羅塞斯，這是一種水果、香料和酒混合的食品，呈泥狀。以色列人在出埃及前，法老為難他們，命他們做磚，又不給草料，從而責打他們，這一碟泥狀的哈羅塞斯，使人想起做磚用的泥。

一碟苦菜，是紀念猶太人在埃及受的苦。

一碟鹽漬芹菜，猶太人出埃及時，喝過紅海帶苦澀味的海水，吃鹽漬芹菜，意思是要猶太人永遠記住出埃及之苦難。

四杯酒。逾越節家宴的程序，由四杯酒串連：第一杯酒，一家之長舉杯祝福，家宴開始。第二、第三杯酒在家宴中間，在講「哈伽達」前後喝。第四杯酒，感謝上帝的保佑，宴會結束。所謂「哈伽達」的希伯來文原意為：神話、故事，逾越節的「哈伽達」是家宴的主要活動，是一本有關猶太人出埃及的故事集。它不僅說明了逾越節所有食品的含義，還講述了猶太人在埃及所受的主要苦難和出埃及的艱辛旅程。

著名哲學家斯賓諾莎從小家中宗教氣氛特別濃厚，每逢重大節日，父親總要對全家人講述猶太人苦難的歷史，這在斯賓諾莎幼小的心靈中留下了深刻的印象。童年的斯賓諾莎常常一個人站在猶太懷疑論先驅阿古斯塔的墳墓前凝神冥想，一種為真理而獻身的熱望在他心底萌生。這種熱望緊緊伴隨了他一生。

幾乎每個猶太偉人的成功都是和苦難分不開的。1933年4月，在德國納粹黨徒蓄意製造了國會縱火案之後兩個月，希特勒發出了第一道排猶命令：凡是擔任警察、軍官、法官、政府公職和教師職務的猶太人，一律開除；兩年後，又把猶太人宣佈為「次等公民」，禁止德國人和猶太人通婚，又過了三年又毀掉所有猶太教堂，還陸續將猶太人關進集中營，並掠奪和沒收了猶太人的資產。

在那些黑暗而恐怖的歲月中，正是一種奮發圖強的心理，使磨難轉化為動力，不止一個猶太人在苦難中飛翔。

《塔木德》說：

假如一個人看到痛苦的折磨已經降臨自己，讓他首先檢討自己過去

的行為……假如沒有發現任何過錯，讓他反思一下，他是否藐視過律法書……

假如他沒有發現自己的罪過，那麼他就可以確認：他所遭受的是愛之折磨，《聖經》上寫道：「上帝愛誰，上帝便改正他。」

與幸福相比，人在苦難時更應該歡欣。因為，如果一個人終生幸福，這說明他也許犯過的罪尚未被寬恕。但是經過受難所犯了的罪便被寬恕了。災難是好事……

面對苦難不光是一種勇氣，更是一種精神和心態，只有這樣才能戰勝苦難，並使苦難昇華為人類的禮物。

讓孩子自己說出答案

一位猶太父親帶他的兒子去澡堂。當他們跳進池子，孩子凍得發抖，不由得大叫：「哎呀，爸爸，哎呀！」

父親於是把他抱出來，用毛巾擦乾了他身上的水，給他穿上衣服。

「啊哈，爸爸，啊哈！」小傢伙愉快地叫著，身子暖洋洋地蜷縮在毛巾被裡。

「艾什卡，」父親深思著說道，「你知道冷水浴和犯罪之間的距離嗎？」

「當你跳進冷水池的時候，你第一個發出的聲音是『哎呀』接著才是『啊哈』。但當你犯罪的時候，你第一個發出的聲音是『啊哈』，然後就是『哎呀』了。」

猶太人對小孩的美德教育，從很小的時候就開始，他們寓道理於比喻

中，形象、生活、活潑，給孩子幼小的心靈中留下深刻的印象，讓他們記憶猶新。就像上述故事中的父親，他沒有直接告訴孩子不要犯罪，而是用冷水浴比喻犯罪，告訴孩子犯罪開始的感覺是「啊哈」——高興壞了，而最後的感覺就是「哎呀」了——難受死了，從而啟發孩子最好不要犯罪。另一方面用言傳身教的辦法，同樣會給孩子留下深刻的印象。

　　猶太大作家湯瑪斯・曼的女兒艾麗卡從小就愛撒謊，也許是為了好玩，也許是為了擺脫困境不得已而為之。通常來說，湯瑪斯・曼家的教育是由妻子來承擔，妻子對付不了孩子時，湯瑪斯・曼才出面。

　　突然有一天，湯瑪斯・曼把艾麗卡召到他的書房，語重心長地對女兒說：「艾麗卡，你已經7歲了，不再是個孩子了，你自己也明白你做了些什麼，整天都在說謊話。你看，如果大家都這樣，將會是什麼後果呢？大家根本不能互相信任，完全用不著互相傾聽，一切都會變得無聊透頂，生活將不成為生活了。我相信你會明白的，你今後再不要幹這種蠢事了！」據艾麗卡回憶說，這次訓話給她留下了不可磨滅的印象，此後，她再沒撒過謊。

　　第一次世界大戰期間，食品奇缺，湯瑪斯・曼家的食品是按平分給四個孩子的，而且精確無比，連豌豆也要按粒分，任何人都不能多吃多占。有一天，風和日麗，家中僅剩下一個無花果，按湯瑪斯・曼的妻子和四個孩子的想法，肯定是要平分這個無花果。結果呢，湯瑪斯・曼把無花果只塞給艾麗卡一個人，並讓她一個人吃。艾麗卡狼吞虎嚥地吃掉了無花果，其他三個姊妹驚訝地瞪圓了眼睛。湯瑪斯・曼鄭重其事地說：「孩子們，世界從來就是不公平的，你們要早早適應這種待遇。」這句話給四個孩子的心中同樣留下了深刻的印象，讓他們在任何不公平的時候也能保持平衡的心態。

著名經濟學家大衛・李嘉圖也是一名猶太人，9歲時，有一天他在商店的櫥窗中看到了一雙邊緣有皮毛的皮鞋，他非常喜歡，吵著要大人買下。他父親不同意買，認為這雙鞋不適合他穿。大衛・李嘉圖哭鬧著，執意要買，父親同意了，但是有一個條件，買了就必須穿。穿上皮鞋後，大衛・李嘉圖發現，這是一雙木鞋，穿著在街上走起來喀噠喀噠直響，惹得所有的行人都回頭盯著他瞧。本想穿一雙獨特的皮鞋，滿足一下自己的虛榮心，結果卻穿著木鞋每天去丟臉。為了擺脫這雙鞋子，他真願意付出一切代價，但他又沒有別的鞋子可穿。任何人都無法想像他穿這雙鞋有多痛苦，他每次走路都要小心翼翼，以免發出那丟人的喀噠聲。從此，大衛・李嘉圖再也不敢任性和貪圖虛榮了，這對他日後的成長起了重要的影響。

　　教子的方法很重要。讓孩子自己說出答案，就可以收到奇妙的效果。

飢餓才能唱出動聽的歌

　　《聖經》中說：從沒有人發現智慧存在於什麼地方，或曾經進入過智慧的寶庫。你想要得到智慧，就得用你的身軀去接受命運的考驗。

　　人的一生中，遇到挫折是十分正常的。

　　苦難是人生的一大財富，不幸和挫折可能使人沉淪，也可能鑄造成人的堅強品格，成就一個人充實的人生。苦難是人生的一位良師，它能教給孩子學會用感激的心情、積極的態度對待一切問題，養成堅強的意志，勇敢地參與社會競爭。

　　一個人的道德意志與他的品格完全是一致的：道德意志越是強大其品格的形成越快，越牢固。意志是一個與克服困難相連結的概念。一個人在

達到自己目標的過程中，總會遇到各種困難。克服困難的過程就是意志活動的過程，強大的意志正是在這個不斷克服困難的過程中培養起來的。

一個人如果具備了堅強的意志力，那麼他就能克服前進道路上的種種困難，百折不撓，堅持不懈，直到成功。因此，堅強的意志力是人行為的持久動力，是成功的關鍵因素。為此，父母應當有意識地培養孩子堅強的意志力，讓孩子能吃苦。

今天的孩子生活在一個富有的年代，優越的生活條件已經使他們不知道什麼是貧窮與艱難。過分溺愛自己的孩子是今天不少父母的通病，也是今天的父母所面臨的一個真正讓他們感到無所適從的問題。

在許多國度，吃苦是孩子的必修課之一，尤其是在發達國家的家庭中，家長普遍重視從小培養孩子的自理能力和吃苦精神。因為發達的市場經濟要求每一個社會成員必須具備這種能力和精神，只有具備了這種能力並擁有這種精神才能出人頭地。

在今天不少的猶太家庭中，為了鍛鍊孩子，每逢冬天，幼兒都要赤身裸體地在冰雪中滾爬跌打一定時間。天寒地凍，孩子凍得嘴唇發紫，渾身發抖，但父母們硬起心腸，絕不會提前抱起自己的孩子。他們明白，只有這樣才能鍛鍊孩子的意志，使孩子身心健康地成長。

在一些富有的猶太家庭，還鼓勵學生到工廠去實習，並寫出心得報告。在那裡孩子們體悟到誠實勞動、團結協作和堅強的意志的真正價值。

在以色列的國土中有一所「鯨魚學校」，這所學校就是讓孩子們乘上帆船在一年之內橫渡兩次大西洋，遊遍三個島，這期間除了要經受住大風大浪，還要忍飢挨餓。這所學校的孩子必須學會駕船、捕魚、做飯，還要完成考察、讀書、討論等課程。同時他們還要與當地人打交道，熟悉當地風土人情。孩子們經過這樣一番磨練，大都會成為一個智勇雙全的人。

愛孩子是父母的責任，也是父母的天性，但在愛之中要明白什麼才是真正的愛，怎樣才能愛得有意義、有價值。人生是不可能一帆風順的，給孩子苦難的教育與適當的磨難，教導孩子正確對待失敗、挫折，從失敗和挫折中總結經驗，吸取教訓，培養孩子良好的心態和百折不撓的堅強意志，會使孩子終生受益。

　　生活中不可避免的是困難與挫折，每位父母都有責任讓孩子明白失敗並不可怕，可怕的是跌倒了爬不起來。

把懲罰的目的告訴孩子

　　懲罰的目的是減少孩子的不良行為和舉止，如果這種不良行為和舉止不改變，那麼這種懲罰就沒有發揮作用。

　　每個孩子都有蠻橫任性、不講理、打架罵人、對長輩無禮、破壞公物的時候。這是因為孩子的感情很脆弱，容易被激怒，內心有種無法遏制的衝動。孩子發怒時什麼都忘了，內心被任性所控制。

　　這時嚴格的教育是應該的。不過，父母儘量不要打罵、嚇唬和體罰孩子。即便需要懲罰孩子時也要使用以下幾種辦法：

　　態度語言暗示。當孩子犯了錯誤時，他會從父母的語氣、音調、表情、態度中覺察出父母對他行為的不滿、傷心和失望。一個愛父母的孩子，會為了重新得到父母親的歡心和愛，而改正自己的錯誤行為。

　　剝奪遊戲的機會。如果孩子隨便亂扔東西，亂砸玩具，不聽勸阻，父母就應該把玩具藏起來，使他在一段時間內失去玩玩具的機會。又如在遊戲時，孩子欺侮了同伴，父母可以禁止他與同伴遊戲，直到他覺得寂寞並

請求父母允許他和小朋友一起玩。如果孩子說髒話，屢教不改，父母可以通過不讓他看電視、假日不帶他出去玩、不和他遊戲、不給他講故事、不買已經答應好給他買的玩具和圖書等，以示懲罰。

輕打孩子的屁股。孩子實在不聽話，在萬不得已的情況下，父母打孩子的屁股以示懲罰也是可以的。但是要注意不要打孩子的臉，或用棍子狠打孩子，這會使孩子感到屈辱而對父母懷恨在心。

打罵孩子很難使責罰真正奏效。責罰孩子時父母還要注意以下幾點：

不要光聽孩子口頭認錯，而要他用行動改正。

不要很快饒恕孩子。只要有一兩次饒恕了他，他就會一件事還未了結，又大膽地去做另一件錯事。因為孩子知道，他只要一求饒，父母就會輕易地寬恕他。

父母要明白懲罰是一種否定性的後果，在使用得當的時候，懲罰能消除或減少孩子的不良行為。正確使用懲罰並不容易，它需要父母從一而終。父母首先要知道對孩子的懲罰是有害的，它會製造令人不快的感情，同時還耗費人的精力。

懲罰的目的是減少孩子的不良行為和舉止，如果這種不良行為和舉止不改變，那麼這種懲罰就沒有發揮作用。

許多父母聚焦於懲罰，而不是孩子的不良行為、舉止。如果你為孩子的不良行為、舉止，一天懲罰他數次，這種懲罰毫無意義。

大約10%的父母打孩子的屁股，而且看不出打屁股有什麼不對。大約20%的父母從不打孩子的屁股。大約70%的父母打孩子的屁股，但他們並不願意這樣做。很多父母承認說：「我打他們的屁股。儘管我知道那樣做不對。我總是生氣，然後又生自己的氣，可我又有什麼別的辦法呢？」

許多父母希望找到更好的辦法來懲罰孩子，並希望自己不發火、不體

罰地處理孩子這種不良行為舉止。

　　一位猶太教育家認為，任何一種使用得頻繁的懲罰都是不起任何作用的，孩子的不良行為、舉止不會得到改善。孩子們對父母的吼叫充耳不聞，他們對打屁股也是習以為常，父母還有什麼別的辦法呢？

　　父母首先要知道，對於孩子重要的不是懲罰，而是某種懲罰可以改變孩子這種不良行為、舉止。如果它不能改變孩子的不良行為，父母可以嘗試其他的懲罰方式。父母可能認為威脅、吼叫、責備、打屁股是好的方式，這些懲罰可以發洩父母的怒氣，但不是最好的懲罰方式，對改正孩子的不良行為、舉止沒有長期的效果。

嬌寵不是一件好事

　　著名的猶太拉比耶雷赫說：

　　藏身於宮殿深處的美人，在她的朋友或愛人經過時，才悄悄打開一扇隱蔽的窗子，讓朋友或愛人看到她絕世的容顏，然後就閃身不見了，窗門緊閉，下一次的相見又不知何時了。知識就如這美人一樣，只向她所選中的人展示，但又總是以不同的方式展示。

　　教育孩子也是這樣，機會在任何時候都是一閃而過。

　　作為人，作為社會的一員，為了生存，就要在可能的時期裡，透過類型教育培養一種求生的能力，一種生存與發展的能力。

　　猶太人特別重視孩子這方面的發展。也許是他們有著深重的歷史與苦難的經歷，他們總是認真對待家教問題。

　　一說到家庭教育，似乎會給人一種責怪和哄勸孩子的想法。只讓孩子

這樣做，不許孩子那樣做。其實，父母沒有必要這麼辛苦。如果父母早在孩子一歲左右時，就開始給他一種良好環境或讓他不斷地接觸這種環境，那麼孩子長大以後就會自然有家教。這樣一來，家教的問題就變得簡簡單單了。

教育家們認為，孩子在一歲左右時是不是需要類型教育，能不能順利進行，這是關係到母嬰之間能否建立牢靠的親子關係。其實，母親對孩子滿懷愛心的接觸，這本身就是一種良好的類型教育。

因此，教育家說，母親對孩子的嬌寵不是一件好事。

猶太人教育家彌塞亞說：

在家教方面，教育孩子什麼事是不能做的，非常重要。因此，有時候也要對孩子嚴厲一些。

父母和孩子在一起的日常生活，本身便是「家教」。

批評前先說優點

約瑟是個不到7歲的孩子，當父母親對他要求一放鬆，他就會不好好吃飯，並損壞東西、說髒話、不注重衛生，總之是一副很不聽話的樣子。每當約瑟出現這種情況，父親就帶他出去玩，在他開心的時候再指出他的錯誤。小約瑟有一天明白了，不得不吐舌頭，以示悔意。

在孩子成長過程中，批評是必不可少的。家長在批評孩子時，一定要注意：

批評自尊心強的孩子，最好是單獨進行，不要讓孩子當眾丟臉，不要傷害孩子幼小的心靈。

批評的重點只對事不對人，不要過分強調孩子的過失，重點應該放在如何幫助孩子改正。

批評前，先說說他的一些優點。這樣，孩子對大人的批評會心悅誠服，更易於接受。

父母批評孩子時，態度要和善，切勿居高臨下，咄咄逼人，使孩子對父母產生逆反心理。

父母批評孩子時切不可囉嗦，簡明扼要，找到錯誤的要害，嚴肅認真進行教育。

孩子的同一錯誤，絕不可因為父母親的情緒時而批評，時而放任，這樣會使幼兒難辨是非。

孩子一旦有錯，要立即糾正。如果錯誤發生已久，再進行糾正，孩子會覺得莫名其妙。

不要以為一次批評，孩子就會徹底改正。如果孩子重犯錯誤，要堅持耐心說服教育。素

只要孩子領會了批評的意思而又有悔改之意，就要原諒他，終止批評。每次批評都應該以愛護孩子、培養孩子良好行為為出發點，並充分相信孩子能改正錯誤。

愛與尊嚴並駕齊驅

僅有愛是不能培養和教育出優秀的孩子來的，只有把熱愛和嚴格要求結合起來才能促進孩子茁壯成長。

有愛是不能培養和教育出優秀的孩子來的，只有把熱愛和嚴格要求結

合起來才能促進孩子茁壯成長。

美國第32屆總統富蘭克林・德拉諾・羅斯福是美國歷史上唯一一位連任四屆的總統。他的政績在全美國民眾中是有口皆碑的，人們在談論他所受到的家教時也同樣津津樂道。

羅斯福出身於富豪家庭，父親學法律出身，是美國有名的商人，家裡很有錢。羅斯福的父親和母親年齡相差26歲，當羅斯福出生時，父親年紀已經很大。羅斯福有一個同父異母的哥哥，很早就離家在外。羅斯福的誕生，給這個本來就十分幸福和睦的家庭帶來了無比的歡樂。幼小的羅斯福自然成為父母關注的中心。然而，羅斯福的父母並不嬌慣他，而是嚴格地管束他，特別是羅斯福的母親。她為小羅斯福安排了嚴格的作息時間表：7點起床，8點吃早飯，然後跟家庭教師學習三小時才可以休息，下午1點吃午飯，午飯後再學到4點才能夠自由活動。

小羅斯福玩遊戲時總習慣自己是贏家。為了教育他，有一次母子二人下棋時，母親故意不讓著他，接連幾次贏了兒子。小羅斯福生氣了，母親故意不理他，並堅持要兒子向自己道歉。結果，小羅斯福認輸了。

正是父母從小對羅斯福的嚴格要求，才使他比同齡人更自立、更自律，促使他不斷奮進，取得驕人的成就。

猶太人拉比認為，對孩子來說，嚴格要求是極其重要的。孩子往往缺乏經驗，是非界限有時弄不清楚，對自己行為和情感往往不善於獨立控制。如果家長不嚴格要求，他們就不能自覺、主動地學習和按行為道德標準來行動。因此，父母對他們的思想和行為只有嚴格要求，才能使他們養成良好的思想和行為習慣。

家長若不瞭解孩子的特點，具備基本的教育知識，盲目地嚴格要求只會造成教育失敗。有的家長或寬或嚴都缺乏依據，凡事隨心所欲，教育效

果就更難保證。自己一高興，對孩子百依百順，該約束的也放任不管；自己心裡一有氣，一點小事就將孩子大加管束，嚴厲得可怕；有的父母平日一貫溺愛孩子，從來不提要求，學業成績、品德、運動放得很鬆，時間長了，孩子壞習慣養成了，父母感到問題嚴重，才想到要進行嚴格管教，不擇時間、場合，方法粗暴，強迫孩子保證以後再也不犯錯。顯而易見，這些方法對教育孩子都是無濟於事的。

猶太人認為，做父母的不應該受盲目的愛所支配，要「嚴」中有「愛」，「愛」中有「嚴」。嚴格要求並不意味著對孩子的態度嚴厲、動輒打罵訓斥，而是要做到以合情合理為前提。父母對子女一定要懷有嚴格要求的熱愛，過分地寵愛孩子與遷就孩子都是不理智的。只有這樣，才能把孩子培養成為有良好品行的優秀人才。

嚴格教育對生活在優裕環境中的兒童尤為重要。人生要經歷許多磨難，如果只會享福，不能受苦，這樣的人將不能立足於社會，為社會做貢獻了。這樣的人只能滿足於自己的成功和幸福，心理永遠不會成熟。

דומלת

塔木德

第25輯

如何進行智力教育？

每個人都是你的教師

　　成功的方法不能複製，不同的人有不同的發展環境和機遇，但絕大多數真正的成功者都有共同的特點——善於尋找生活中的榜樣，學習和借鑑他們的經驗。一位猶太拉比如是說。

　　傑佛遜17歲時就開始到大學就讀，且學業成績非常優秀，特別是在歷史和語言方面。此外，他對農藝、數學和建築學等也有濃厚的興趣。後來他自行設計的蒙蒂塞洛宅邸，既具有傳統的古典式建築風格，又有自己獨特的特點，堪稱為當時美國第一流的建築，至今仍是美國最值得讚賞的鄉間府第之一。

　　傑佛遜出身貴族，他的父親是軍中的上將，母親也是名門之後。當時的貴族除了發號施令以外，幾乎不與平民百姓交往。但傑佛遜沒有秉承貴族階層的惡習，而是主動與各階層人士交往。他的朋友中當然不乏社會名流，但更多的是普普通通的僕人、園丁、農民或者貧窮的手工業者。他的優點便是善於從各種人身上學習，因為他知道每一個人都有自己的長處，都有金子般發亮的東西。

　　傑佛遜儀表堂堂，談吐生動，富於朝氣，喜愛社交。他善於演奏小提琴，常有機會在總督府與一些比他年長很多的社會名流一同演奏古典樂曲。傑佛遜躋身於這些名流之中，經常與他們交談，獲益匪淺。

　　有一次，他還勸說法國偉人拉法葉特：「你必須像我一樣到普通民眾家去走一走，嘗一嘗他們吃的麵包，看一看他們的菜碗。只有你親自這樣做了，你才會瞭解到民眾不滿的原因，並會懂得正在醞釀的法國大革命的

意義了。」

　　不恥下問，善於學習是傑佛遜的過人之處，他也因此比其他的領導者更清楚民眾到底在想什麼，到底最需要什麼，這也是他成為一代偉人的原因所在。

　　不論是做學問，還是做人，都要向每個有專長的人學習，向含有真知灼見的任何一本書、任何一種見解學習。那種「我比我周圍的人都聰明，因此我完全不用理會別人說什麼」的想法是錯誤的。學習是一個非常廣泛、綜合的內容，每個人都有自己的優點與弱點，你可以向每一個人學到很多東西，要看到每個人的長處、取人之長補己之短。

　　林肯是美國人心目中最有威望的總統。說起林肯，誰都知道他的父親是一個庸碌無為而且目不識丁的木匠，他的母親也是平庸的家庭主婦。那麼林肯怎麼會有那麼卓越的領導和管理才能呢？人們一定會認為林肯受過良好的教育和訓練。事實並非如此，不少美國人都知道，林肯所受的教育是極不完整和正規的，他一生中只上過幾天的學校而已。在他被選為國會議員後，自己也曾對眾人承認過這一點。那麼誰是林肯的教師呢？答案就是在肯塔基州森林地帶數位巡遊的村儒學究，是他們在無意中幫助了林肯。

　　林肯的教師還包括伊利諾州第八司法區的許多人。他曾每天和許多農夫、律師、商人商討著國家大事和世界上發生的事情，從他們身上學習很多知識和道理。林肯成功的祕訣就是：每個人都可能做自己的教師。

　　猶太父母教育孩子說，教師和同學，乃至周圍的每一個人都可能成為請教的對象，對青年人而言，其實沒有哪一個環境是所謂的好環境，也沒有哪一個人是唯一的所謂好教師。只有不斷變化的環境才是你最好的環境，也只有不斷地向不同的人學習才是你最好的教師。

智慧重於門第出身

　　有一艘船在海上航行，船上坐著多位腰纏萬貫的大富翁和一位窮困潦倒的拉比。在聊天中，富翁們情不自禁地炫耀起自己的巨額財富，互相爭執得不可開交。這時，貧窮的拉比說出了自己的意見：「要論財富？還是我最富有，只是現在我還無法證明這一點。」

　　冥冥之中果真有上帝在做安排，航行途中，一群海盜無情地打劫了這艘船，富翁們引以自豪的財富被洗劫一空，每個都成了身無分文的窮光蛋。海盜離去之後，這艘船因為缺乏繼續航行的資金而不得不停泊在一個港口。船上的乘客都下了船，自謀生路。這位拉比因為擁有智慧而被人們所器重，被當地的居民請去當教師，在他們的眼裡只有高尚的人才能從事這一職業。而那些昔日與拉比同行互相攀比的富翁卻朝不保夕，只能艱難度日。

　　後來，富翁們由衷地告訴拉比說：「還是你說的話對，擁有財富的人隨時可能失去一切，而一個有學問的人會永遠富有。你擁有智慧就等於擁有了一切。」

　　猶太父母經常用這個故事說明智慧的重要性。他們非常重視學問，但與智慧相比，他們認為學問也略低一籌。他們把僅有知識而沒智慧的人，比喻成「背著很多書本的驢子」。在猶太人看來，這種人即使有一肚子知識，也絲毫派不上用場。還有，知識必須為善，如果用知識做壞事，知識反而有害了。為此，猶太人認為，知識是為磨練智慧而存在的。假如只是單純地收集很多知識而不消化，就同堆積許多書本而不用一樣。

　　猶太人只重視個人的智慧力量，而不看重出身門第的高低。出身貴

族，或出身富貴的人，並不一定都有學問。因此猶太人當中，窮人遇到富豪子弟時不會自卑，更不會覺得有什麼可怕，但是無論是窮人還是富人遇到有知識的人時，都會對他們非常敬重，這是因為猶太人只重個人的智慧和才華，而不會看他的家庭出身。

猶太人經常對孩子說，我們不能選擇家庭出身，也沒有必要重新選擇，因為那不重要，不能代表我們的實力。應該做的事情是努力學習，掌握知識，並最終變為自己的智慧。

事實上，很多著名的猶太人出身都很卑微，如石工、木匠或牧羊人等。他們之所以能夠成為猶太人中的傑出人物，就是因為他們自身具有超強的能力，民族中「智慧重於門第出身」的觀念為他們的脫穎而出，提供了一個大環境。

看重個人智慧，而不重門第出身。這一觀念體現在人際交往中。猶太民族在日常生活中很少有門第觀念。在人與人交往中，猶太人很少有趨炎附勢之舉，出身高貴的人也難以依靠出身攫取社會地位，或者取得其他什麼優勢，人們都是依靠智慧和勤勞獲得個人地位。「個人智慧重於門第出身」是猶太人處世的重要理念，它激勵了許多出身低賤的人去積極進取，也體現了社會公平競爭的原則。

猶太人沒有家園，居無定所，四處流浪，沒有生存和發展的權利保障。他們所到之處，唯一的支撐就是自己頭腦中的知識。他們用知識創造財富，自己爭得一條求生道路，一方生存發展空間。

物質財富隨時都可能失去，但知識和智慧永遠在自己腦袋裡，只要你擁有知識和智慧，就不怕沒有財富。這正是猶太人流浪數千年依然生生不息的原因所在。

外語學習越早越好

為了在商場上更深一步瞭解對手，達到知己知彼的目的，猶太人特別強調用外語思考。秉持著這個想法，他們在對孩子進行早期教育時，很注意孩子的語言能力。

隨著社會的進步，科學技術的不斷更新，人類生產力的高度發展，國與國之間的交往不斷深入，人類對訊息量的需求在不斷加強。這種發展和變化將引發世界範圍內人們的接觸和流動加強，使地球變得越來越小。然而，使不同民族和國家的人們進行相互交往、相互接觸成為可能的首要條件，便是語言。

猶太商人被認為是掌握語言的天才，他們普遍懂得兩門以上的語言，在與外國人打交道時顯得自信、從容而又反應準確。為了在商場上更深一步瞭解對手，達到知己知彼的目的，猶太人特別強調用外語思考。秉持著這個想法，他們在對孩子進行早期教育時，很注意孩子的語言能力。

其實學好外語不僅是猶太人的要求，也是世界上許多有識之士對孩子教育的共識。

現代生理心理學、腦科學研究證明，0到6歲不僅是兒童學習母語的關鍵期，更是兒童學習第二語言的最佳時期。如果過了這個最佳時期，那麼學習第二語言就要相對困難得多。賴特和拉姆齊等人對接觸第二語言的6歲組和13歲組兒童分別進行了實驗研究。結果顯示，年幼組兒童中，有68%的孩子的口音被認為「酷似說母語的人」，而在年齡較大一組中這樣的兒童只占7%。

那麼，該如何對學前兒童進行語言教育呢？猶太父母多採用自然的方

式，激發兒童學習外語的興趣，創造語言氛圍。他們採取以下三種方法，有意識地參與幼兒的雙語學習。

1.自然習得法

生活中有很多孩子感興趣的東西，家長要有目的地選擇日常事物，作為激發幼兒興趣的素材。

如逛超市時，家長要時刻注意孩子的目光，適時地用雙語來豐富他們的詞彙量；在遊玩時，家長要主動用外文問候語向外國友人打招呼，使孩子在潛移默化中掌握問候語的使用。再比如，孩子喜歡看卡通片，家長可選擇外語影片，讓孩子在放鬆看片中習得外語。

2.遊戲興趣法

孩子的思考方式是直觀行動，主要以行動的、直觀的方式進行。這種思考的主要特點是在實際行動和直接感知中進行的。要結合幼兒思維發展的趨勢，讓孩子在遊戲中記憶、在直觀中感知的方法，潛移默化地產生學習英語的興趣和積極性。

3.氛圍營造法

設立學習外語的情景，與孩子形成一種親切、良好的個人感情交往的氛圍。多與他們玩遊戲，多給他們講故事，在玩玩講講中自然滲透已學會的外語內容，互動中給孩子把聽到和看到的內容進行充分複述的機會。

比如：把孩子已學會的單詞貼在家中相應的物體上，創設語言學習的氛圍，增加孩子看、說、練的機會；孩子前幾天剛學會小雞這個單詞，家長可以有意識地做小雞的動作，講有關小雞的故事，看小雞的圖書等等。運用各種方法幫助孩子練習並運用已學會的外語。

好問題和好答案同樣重要

　　每個孩子天生都是一個發問家。對兒童而言，整個世界就是由一個個問號構成的。為人父母者要做的就是啟發孩子敢於懷疑，敢於發問。人沒有理由對任何事情都確信無疑。懷疑一旦開始，疑點便會愈來愈多，循著懷疑的線索去追尋答案，答案通常是比較正確的。

　　《塔木德》中有一句話：「好的問題常會引出好的答案。」

　　好的問題和好的答案同樣重要。問題提得出人意料，通常答案也是深刻的。思考就是由懷疑和答案共同組成的，沒有好奇心的人，不會發生懷疑。所以有智慧的人其實就是知道如何懷疑和發問的人。

　　猶太人重視知識，更重視才能。他們教育孩子說，通常的學習只是一種模仿，沒有任何的創新。學習應該以思考為基礎，而思考恰恰就是由懷疑和問題所組成的。學習便是經常懷疑，隨時發問。懷疑是智慧的大門，知道得越多，就越會產生懷疑，而問題也就隨之增加。

　　所有的懷疑和迷惑，都可透過行動予以終止。所以，無論多大的懷疑和迷惑，最後都要尋求答案予以解答。每一個天才，都是真正的「問題獵手」，所以一定要養成凡事多問「為什麼」的習慣。即使是一個平常的小事，如果不斷地將「為什麼」問下去，說不定就能夠找到一座「金礦」。

　　牛頓在學校成績不太好，只喜歡動手做各種模型。有一天，他模仿水車輾粉機做了一個小模型，拿到學校去炫耀，做實驗給班上的同學看。實驗很成功，可是，當班上的一個高材生要他說明，他所做的水車為什麼能夠這樣把麥輾成粉時，他卻無言以對。

　　那個高材生諷刺說：「如果你不能說明的話，你不就是一個手指靈活

的呆子嗎？」周圍的同學也開始嘲笑他，受了羞辱的牛頓撲了過去，雙方大打出手，牛頓被打得喘不過氣來。但從此以後，不論面對任何事他都會想「為什麼」，終於成為一位偉大的科學家。

孩子愛提問題是求知欲的一種表現，但很多時候，孩子的問題在大人看來根本不是什麼問題，因此他們會說：「傻孩子，這算是什麼問題？」但為人父母者要明白：孩子的「問」表明了他在思考，如果能給予他巧妙的「答」，就會進一步激發他的求知欲望，點燃他智慧的火花。任何一項創新活動都是伴隨著積極的思考活動，而思考總是從問題開始的。因此，父母不僅要鼓勵孩子提問題，而且對孩子所提出的問題，要熱情地、耐心地傾聽。同時，對孩子提出的問題，不要急著給出答案，而要給雙方留出思考的時間和空間，讓孩子自己也認真地想一想。不到最後，不給出簡明、易於理解的答案。如果家長能在回答孩子問題後順著孩子的問題再提出一些新的有關的問題，就會更有利於孩子思考能力的發展。

孩子積極思考，主動提出問題，這對孩子思考的發展極其重要。或許有些父母會問，怎樣才能讓孩子想問、會問？要讓孩子想問題並提出問題，我們可以仿效猶太人的做法：

安排一個情境，以激發孩子想問的興趣。

首先，讓孩子感到好奇。如玩猜謎遊戲，給一些暗示；故事說一半，讓孩子好奇地想問結果等等，然後引導孩子問得清楚，而且有禮貌地問。

其次，鼓勵孩子積極思考，主動提出問題。在孩子的天性中，有一種求知的欲望，他們心中原本裝著無數個「為什麼」，想瞭解這個奇妙世界的本來面目。是成人不以為然的態度和習以為常的姿態，逐漸扼殺了孩子的這種求知衝動。因此，父母如果能夠有意識地引導、保護好孩子的好奇心，鼓勵孩子積極思考，對孩子的提問表現出自己的興趣，與孩子一起思

考，去尋找未知的答案，孩子提出問題的欲望就會不斷增強。

　　每個父母都要牢記：發問才能使人進步，鼓勵孩子多問問題，開發他們的思考能力。

窮人和富人都要接受教育

　　猶太人認為，智慧和知識是最甜蜜的。

　　在猶太教中，勤奮好學是敬神的一個組成部分。沒有其他任何一種宗教能對學習如此重視。《塔木德》寫道：「無論誰為鑽研《托拉》而刻苦，均會受到種種褒獎。不僅如此，整個世界都受惠於他，他被稱為一個朋友、一個可愛的人、一個愛神的人；他將變得公正、虔誠、正直，富有信仰，他將會遠離罪惡，接近美德；透過學習，他會享有全面認識世界的聰慧和智性的力量。」

　　12世紀時，猶太大哲學家邁蒙尼德還宣佈：「每個猶太人，不管年輕還是年老，強健還是羸弱，都必須鑽研《托拉》。甚至一個乞丐也必須日夜鑽研。」

　　猶太人認為，沒有人是貧窮的，除非他沒有知識。擁有知識的人擁有一切。

　　《塔木德》裡有這樣一句格言：「一個人要是沒有知識，那他還能有什麼呢？一個人一旦擁有知識，那他還能缺什麼呢？」正因如此，猶太人養成了全民好學、全民信仰知識的悠久文化歷史傳統，這自然是猶太人成功的第一黃金律。當然，從遺傳學的角度來說，猶太人天生頭腦聰慧，天才層出不窮。

典型的猶太人家庭有個風俗就是，在孩子識字始，把蜂蜜滴在《聖經》上，讓他們嘗到知識的「甜蜜」。後來，這成為猶太小學生的入學第一課。孩子上學的第一天，穿戴整齊，被父母或有學問的人領到教室。在那裡，每位孩子都可以得到一塊乾淨的石板，石板上有用蜂蜜寫成的希伯來字母和簡單的《聖經》文句，孩子們一邊朗讀，一邊舔掉石板上的蜂蜜。隨後，拉比們會分給孩子們蜜糕、蘋果和核桃——讓孩子們一開始就感受到學習的神聖和知識的「甜蜜」。

每一個人學完一卷《塔木德》，便被認為是生命中的一件大事，往往要請親朋好友前來慶賀一番。《塔木德》中的許多格言，常常讓人一生都記憶猶新：

教育是人人都必須接受的，愚蠢的人受教育，可以去掉他們本性中的愚蠢。

聰明的人更需要接受教育，因為聰明人如鋒利的刀，不接受教育，砍到不該砍的地方，其破壞力更大。其活潑的心性，不去忙碌有益的事情，就會做出有害的事情。正如肥沃的田地，不種上作物，就會長出茂密的野草一樣。

富人和窮人都要接受教育。

富有的人沒有智慧，豈不像吃飽了糠麩的豬或者驢子一樣無知之極。

貧窮的人不懂得學習，宛如一頭負重的驢，只知道用自己愚昧淺薄的觀點來挑戰世界，結果只是頭破血流或弄出許多笑話。

美貌的人沒有智慧，就彷彿開屏的孔雀或一把藏著鈍刀的金鞘，中看不中用。

有權力的人更要學習，正如嚮導必須有眼睛，喇叭一定要出聲，寶劍有鋒刃一樣。

地位低的人更要努力學習，只有知識才能改變命運。

智力低能到無法教化的人，世上絕無僅有，彷彿一把篩子，如果你連續不斷向它潑水，雖然留不住一滴水，然而它會愈來愈乾淨。笨拙和思考力貧乏的人，雖然不可能有獨創，但在某種程度上會改變氣質，脫離蒙昧和庸俗。

人的智力如同身體，有的人從小身強力壯，長大後反而體弱多病。總之，多鍛鍊一定有益健康。在教育的園圃裡，有早結果實的樹，也有晚結果實的樹。學習的目的，就是開啟智慧和思想。

教育越晚孩子智商越低

就算是普通的孩子，只要教育得法，也會成為不平凡的人。假如所有孩子都受到一樣的教育，那麼他們的命運決定於稟賦的多少。

一位猶太拉比曾說過這樣的話：「人剛生下來的時候沒什麼兩樣，但因為環境，特別是幼小時期所處的環境不同，有的人可能成為天才或英才，有的人則交成了凡夫俗子甚至蠢材。就算是普通的孩子，只要教育得法，也會成為不平凡的人。假如所有孩子都受到一樣的教育，那麼他們的命運決定於稟賦的多少。」

多數猶太教育家認為，嬰幼兒具備著非同尋常的學習能力，這種能力比常人認為的要高得多，也要複雜得多。成人的全部的知識，0到3歲占到了70%以上，嬰兒時期的學習是非常重要的。

教育家們還說，嬰兒有辨別母親面孔與聲音的能力，而現代無論怎樣高明的機器人都不能達到這一點。機器人儘管會潛水，會下棋，卻無法認

識一個人的臉。嬰兒的這種模式記憶能力，既是原始的又是極為高級的智慧，而不正確的早期教育卻偏偏無視嬰兒的這些卓越的能力，致使孩子極為珍貴的能力白白浪費。

教育家們認識到每個兒童都是有潛能的，但不同的教育條件下，兒童的潛能發揮程度是不一樣的。資深的猶太教育學家約瑟伯約說：一棵樹，如果按照它理想的狀態生長到30公尺高，那麼我們可以說這棵樹具有長到30公尺高的可能性。同樣的道理，一個兒童，如果按照理想狀態成長，能夠長成一個十分有能力的人，那麼我們就可以說這個兒童具備很高的潛在能力。

這種潛在的能力就是天才。因此，天才並不是我們常人所認為的那種只有少數人才具有的稟賦，而是潛藏於每個人的內心。

教育的目標就是要使兒童的潛在能力達到最高，並得以充分發揮。只要充分發揮出這種潛在的能力，他們就能做出不平凡的事情來，他們的一生也就將是最為充分的、輝煌的一生。

在現實生活中令人遺憾的是，很多的孩子由於教育不得法，或者說沒有接受教育，他們的這種潛力並沒有得到充分發揮，這就是人們要問的為何天才如此之少的原因。

如何塑造天才，如何發掘天才？最為重要的就是在生活中，在我們的家庭中儘早挖掘出孩子的潛能。

生活中的天才是神祕的，事業上的天才更為神祕，這只是因為我們不瞭解天才是怎樣出現的。天才並不神祕，也不是遙不可及，而是與生俱來的一種潛能。每個人身上都存在，只是後天的培養不當，潛能沒有開發出來而已。

很多人說人人都是有潛能的，但人的潛能並不是恆定的、永存的，而

是有一個潛能遞減規律。這一規律是一位老教育學家發現的，這位猶太老教育家說：兒童雖然具備潛在能力，但這種潛能是有著遞減法則的。初生下來的嬰兒他們具備的潛能是100度，如果作為一個父母不對孩子進行早期的教育、利用和開發，孩子長到5歲時才接受教育，即使是最為出色的教育，那也只能成為具備80度能力的人。而如果從10歲開始教育的話，即使教育再好，也只能達到60度的能力了。以此類推，孩子的教育越晚對孩子的開發價值就越低。

דומלת

塔木德

第26輯

如何進行習慣養成教育？

把書印到大腦裡

在研究《塔木德》的學院的學生裡，很多都是從早到晚一直學習的。經常可以看到他們捧著書，口中不住地讀著什麼。這種學習熱情真讓人感慨。

猶太人的學習方法可以稱作「投入學習法」。他們在讀書的時候，會動用全身的器官進行輔助。按照我們的做法，讀書就是默讀課文，重要的地方用色筆標出來或將其抄到筆記本上進行整理。雖然這樣可以為了應付考試而有效地背誦，但考試結束後，記憶的東西大半都忘掉了。

像前面所述，猶太人學習是將眼睛看、口讀、耳朵聽等各種方式綜合起來，而不是單純地閱讀。課文雖然單調，但他們可以用一種旋律來吟讀。這種旋律和他們以聖歌為原形改造的歌曲（做禮拜時吟唱）的風格一樣。無論是《聖經》還是《塔木德》，他們都用這種旋律來吟讀。

猶太人讀書的時候，除了抑揚頓挫地朗讀，還要按一定的節律左右搖擺。他們一邊用右手按著課本，一邊動用所有能想到的身體器官，按照文章的意思，將自己完全投入進去。

猶太人早禮拜的祈禱文有150頁左右，如果每天早晨都反覆朗讀，誰都可以記住。一旦你的記憶容量變大了，你的大腦就有能力不斷地儲存新的資訊。

普通的猶太人當中很少有人能用希伯來語將《聖經‧舊約》全部背誦出來。《塔木德》的研究者中有人能記住經文的全部內容，他們就是用帶有節律的吟讀的方式將《塔木德》「印」到大腦裡面去的。他們在記憶文

章的線索時，經常先背誦某一提示性的句子，然後再反覆誦讀《聖經》和《塔木德》，直到眼前能出現所背文句的出處。如果做到這樣了，即使手中沒有書，他們也可以被當作正確的《聖經》或是《塔木德》來請教。

每天抽出一小時陪孩子

一個人如果希望他的孩子尊重並執行他的命令，那他自己首先就要尊重他的孩子。

《塔木德》中說：

溺愛孩子的人對孩子無微不至。

不經管教的馬難以駕馭，未經約束的孩子十分任性。

縱容孩子，他會讓你震驚；和他一起玩耍，他會讓你悲傷。

不要和他一起玩笑，以免和他一起痛，最後讓你把牙磨碎。

不要在他年輕的時候就給他自由，或者是忽略他的錯誤。

管教你的孩子，耐心對待，他就不會做不光彩的事情讓你難堪……

為人父母是一件勞神的事，教育孩子需要付出無數的犧牲和持續的努力。父母感到欣喜的是，他們所付出的努力終會取得回報，從孩子身上可以感受到成功的自豪、成長和發展的奇蹟、溫暖和愛的感覺。可是也有許多孩子會讓他們的父母享受不到這些回報。

父母們究竟怎樣來與孩子相處並達到相互欣賞，這是一門值得認真學習的藝術。

在耶路撒冷一所大學的家庭教育會上，一位父親說：「我每天都要花一個小時的時間陪孩子做功課，這不僅讓孩子很快做完功課還能培養孩子

專注的能力。」

　　許多父母總是認為孩子最喜歡的是玩具，其實，孩子真正喜歡的是父母每天能和他交流、溝通。

　　許多猶太教育學家們認為，孩子需要父母的關心、接納和傾聽，最為重要的是希望與父母進行感情上的交流。因此，父母應找出一些時間與孩子呆在一起。這是交流的最好方式。

　　利用飯後散步的這段時間，與孩子進行溝通或回答孩子的一些問題，是再好不過的，這個時候，孩子的接受能力特別強，因此這段時間可以說是教育孩子的黃金時間。

　　與孩子在一起時，父母可能不知道與孩子進行怎樣的交流，也不知道與孩子進行怎樣的對話，下面讓我們看看猶太父母是怎樣做的：

　　傾聽很重要。父母都可能有工作，而且還很忙碌，為了生存這是不可避免的。孩子上托兒所或是由他人看管，分開一天，孩子一定有許多的新鮮事想告訴爸爸、媽媽。父母應抽時間，聽聽孩子一天的經歷。即使孩子不主動和父母談，父母也應該主動找孩子談，這也是培養孩子語言交往能力的好機會。

　　善於鼓勵孩子。孩子渴望聽到表揚或鼓勵的話，這是人最基本的心理要求，作為父母不要吝嗇你的讚美之辭，縱然孩子只做了一件小事，即使是微不足道的事，只要是孩子做的，都應該給予鼓勵。這樣還可以培養孩子的自信心，讓孩子得到力量。

　　態度要冷靜。許多父母工作一天後，勞累與煩躁使得心情很不好，容易把這種情緒波動發洩給孩子。當看到孩子做了一些讓自己不悅的事，就對孩子大動肝火，這是不對的，也是不科學的，這樣對孩子是一個打擊。不要因一些小事就責備孩子，否則，孩子可能從此不再和父母交流。

表露你的懷疑。孩子如果傾訴了一些挫折、失意的事，在父母看來可能是不起眼的小事，如別人搶了他的東西；在托兒所吃飯時，教師把他喜歡的碗分發給了別人等等，父母都應表示出相應的理解、同情。這樣就會使孩子不愉快的心情得到宣洩和撫慰，以後孩子就更願意和父母交流了，心中有什麼事都願意和父母探討。

培養孩子扮演教師的角色

　　讓孩子在家庭中「扮演教師」這一角色，孩子就可以非常快速地吸收所學的知識。找到自信的方法，並發現自己的價值。

　　貝恩亞尼是一個不愛學習的孩子。為了把他引上學習之路，不識字的母親也拿起了筆，並讓兒子貝恩亞尼當她的教師。小貝恩亞尼很驚訝母親這麼大年齡還請他當教師，他很興奮。為了當好母親的教師，他不得不自己好好學習。每天傍晚，鄰居總看到一個孩子在向一個中年婦女講授功課。

　　在不知不覺中，貝恩亞尼的功課進步很大。後來他以第一名的成績考入了以色列最好的中學。

　　智慧在哪裡呢？一項腦力測驗顯示：

　　學生只能吸收教師在課堂上所講內容的10％左右。如果一個學生自己閱讀資料，那麼其吸收率將急速提高到70％左右。如果學生再將所學的內容教給別人，無論他是扮演一個教師的角色，還是在合作的學習環境下講授，孩子將掌握有關內容的90％。

　　因此，這一理念就非常明顯。如果在家庭中父母把孩子放在教師的位

置上，他們所學會的東西就越多。

　　一位從教多年的猶太教師比爾拉茲說：「有人問我是如何將那些糟糕透頂的小語法規則記住的？我回答說，那是我在教別人的過程中，更多更詳細、更為深入地學會了這些東西。」

　　這位教師說，如果你剛剛從大學的哲學系畢業，你是不能把那麼一大堆比如亞里斯多德、康得、黑格爾等這些人的理論熟記於胸的。在你教學的過程中，你就不知不覺掌握了這些知識，並且瞭若指掌。

　　以上的事實說明，如果你注意培養孩子在家庭中「扮演教師」的角色。孩子就可能主動開發相關技能。這些技能以後將使他躍升到領袖人物的位置上，從而使他承擔起指導性、領導性的責任。

　　很多教育家認為，讓孩子在家庭中「扮演教師」這一角色，孩子就可以非常快速地吸收所學的知識。

　　在家庭中，父母可以這樣讓孩子來扮演教師：

　　父母可以扮作學生，虛心向孩子請教各種孩子所要掌握的問題與知識。很多教育家認為，父母應該積極參與孩子的教育。因為這種參與有著很大的價值，它要求父母與孩子一同度過一段良好的時光。

　　這種活動很簡單，其價值卻是不可低估。這個活動要求孩子把家庭作業中不易理解的概念解釋給父母聽，或者學校當前正在發生的一件事也可以。

　　在孩子講課時，父母要盡量裝得「無知」一點，這樣可能會讓孩子講得更為詳細，又能把孩子放在講述某一問題的幸運位置上，就像是教師在課堂提問學生一樣。

　　當然，這種家庭遊戲最初可能讓父母與孩子都覺得無聊，只要堅持下來，很快就能發展成為一個良好的習慣。這種習慣一旦養成，晚餐時的談

話就會出現很多有價值的內容。這些談話也就變得越來越成熟，直到有一天你會發現你的孩子所掌握的東西比你所掌握的東西還要多。

另一種情況是，孩子對以前所不能解決的問題，突然之間會找到答案，找到了解決的思路。

給孩子購買數個小娃娃，讓孩子對這些小娃娃講課。這在家庭中是最為有趣的一件事。

綜上所述，多鼓勵孩子「扮演教師」是非常有效果的。在這樣的遊戲當中，孩子會找到自信的方法，並發現自己的價值。

想像力比知識更重要

這是猶太家庭教育中一則很有代表性的故事：

一個孩子的父親是一個極為刻板與嚴謹的人，每天的生活極有規律。兒子卻是一個調皮的傢伙，精力充沛，整天在不停地動，總是弄壞東西，總是在為不當的行為挨揍。

有一次，這個孩子把他父母的錶拆開了，他只不過是想看看裡面是什麼東西，並試圖想把這錶修好，結果失敗了。孩子的父親發現這個情況之後，氣得暴跳如雷，拿起木棒就打這個孩子，打得這個孩子皮開肉綻。這位粗暴的父親在弄明白事情的真相之後，又礙於面子不願意向孩子認錯。

這個可憐的孩子才9歲，每天卻都生活在憂鬱之中，他對自己的父親充滿了恨意。終於有一天，他跟著一個馬戲團出走了。

自由固然不能脫離紀律的約束，但是紀律和制度也不能固定和過分限制孩子的行為。

猶太教育家塞賓尼思認為，紀律遠遠比不上孩子自由的天性、活潑的心靈。教育者不但不應該壓制，相反還應當培育孩子的這些素質。紀律應當為孩子的自由發展、滿足孩子的好奇心而服務，而不能讓陳規壓制了孩子的美好天性。

　　教育家認為，上面那個父親對離家出走的孩子如果引導得法，那麼孩子可以在機械方面得到發展，可能成為一位發明家或者說是科學家。然而，在不合理的家庭教育中，他只能選擇去當流浪漢過自由的生活。

　　這位父親，如果他把這樣充滿好奇心的孩子領到鐘錶店讓孩子看個夠，或者把鐘錶的原理告訴孩子，那麼什麼事都解決了。

　　這個不稱職的父親的錯誤就在於，他缺乏對孩子好奇心的重視，他不知道如何洞察孩子自由的天性。

　　好奇心是每個孩子探究世界上未知因素的心理動因，好奇心有助於孩子想像力的培養。好奇心是創造精神的源泉，是孩子想像的動力。正因為孩子有了無數的好奇心，他才不停地提問、思考、想像。父母有責任保護好孩子的好奇心，讓孩子的思維永遠處於活躍的狀態。每一個孩子都應該享受探究世界的權利。如果不是這樣，孩子只能成為一個唯唯諾諾、機械模仿、缺乏創造性、沒有主見、只在一定的框架中思考的人。

　　在不少的家庭中，孩子所得到的只是呆板的、墨守成規的教育。在這樣的教育中成長起來的孩子，雖然說能按父母的意願取得一定的成就，可多少也會受其家庭與父母的影響，也只是一個板著臉，只會啃書本，毫無樂趣可言的人。

　　猶太教育家塞賓尼思還認為，在遊戲中培養孩子的想像力是一種行之有效的辦法，也是一種不可多得的辦法。因為大多數孩子都喜歡做遊戲。特別是角色遊戲和造型遊戲，隨著扮演角色和遊戲情節的變化，孩子的想

像異常活躍，遊戲的內容也隨之豐富起來，想像就更為活躍。

猶太人愛因斯坦說過：

想像力比知識更為重要，因為知識是有限的，而想像力概括著世界上的一切，推動著進步，而且是知識進化的源泉。嚴格地說，想像力是科學研究中的重要因素。在現實社會中，沒有想像，就沒有新的發明與創造，就無法解決生產和生活中的新的問題，人類社會就無法前進。

父母所要記住的是：

想像是孩子自由思考的表現，維護想像力是培養孩子熱愛自由品格的重要方式，也是培養孩子創造力的有效的途徑。要培養孩子的想像力，除了保護孩子的好奇心，讓孩子多接觸大自然、多接觸生活，還要保持孩子獨立的個性，讓孩子嘗到想像的快樂。

猶太教育家不主張用清規戒律來束縛孩子，更不主張孩子因循守舊。他們反對人們硬把教義、信條以及上帝的懲罰、地獄的折磨等子虛烏有的事灌輸給還不太明白是非的孩子，並毫無道理地要求孩子絕對服從。因為他們認為，這樣一來，孩子的頭腦就會被這些東西緊緊地縛住，不能自由地探求知識，終日生活在迷信和恐懼之中。

猶太教育家還反對對孩子的天真報以嘲笑和諷刺。父母應該非常注意保護孩子的探索精神，對孩子所提出的問題能耐心為孩子們解答。

好成績來源於好習慣

著名的猶太教師巴赫德塔說：

有不少的孩子在數學方面的天賦是很高的。如果給他一個公式，他就

能解出許多數學的難題，可是作文水準卻是平平。與他的能力應得的成績相比，他沒有付出多大的努力。可是問題就出在家庭作業上，這樣的學生只完成三分之二的家庭作業。而另一個學生卻是另外一種情況，他能把教師所指定的作業完成95％，而且每天晚上至少能輕鬆閱讀半個小時的書。

兩個孩子的成績問題關鍵在於他們的學習習慣，而不是天賦。

孩子從上學那天起，就有堅持做家庭作業的習慣。每個父母都有自己的一套教育方案，認為什麼時候讀書對孩子最為合適。有的父母願意讓孩子放學到家後馬上讀書，因為這個時候孩子的大腦還處於學習的思維之中。完成家庭作業後，剩餘的時間就是孩子娛樂的時間，這是對孩子的一種獎賞。有的父母則願意先讓孩子休息一會兒後再來完成家庭作業，認為這樣孩子可以把作業完成得更好更出色。

不論用哪種方式，只要是能夠讓孩子學習，這就是一個好方案。比如有的學生一邊在家中做作業，一邊聽音樂，而且還學得很好。有的孩子就必須要在絕對安靜中才能坐下來讀書。有的孩子非要等到吃完飯以後才能坐下來讀書，有的孩子習慣邊吃著東西邊閱讀。

無論怎樣，父母都要注意，應把孩子的學習習慣和學習環境儘早建立起來。

孩子在小學時候養成的習慣，將決定他們將來是否取得巨大成功。

在家庭學習中，父母鼓勵孩子掌握時間是很關鍵的。時間管理是一門重要的學習技能，其重要性絲毫不亞於數學幾何定理的應用。學習需要自我意志，需要自我控制，所以在孩子幼小時期，父母要幫助他們將學習的習慣儘早建立起來。

當然，父母在鼓勵孩子求學時，也不要忘了讓孩子享受生活。因為很少有人屬於真正的多重性格。那些在學習上廢寢忘食的人，通常他們在人

生中的所有領域中都很努力。父母們所要關注的是：孩子們玩樂的方式只不過是他們學習方式的反映，讀書和玩樂中的成績，都能給他們帶來巨大的歡樂。

熱愛知識從愛書開始

嬰兒從六個月就已經開始熟悉聲音，並對紙上的東西發生興趣。儘管他們不懂得內容，但只要朗讀給他們聽，就能使他們熟悉、喜歡父母的聲音。這是一個不可多得的時機，可以為他日後的教育打下基礎。

據很多教育學家發現，幼兒是很喜歡聽童話故事的，即便是外婆講過十幾遍的老故事他們也一樣愛聽。教育心理學家認為，孩子們喜歡童話顯示他們不願意做旁觀者，透過聽大人講故事和自己閱讀，孩子可以發揮自己的想像力，按自己的方式參與、安排故事，並從中反映、分享他們的願望和快樂。

一位猶太母親在介紹自己的教育經驗時說：

我的女兒出生後不久，我就開始唸故事給女兒聽。

初時，她咬書皮，滴口水在書上，但是我並不介意，甚至於讓女兒抱著書睡。女兒不到一歲就喜歡上了書本，她很愛依偎在我的懷中聽我講童話故事。女兒會走路之後，常常坐在家中的狗旁邊，拿著書本，唸書給狗聽。當女兒後來進入幼稚園，教師發現她比別的孩子要早兩年懂得閱讀，而且是樂此不疲。

高聲朗讀是對嬰兒表達感情的方式之一，隨著嬰兒的生長，嬰兒把高聲朗讀看成是一種安寧和安全的聲音，並把聲音和受到愛護的美好形象結

合起來。父母給孩子閱讀時，應該注意根據故事情節的輕重緩急，掌握好閱讀節奏，以便對孩子產生一種閱讀的興趣與氣氛。

父母在給孩子閱讀故事時要把故事唸得生動活潑以喚起孩子的好奇心和興趣。開始念新書前，你可以讓孩子看看書的封皮，問他們看到了什麼，猜想書中會寫什麼，下一步就讓孩子看書中的圖畫等。

以色列前總統夫人芭芭拉在談到她的教子之道時說：

我給孩子唸故事時，並不讓他們光坐在那裡聽。有時我會故意停下來，對孩子們說，現在你們猜猜又會發生什麼樣的事呢？如果是在閱讀中遇上孩子們不熟悉的字，我就會一一解釋給他們聽。

在家庭教育之中不少的家長給孩子買了書，又怕孩子把書籍給搞壞了弄髒了，孩子讀過書後，就趕快收起來，放到孩子拿不著的地方。更有甚者，有的家長當孩子在全神貫注看書之時，不停地叫孩子做些事情，這種做法是不可取的。家長培養孩子的閱讀習慣，最好的方法是將有形匿於無形之中，這是影響孩子開發孩子潛能的最好辦法。

猶太教育學家們認為，孩子需要的不是某種概念，他們所需要的是適合他們胃口與興趣的書。當然，他們也需要換換胃口，父母可以利用不同的場合、物品來教導孩子，比如報紙、雜誌、明信片，甚至物品包裝紙上的說明文字等，處處讓孩子得到學習，這樣就可讓孩子明白文字、知識在生活中的各個方面的重要性。

孩子一天天長大，當到一定的時間孩子學會了自己閱讀後，家長不要太快就放棄自己對孩子閱讀的責任，還是要持續唸書給孩子聽，直到孩子上中學為止。很多教育經驗告訴我們，大多數的孩子的聆聽能力比閱讀能力高，從「聽」書中孩子所獲得的效益是極為明顯的。

興趣是成功的第一任教師

興趣是成功的第一任教師。猶太人相當重視幼兒的興趣教育，所以猶太人人口雖少，但湧現的天才卻很多。

由於愛因斯坦父母、玻爾父親、斯皮爾伯格父親很早就瞭解好奇心對孩子成才的巨大作用，所以他們在孩子很小時就注意啟發孩子的好奇心，從而培養了他們的天才；而畢卡索的父親則是最早發現了兒子的興趣，據此培養孩子，孩子也就真正成了天才。

想一想，剛生下來的嬰兒，對於未知世界是多麼好奇，他很想知道這個世界是什麼樣，他會一直接收新的資訊。如果這時給他聽一些音樂，給他看一些畫，給他一些智力上的訓練，他就像白紙一樣，所有的色彩都會加進來。孩子的可塑性是最高的，及時加以訓練，才可以培養出優秀的人才，等到10歲、20歲再培養，可能會太遲了。

小孩子生來具有好奇心，可是隨著時間的推移，隨著對周圍事物和環境的熟悉之後，好奇心就不如以前強烈了，這時候智力的發展就會漸緩。我們知道，智力的發展主要就是有好奇心，哲學家擁有一顆敏銳的心，對於世間的萬物都會去探討。

其實有太多的東西值得我們去探討，不用擔心有一天都被我們探討完，而沒有新的東西可以刺激我們。有刺激才會有反應，有時候越強的刺激會有越強的反應。

讀101遍就比讀100遍好

　　大多數人躲避思考的理由是「費腦筋」，思考確實是一件苦差事。然而，天才們之所以能夠成為天才，正是由於他們勇於完成這個「轉換」——變逃避用腦為樂於用腦。

　　記憶對一個人來說是非常重要的。沒有記憶，人們的思考就失去了前提。記憶是人智力活動的倉庫。在智力發展最重要的幼兒時期，記憶則具有更重大的意義。

　　有心理學家認為：學齡前兒童心理活動的各個方面以記憶佔有優勢地位，記憶處於意識的中心。如果沒有記憶能力，那麼幼兒每一次都要去重新認識那些已經見過的事物，那麼他們不可能獲得任何生活知識經驗。有了記憶，先後的經驗才能聯繫起來。透過記憶，人們豐富自己的知識，並形成各自的心理特徵。所以說，幼兒記憶的發展對學習文化科學知識有直接作用。

　　因此，背誦和記憶是古希伯來教育最通用的教學方法。在古以色列人中有讀101遍要比讀100遍好的說法。在學者們當中，最值得誇耀的事是能一字不差地背誦完《聖經》。希伯來拉比講過：一個成功的學者要手腦並用，並且利用熟讀和記憶來引發思考。

　　西元前3世紀，在古希伯來剛剛興起的學校裡，年輕人開始從學習古代律法轉向瞭解民族衰敗和興旺的各種問題，探索人生的真諦，學習有關實際事物的知識。教師們常常要求學生先背熟內容，然後再逐段、逐句地講解，其目的就是要讓學生一點不落地掌握聖典的內容。除此之外，希伯來人在強調機械性記憶的同時，還主張要勤於思考。當猶太學生背下了所學

的內容之後，教師常常引導學生提出各種問題，並對這些問題進行討論。而在討論的過程中，學生對所學知識的認識又會上升到一定高度。

猶太人認為，按記憶時的意識狀態來分，記憶可以分為無意記憶和有意記憶。孩子越小，無意記憶就越佔優勢。當孩子年齡小的時候，常常忘記父母的吩咐，為人父母者不要輕易地說他「沒記性」，那只是因為他不太感興趣而已。隨著孩子年齡的增長，有意記憶就逐漸發展起來，占主導地位。比如，6、7歲的孩子常會自言自語地重複家長對自己說的事情，對一些一下子不太懂的事情還會再度「請示」。

有意記憶又分為機械記憶和意義記憶兩種。孩子由於知識經驗少，缺乏對事物內在連結的認識，年齡越小，就越多地抓住事物的外部連結去機械記憶，而小學階段的孩子在記憶某篇文章或某些事情時，就不再逐字逐句地原文照背，已經能在理解的基礎上記憶。對於孩子的學習而言，意義記憶的效果會更好。不過，機械記憶也是必不可少的，因為有一些知識內容，如字母的記憶等必須是機械記憶。

講到記憶就會講到它的「孿生姐妹」——遺忘。人們記憶、背誦，總是希望永遠不忘。可是，現實生活中偏偏會出現遺忘。有人做過實驗，測試人在學習半個月以後的遺忘情況，結果令人大吃一驚。大學生對物理知識忘了85％，中學生對生物知識忘了60％，小學生對地理知識忘了55％。

猶太人教育孩子說，遺忘並不可怕，關鍵在於你怎麼去認識遺忘。

首先，遺忘是生活的常規，只要不超過一定的範圍，是很正常的。遺忘對一個人的認識有著過濾的作用，濾去那些不重要，不符合社會和個人需要的東西，保存下來的就是對個人很重要的東西。不要認為只要能記住就是好事，有時記憶中有大量我們完全不需要的瑣事，如果我們不把它們趕快遺忘的話，勢必會拖累記憶，影響記憶的效果。在日常生活中，有的

同學在聽教師上課或聽演講的時候，把教師或演講者的口頭禪記住了，而忘記了主要內容，這對他的生活和學習都是不利的。

其次，要與遺忘抗爭。也就是讓那些我們不希望遺忘的東西少遺忘或不遺忘，最主要的方法就是複習。經過複習，加強識記就能減少遺忘。

猶太父母的做法值得我們借鑑。在教育孩子掌握知識時，必須將記憶與思考結合起來，提高學習效率，取得學習的最佳效果。

天才始於注意力

猶太拉比說：天才始於注意力。注意力不集中，易分心，是所有孩子的共性。年齡越小，控制注意力的時間越短，小學一年級的學生集中注意力時間至多只有15分鐘，1～2歲的孩子自然更短，最多不會超過3分鐘。

歷史上凡是事業真正有所成的人，在工作和學習時總是注意力高度集中，達到如癡如迷的程度。著名的化學家和物理學家居里夫人就有著非凡的注意力。她小時候讀書很專心，完全不知道周圍發生的一切，即使別的孩子跟她開玩笑，故意發出各種使人不堪忍受的喧嘩之聲，都不能把她的注意力從書本上轉移走。有一次，她的幾個姊妹惡作劇，用六把椅子在她身後搭了一座不穩定的三角架。她由於在認真看書，一點也沒有注意到頭頂上的危險。「木塔」突然地轟然倒塌，引起周圍的孩子們的哄笑。

愛因斯坦看書入了迷，把一張價值1500美元的支票當書籤丟掉了；大科學家牛頓把懷錶當雞蛋煮做午飯；黑格爾一次思考問題，在同一地方站了一天一夜。這類軼事，都是這些偉大人物做事時，注意力高度集中的表現。然而，有些孩子的情況卻很糟，幾乎片刻不停，忙忙碌碌，一丁點的

事物也可以輕易把他們吸引過去。雖然他們也有興趣愛好，但對感興趣的事情也無法主動集中注意力。像這類孩子就具有注意力分散度較大的氣質特點，應該及早給予幫助，否則到學齡時期就會出現過動症症狀，影響紀律，影響學業。

以色列有個教育學家說過，「注意力是心靈的唯一門戶，意識的一切都要經它進來。」排除外界干擾，是提高注意力的一個重要方面。

有人曾經問愛迪生：「成功的第一要素是什麼？」

愛迪生答道：「我認為成功的第一要素就是，能夠將你身體與心智慧量鍥而不捨地運用在同一個問題上而不會厭倦。你整天都在做事，不是嗎？每個人都是一樣。假如你早上6點起床，晚上11點睡覺，你做事就做了整整17個小時。對大多數人而言，他們當然是一直在做事情，唯一的問題是，他們做了很多很多件事，而我只做一件。假如將這些時間運用在一個目的、一個方向上，那就會取得成功。」

是否高度專一，一天就有很大的差別，那麼一個月、一年、十年呢？不言而喻，那差異就更大了。因此，最弱的人，如果集中精力於單一目標，也能有所成就；反之，最強的人，如果分心於太多事務，很可能一無所成。使注意力高度集中一個必要的條件就是，使刺激引起的興奮強烈起來。

作為家長需要瞭解到，注意力是人的心理現象，它分為無意注意和有意注意兩種。一個人從無意注意到有意注意的形成需要有一個發展過程：人在出生後的最初一段時期內，只有無意注意；在教育培養下，隨著語言的發展和生活經驗的增長，有意注意才逐漸形成和發展起來。學齡前和學齡初期的孩子的無意注意佔優勢，注意力容易隨外界事物的變化而轉移。有些家長不瞭解孩子無意注意佔優勢的心理特點，要求孩子老老實實坐

著，規定提前練字或做枯燥的計算題等等，孩子總是很難做到。在猶太人看來，絕大部分孩子的注意力發展是正常的，家長大可不必過於擔心。但家長一定要遵循孩子心理發展規律，關心並培養孩子的有意注意，為今後健康的成長和有效的學習打好基礎：

（1）**注意孩子腦營養**。活動會消耗大量的營養物質。在緊張的學習期間，家長應該讓孩子多吃容易消化的食品和高蛋白的食物。每次吃飯以八分飽為宜。此外每天還要保證孩子的飲水量，最好每天維持在1.5升以上，多喝礦泉水或溫開水，少喝甚至不喝刺激或興奮性的飲料。

（2）**增強孩子的信心**。孩子在家長的正面引導和鼓勵下會漸漸對自己增強信心，認為自己是能夠安靜地坐下來集中注意力的。這樣的心理暗示對加強孩子的信心很有好處。

（3）**保證充足的睡眠**。睡眠對保護神經細胞免於衰竭很重要，所以家長要關心孩子睡眠的質和量。學齡孩子每天晚上睡覺不宜晚於10點。通常而言，孩子的睡眠時間不應少於9個小時。

（4）**孩子不能過於疲勞**。如果連續幾個小時埋頭做功課，學習效率就會下降。注意孩子學習內容不要單一化，隔一段時間換一項活動，適當地給孩子中間休息的機會。

（5）**排除干擾因素**。一個好的學習環境能養成孩子一坐到書桌前就投入學習的習慣，集中注意力變得容易主動。環境的周圍不要有噪音，避免陽光直曬刺激孩子的眼睛，書桌不宜太靠近窗口，以免窗外的景物分散孩子的注意力。孩子剛放學回家，家長不妨讓他先洗洗臉，吃些點心，和他聊聊學校裡的趣事。這樣讓孩子興奮的神經先安靜下來，把會讓孩子分心的事先排除掉。

דומלת

塔木德

第27輯

關於教育的忠告

動搖原則就是毀滅孩子

猶太民族有著自己傳統的教育方式，他們用自己的方式培養了一代又一代著名的科學家與歷史巨人。猶太人的教育是成功的，這是他們民族的驕傲與自豪。

但很多民族卻不是這樣，他們沒有自己的教育觀，對孩子也沒有自己的教育方式，特別是那些父母，雖然一直在熱心研究教育孩子的方法，令人感到遺憾的是，這些父母往往對兒女的教育愈是熱心，愈急於儘快吸收最新教育方式，也就愈喪失自己的主見。

有些方法也許並不適合於自己的孩子，可是父母把這些方式搬過來，強加給孩子，效果卻適得其反。

我們所要知道的是，孩子教育不是精英教育，也不是天才的教育。比如，有不少的家庭，父母看到別人的孩子學彈琴，認為自己的孩子也該學彈琴；看到別的孩子在學習外語，便放棄學彈琴讓自己的孩子去學外語。這樣的事例很多。有很多的學習都不是出於孩子的愛好與需要，而是出於父母的認識，更為準確地說是出於父母的虛榮。他們認為自己的孩子是出類拔萃的，學什麼都可以為自己爭光。

這種追趕時髦，對孩子是一種傷害。這種不顧孩子的意願自作的主張，不但不能使孩子的潛能得到有效激發，反而腐蝕了孩子純潔的心靈。

生活中很多孩子的學習與成長，並不是憑自己的意志，而是全憑父母的決定做主的。因為他的出生也不是憑自己的意志而為。這個原因導致不少父母認為既然自己肩負著養育孩子的義務，孩子便應該按照自己的意願

和選擇去做人。其實這是不對的。我們應該給孩子自己尋求與選擇前途的機會，這才是父母的職責。父母讓孩子學習什麼並不重要，重要的是能讓孩子的潛能得到啟發，怎樣才能把孩子的才情發揮出來。

教育孩子不是一種潮流，也不是追趕時髦。有不少在幼教工作上投入心力的母親，她們不懂得教育的重要性，只是為了時尚所驅才那麼做。

要對孩子充滿信心，要有自己不變的教育原則。如果動搖你的原則，一味只趕潮流，受害的是孩子。他們會因為你教育方向的動搖而沒有任何發展。無論是多麼細微的事，只要抱著信心，從自己堅信的事做起便可。

正如猶太教育家彌塞亞所認為的那樣：

父母充滿信心的態度是教育孩子最根本的需要。

認同孩子等於鼓勵孩子

成長中的孩子具有反抗行為。這是極為正常的事，也是自然的事。這表示孩子已經開始有自己的想法，而不僅僅只是接受。

在猶太家庭中，父母很認同孩子的觀點與主張，這一點是其他民族所無法相比的。在猶太人看來，不注重孩子的能力，就是扼殺孩子。

從一個專制家庭中長大的孩子，很難說出「不」字。試想一個這樣的家庭，還能讓孩子的性格得到健康成長嗎？

專橫的父母，是不讓孩子說「不」的。試想這樣的父母，又怎能與孩子成為真誠的、平等的朋友呢？這樣的父母又怎能把孩子放在最為重要的位置上呢？

在生活中，我們時常聽到一些父母在說：「我的孩子理解能力很強，

說了就能夠理解，因此，他幾乎沒有什麼反抗。」

這樣的話在教育學家們看來是危險的。

以色列學者瑞巴曾經將孩子分成叛逆期現象與沒有叛逆期現象兩種。就這個問題，瑞巴曾做過近20年的追蹤調查，他專門調查這些孩子們的成長情形。結果發現，顯示有叛逆期現象的孩子們，後來成為具有自主性較強的人格特質者，而未顯示有叛逆期現象的孩子，長大之後多成為缺乏自主性的人。

孩子沒有表現反抗期現象其實有兩種原因，一是孩子缺乏自己的主張與精神，二是由於父母施加太大的壓力。這樣就使孩子成為溫順、有固定形式的人格。

不少孩子之所以能成為活潑、有冒險精神的人，是因為在某一時期體驗過自己的主張，能夠以自身的實際體驗為基礎，進一步表現自己的欲望或主張。

家長講什麼孩子就記住什麼

重複具有不可低估的效果，重複能讓孩子很快吸收知識。

這也是很多教育家都認為十分有效的一種教育方式。

孩子對被重複的「材料」，具有非凡的「記憶能力」。這一點是很多父母所希望的，也是父母們所望塵莫及的。

父母所要知道的是，任何事物對兩三歲的孩子而言都沒有難易之分。「這對幼兒太難啦，還沒有必要讓他去記。」這完全是大人的錯覺。其實對幼兒而言，根本不存在一件因為難而記不住的事情。

猶太教育家昆茲說過，如果讓一個孩子反覆聽本國的希伯來語，孩子就對本國的語言具有非凡的記憶能力。每天反覆聽優美的音樂，任何一個孩子在此環境之中都會熟練地彈奏優美的曲子。

　　曾經有這樣一個實驗：

　　一個孩子練習鋼琴，鄰居家的孩子在一旁傾聽。當鄰居家的孩子長大後也彈鋼琴之後，他很快就超過了其他孩子。這是為什麼呢？

　　這是因為，對鄰居家的孩子而言，那個孩子所彈奏的鋼琴為他學習鋼琴提供了良好的環境。

　　對於說希伯來語，所有的猶太人都不會覺得困難，因為他們在聽大人的重複交談中，自然而然地就把它給掌握了。

　　學習對於幼兒來說，是沒有好壞之分的。孩子不會知道，記住這些東西有沒有用處，或者說是因為這事不好就趕快把它忘掉。因此，如果光對幼兒講壞的事情，他就會不斷的記住壞的事情。

鼓勵的效果勝過懲罰

　　猶太父母習慣讓孩子做自己認為正確的事，他們從不隨意懲罰或斥責孩子。孩子也不習慣斥責別人，因為他們從未教孩子如何斥責。

　　父母懲罰孩子的目的，是要讓孩子理解，不好的行為源於某種不好的決定，良好的行為取決於某種好的決定。當父母讓孩子感到窘迫時，這種懲罰所製造的不健康感情會讓孩子受到傷害。這種窘迫還會導致孩子認為父母卑鄙或者是不公平。

　　懲罰必須合理。對孩子進行簡單而行之有效的懲罰，要比苛刻的懲罰

更立竿見影。不要因為孩子不肯吃對身體有好處的東西而對他有所限制，拿走他的點心就可以了。

合理的懲罰，會讓孩子瞭解到恰當的行為對他們來說是重要的。

對於孩子反覆發生的不良行為，只有在嘗試過幾種積極的補救措施之後，實施懲罰才是應該的。例如你的兩個孩子吵架，你可以對這兩個吵架的孩子說：「如果你們不停止打架，這個週末你們就別想出去玩。」

指出孩子的不良行為要比懲罰的效果更好。當孩子們相互協作和共用玩樂的時候，使用鼓勵和肯定的態度，會有另一種效果。

對於孩子的不良行為，大多數成年人會首先想到用懲罰來處理這件事，如果用肯定性的回饋來加強不良行為舉止的對立面，會更好些。因為，肯定性回饋使用起來容易得多，也有趣得多。肯定性回饋，能創造孩子們的內在動力。它教孩子自律，並能促成一種健康、愉快的家庭氛圍。

多使用肯定性回饋，強化孩子某種良好行為舉止，例如：

當你的孩子表現良好時，用鼓勵他們的方式獎勵他們。

當你看到你的孩子們在共用某物時，告訴他們，他們應該為自己的相互協作和分享而感到自豪。

當你想讓兩個孩子減少吵架的次數，把注意力集中到他們不吵架的時刻。

如果你的孩子有某種消極的、負面的態度時，那麼獎勵他所具有的積極、正面的態度。不要對孩子的要求讓步。

當他們試圖用某種否定方式引起你的注意時，不要理睬他們。

晚歸的孩子第二天不能外出。

沒有完成份內家務工作的孩子會喪失部分零用錢。

在懲罰孩子時，猶太父母從不當其他孩子的面懲罰孩子。他們會把孩

子帶到一邊。告訴他剛才做錯了什麼，以及他將被懲罰。有時，他們還留在晚上談論這件事情。

在猶太父母看來，懲罰孩子前，自己應先回答以下10個問題：

1.這個懲罰能改變孩子這種不良行為舉止嗎？

2.當我懲罰孩子時，我在生氣嗎？

3.我是在報復嗎？這個懲罰使我的孩子感到羞辱或窘迫嗎？

4.我不生氣時，我能不能懲罰孩子？

5.我是不是先嘗試過肯定性的補救措施？

6.我的這個懲罰能不能教會孩子掌握良好行為方式的技巧？

7.這個懲罰可以減少以後實施懲罰的必要性嗎？

8.這個懲罰是計畫的一部分嗎？我是不是出於衝動懲罰孩子？

9.我對孩子的懲罰是始終一致的嗎？

10.我的這個懲罰是合理和公平、公正的嗎？

猶太父母之所以這樣做，是因為在他們看來，懲罰孩子會帶來以下10個負面效應：

1.把孩子注意力引向不良行為舉止。

2.給孩子製造不愉快感覺，比如憤怒。

3.導致孩子的失敗感。

4.對孩子的自尊有負面的影響。

5.削弱孩子的自信。

6.不能教會孩子信任，有時它還教會孩子恐懼。

7.可能導致孩子絕望。

8.可能會使家庭成員之間的關係疏遠。

9.使孩子沒有勇氣和父母交談。

10.會使孩子對其他人更苛刻。

鑑於以上後果，所以猶太父母在教育孩子時很少使用懲罰。

不要貿然打斷孩子的活動

在藝術創作上具有天賦的兒童都有一個共同點，那就是他們的注意力十分集中，能夠完全投入於他們手頭上的事。當他們非常年幼的時候，如果他們全身心集中於自己的活動，而不能回應或遵從父母作出的指示，通常就會引起他們與爸爸媽媽的衝突。

比如說他們正在看書，他們沉迷於書中，忘記了周圍的世界，對所有的打擾都兩耳不聞。如果父母要叫她去做什麼事，她可能書還在手中，卻不見有半點動靜。但父母一定要記住，孩子天生就有高度集中的注意力，這種注意力能夠幫助他理解他所閱讀的任何東西。

對於這樣的孩子，父母應該順孩子的特點而行，而不是悖逆孩子的個性特徵。

作為父母，在對孩子作出一項指令或是發出一項命令之前，請先設法讓孩子的注意力疏緩下來。給孩子幾秒鐘時間，先讓他從自己全神貫注的事情上轉移開，然後再讓孩子注意父母的要求。

作為父母應該注意的是：

1.不要貿然打斷孩子的活動，即便是在孩子非常年幼的時候也不要這樣做。因為這樣會阻礙孩子的思考。當你的孩子用積木搭建一座盡可能高的塔時，這對孩子來說是一件十分偉大的工程，也是一件十分嚴肅的工作，需要孩子集中全部的精力。

2.如果有事情需要孩子離開，首先要讓孩子完成這項工作，或者說一直等到玩具塔不可避免地倒塌之後，再帶孩子去做別的事情。

3.多給孩子一點時間，以便讓孩子能繼續工作或是繼續玩耍，而不擔心被別人打擾。如果你的孩子正在讀一則故事，請先告訴孩子還剩下多少時間，以便讓他們加快閱讀速度。

在猶太家庭中，父母為孩子要做的是：給孩子一個安靜的閱讀環境。音量過大的音樂、震耳欲聾的電視或是收音機聲、嘈雜的談話聲對天才孩子喜愛從事的思考都是一件痛苦的事情。

左手往外推右手往裡拉

《塔木德》中說：對於孩子，應該左手往外推，右手往裡拉。

孩子希望他們的想法得到每一個人的贊同。他們喜歡證明自己是正確的，而其他人則是錯誤的。

孩子喜歡控制形勢，他們喜歡擁有支配父母的權力。

孩子們對權力的需要是極為正常的。他們把成年人看成是擁有權力的人，他們可以做他們想做的事情。孩子總是讓自己看起來獨立而又有把握，他們認為自己都已經長大了，他們需要權力，也想擁有權力。

在猶太家庭中孩子與父母總會出現類似這樣的爭論：

「今天晚上我想去吃肯德基。」

「今天晚上不行，我希望你能和我們一起吃飯。」

「我已經一個多月沒有去肯德基了。」

「對不起，今晚不行。」

「待在家中也沒什麼可吃的，太沒有意思了。」

「請不要再爭辯了。」

「不行，我想不通，為什麼我不能去。給我一個充足的理由。」

「因為我說要這樣。如果你不停止爭辯，就回你的房間。」

「回房間，這沒有什麼了不起呢？反正我什麼也不想做，也沒有胃口。」

「好吧，這整個星期，你都不能去肯德基了。」

「總有一天我會長大，我想去就去！」

在爭論中大多數父母總是用強調相反的控制來處理權力問題。這不會有作用。控制一個追求權力的孩子，通常會導致孩子和父母之間的僵局或權力之戰。對於父母們來說，永遠也不會得到最後的勝利。

作為父母，一旦發現自己陷入了與孩子之間的權力之爭，就應該努力檢討自己。

如果你的孩子在與爭執中贏得了這場權力之爭，他就會確信自己擁有了權力，是權力帶來的勝利，你是被他的權力所擊敗的。如果是你贏得了這場權力之戰，你的孩子會認為是你的權力導致了勝利，並擊敗了他。這個時候孩子就會再次確認權力的價值。結果導致孩子一次又一次的反擊，所採取的方式一次比一次更為強硬。

作為父母雖贏得了這次「戰役」，但卻輸掉了整個「戰場」。

孩子對權力的需要不是一件壞事。關鍵在於，當孩子以否定的方式使用權力的時候，權力就會變成一個問題。

父母們要知道追尋權力的孩子試圖為所欲為，他們拒絕做父母要求他們做的事情，追尋權力的孩子不喜歡別人告訴他們要做什麼。

一位猶太拉比這樣說：

孩子反抗權威。

孩子會創造規則。

孩子喜歡由自己做主決定完成各種各樣的事情的方式。

不必要的比較最容易傷害孩子

不少父母總覺得自己的孩子不如人家的孩子聰明，不如人家的孩子成績好，也不如人家孩子的用功……

這都是比較出來的結果。這種比較是很傷孩子自尊心的。

有教育學家認為：在家庭教育中，拿自己的孩子和別人的孩子比較，不但會讓孩子反感，而且還會導致他喪失對自己的信心。每個孩子都有自己的個性，每個孩子都應該在自身的基礎上發展，而不是成為別的孩子的複製品。

很多父母認為，拿自己的孩子與別人的孩子比較，可以讓自己的孩子向別人的孩子學習，讓自己的孩子得到某些教育。經過比較，孩子各方面的能力就會進一步增強。但事實上卻並非如此，這樣不但不能得到某種預想的效果，反而讓孩子陷入一種自信心的失落之中。

教育學博士塞德茲的好友哈塞先生想讓兩家的孩子來一次競爭，私底下讓兩個孩子比賽。結果除了在體力上小塞德茲不如他的兒子格蘭特爾之外，其他各方面小塞德茲都勝過了他的兒子。這種比賽的結果是讓哈塞先生的兒子格蘭特爾失去了自信，因為哈塞先生老是指責兒子各門功課都不如人家。

小格蘭特爾陷入了一種可怕的悲觀之中，功課不但不比原來好，反而

是一落千丈。另一個更為重要的傷害是格蘭特爾臉上再也沒有笑容，變成一個沉默的孩子。因為他覺得自己太笨了，不好意思見朋友，於是整天把自己關在屋子裡。

出現這個問題，哈塞先生不得不請教塞德茲博士。塞德茲博士的解決辦法是，讓孩子正視現實，告訴他事情的真相。塞德茲博士告訴格蘭特爾，他的學習成績之所以不理想，是因為他不用功記憶單詞，不願意動腦子思考數學題，這些困難都是他自己能夠解決的，而且他是一個聰明的孩子，一定能恢復自信，取得進步。

塞德茲博士還告訴格蘭特爾：一個人的進步不是一朝一夕可以做到的，之所以趕不上，那是因為努力不夠，當然需要的時間也不像格蘭特爾所想像的那麼長，只要努力，再總結一些學習的經驗，找到適合自己的學習方法，一切都會變得好起來。

從此之後，格蘭特爾不再像以前那樣灰心喪氣了。他每天都非常勤奮地讀書，並時常與自己的朋友們一起討論數學問題。沒過多久，這個孩子的成績有了很大的進步，而且還像以前那樣樂觀並充滿了自信心。

父母拿孩子與別人的孩子作比較是有害的。在這種比較之中，其中較強的一方會因為優越感容易產生驕傲的心理，或者變得過分有野心。為了保持自己的領先位置而提高對自己的要求，設置高不可攀的目標。如果不達到這個目標，就認為自己也是一個失敗者。這樣，孩子就會始終處於非常緊張的狀態之中，極不利於孩子的成長。

在這種比較中較差的一方會更糟糕，他會覺得自己什麼都不行。如果孩子付出了努力，還是無法超越他人，他就會覺得自己能力很差，什麼也做不好。

不要拿自己的孩子與別人的孩子相比較，這樣不利於孩子的成長。

每個孩子都是神聖的

《塔木德》中有一句極為睿智的格言：「人類有三個朋友：小孩、財富、善行。」

這裡的人類當然應當理解為猶太民族。這句格言告訴我們的是猶太民族的三個根本關注點：小孩是民族的肉體存在，善行是民族的精神存在，財富是民族的現實存在。

猶太人的一則典故是這樣說的：

當初，上帝要把「十誡」授予猶太民族時，曾要求猶太人做出保證，他們必能守護律法。於是，猶太人首先以最早的偉大祖先，如亞伯拉罕、以撒、雅各等名字起誓，一定守護「十誡」。

然而，上帝認為不夠。

猶太人又以他們日後所能獲得的一切財富起誓。

上帝還是認為不夠。

猶太人又以所有猶太人所生的哲人的名字起誓。

上帝仍嫌不夠。

最後，猶太人說，一定會把「十誡」傳給孩子，並以孩子起誓。

這時，上帝終於說道：「好！」

這樣的寓言，只有一個長時期在血與火的急流中跋涉而隨時會遇到滅頂之災的民族，才構思得出來。只有當一個民族清晰地意識到，自己的未來和一切希望都寄託在孩子身上時，才會給孩子帶上這樣一輪光環，使孩子幾近於神聖。

從這樣一種「孩子神聖」觀念出發，猶太人的家庭成了名副其實的

「孩子的王國」。

當孩子還在母親的子宮裡的時候，就已受到全家的特殊照顧。猶太人有一條規矩，孕婦應當享受特殊待遇，必須讓她吃得好。在貧窮人家，甚至寧可大家挨餓，也不能讓孕婦餓著。

孩子一出生，就成了家庭的中心。用《塔木德》的話來說：「一歲是國王：大家集合起來，像服侍國王一樣哄他，取悅他。」

兩歲前打手兩歲後握手

在猶太家庭中，「教育」一詞在很多人看來多少有一種強制性的味道。在他們看來，嬰兒樂於接受什麼，厭惡什麼，母親應該知道，這才是作為母親理應知道的事情。

比爾是一個讓母親感到失望的孩子，但這個孩子有一個最大的優點——當母親說故事給他聽時，他就一動不動地趴在母親的腿上，聽得十分認真。比爾的母親為了使孩子能安靜一會兒，每天總是用故事來引誘他。天長日久，母親的故事激發了比爾求知的欲望，他的學習成績不知不覺好了起來。後來他順利地進入了大學，並成了全校的優等生。

比爾後來回憶他的成才經歷時說：「母親的故事拯救了我！」

母親的職責就是觀察孩子的好惡，給予孩子所要求的刺激，如果母親強迫孩子接受他不感興趣的事物，只會產生負面的作用。

在生活中母親的言語、心態、動作會很敏感地傳給孩子，形成孩子的能力與性格。母親的日常生活狀態，就是對孩子的身教。母親教給孩子的某種事物，固然是教育的手段之一，但不是所有的教育方式。

教育家曾說過：沒有什麼比不用強制壓迫，而給予正當動機的教育，更能收到良好的教育效果了。唯有父母用心給予孩子深切的理解，才是正確的教育。

採取強制或勉為其難的方法教育孩子是最有害的。在童年期的兒童，特別容易受到暗示教育的影響。這個時期正是父母悄悄用自己的意志激發孩子意志，使他們發生變化的關鍵時期。

兩歲前要打孩子的手，兩歲後就得握住孩子的手。

東西方的教育方式有著一定的差異。在猶太教育中如果一個孩子調皮不聽化，媽媽是絕對不會遷就他的，會先叱罵小孩，繼而打他的屁股，然後，也不管孩子是哭是鬧，不再去理會孩子。這同時也是西方的一大教育特色。

這件事如果發生在東方，母親的這種行為一定會被理解為冷漠，一定會被譴責。可是在猶太民族中這是一種極為正確的教育行為。在他們看來，孩子在兩歲以前，腦組織尚未成熟與定型，大人對他施以動物性的反覆管教，深具意義，而能做好這件事的卻只有「管教嚴格的媽媽」。

在教育孩子中，作為父母必須知道，孩子不會拒絕大人施予的各種方式。在動物性管教期間，孩子大約在兩歲之後就會有他自己的意志。這時候，也就是母親停止做「嚴於教養的媽媽」的時刻。如果到了這時，仍然無視孩子的意願，一味要他照著母親的意思去做，勢必引起孩子的反抗心理，一番熱心教育的功夫都屬白費。

孩子到了自我意識形成之後，也就是孩子兩歲以後，嚴厲的媽媽就當是一個溫和慈祥的母親，這才是理想的媽媽形象。當然，以後，隨著孩子長大，教育的方式也要隨之改變。

給予什麼就形成什麼

　　嬰兒的早期教育是一種追隨教育。在幼兒初學的關鍵期，一旦喪失了適當的教育，其損失將是無法彌補的。嬰兒在出生時，其大腦皮質的以下部分與成人已經相差不大了，但大腦皮層還需要繼續發育。

　　在耶路撒冷有一個叫艾尼克斯的孩子，他在幾個月大的時候大病了一場，昏迷了24小時之久。醫生斷言可憐的艾尼克斯的腦子已經受到嚴重的損害。可是他的父母沒有被醫生的話所嚇倒，他們所要作的是如何讓有病的孩子具有學到知識的能力，如何讓孩子擁有想像的能力。

　　只要不讓孩子這種智力消失還是有希望的。

　　艾尼克斯父母經過種種努力以及對孩子的永不放棄，使艾尼克斯在16歲時成了一個才華出眾、反應敏銳、成績優異的樂隊指揮。

　　很多猶太教育家都有這樣的看法：一個人的事業、社會地位、婚姻和財富，並不取決於某種單一的因素，智商高的人不一定成功。同樣，智商不高的人不一定不成功。但可以肯定的是，智商的高低恰恰與早教有著極大的關係。家庭是孩子學習與教育的起點。

　　嬰兒時期的孩子猶如一張白紙，又如同瓷器，小的時候就形成了他一生的雛形。幼兒時期就好比是製造瓷器的黏土，給予什麼樣的教育就會形成什麼樣的雛形。

　　教育必須由出生那天開始進行，因為嬰兒從生下來那天開始就像吸入空氣一樣在吸收著知識，這個時候就應該把知識與空氣一同給予他。只有這樣，他的成長才是健全與完善的。

　　一個人在成長過程中，是具有某種智慧發展最佳時期的。這個時期對

孩子的將來有著關鍵性作用，作為父母，千萬不能錯過孩子的這一時期。如果抓住了時機，就是為孩子抓住了成功。

每天讀書給孩子聽

即使孩子已經能夠自己閱讀，也還要讀書給他聽。有家長與他一起度過這段親密時光，他們仍然會從中得到很多快樂。

猶太人重視學問、重視智慧、重視教育，在這些文化傳統的影響下，以「書的民族」著稱的猶太人對讀書有一種特殊的愛好。

古時候，猶太人的墓園常常放有書本，他們認為，在夜深人靜時死者會出來看書。生命有結束的時候，求知卻無止境。猶太人家庭有一個世代相傳的習俗，那就是書要放在床頭。誰要是把書放在床尾，就會被人們認為是對書不敬。猶太人教導孩子讀書的同時，還經常把世界上成功人物的愛書故事講給孩子們聽。

在猶太人看來，如果孩子發現讀書是一種有趣而且順利的體驗，那家長就更應當在他心中植入讀書的欲望。家長應該每天讀書給孩子聽，並養成定時讀書的習慣。家長應選擇有趣味性的書給孩子看，比如那些惹人喜愛的有漂亮插圖的圖書。孩子們喜歡有人物、場景以及他們熟悉的事物的圖畫和照片。同樣，他們也喜歡動物圖片。童話故事對孩子們來說是很有魅力的。它能促進孩子們的抽象思考和創造性思考能力。這些書一定要多讀給孩子。

此外，父母還要教導孩子愛惜書籍，保持書的整潔、美觀，把書放在孩子房間裡低矮的書架上以便於他們翻閱。

海鴿 文化出版圖書有限公司
Seadove Publishing Company Ltd.

作者	趙凡禹
美術構成	騾賴耙工作室
封面設計	斐類設計工作室
發行人	羅清維
企畫執行	林義傑、張緯倫
責任行政	陳淑貞

成功講座 363

塔木德

出版	海鴿文化出版圖書有限公司
出版登記	行政院新聞局局版北市業字第780號
發行部	台北市信義區林口街54-4號1樓
電話	02-27273008
傳真	02-27270603
e - mail	seadove.book@msa.hinet.net

總經銷	創智文化有限公司
住址	新北市土城區忠承路89號6樓
電話	02-22683489
傳真	02-22696560
網址	www.booknews.com.tw

香港總經銷	和平圖書有限公司
住址	香港柴灣嘉業街12號百樂門大廈17樓
電話	（852）2804-6687
傳真	（852）2804-6409

出版日期	2020年08月01日　一版一刷
	2024年02月20日　一版二十刷
定價	380元
郵政劃撥	18989626戶名：海鴿文化出版圖書有限公司

國家圖書館出版品預行編目資料

塔木德：猶太人的致富寶典／趙凡禹著--
一版，--臺北市：海鴿文化，2020.08
面；　公分. －－（成功講座；363）
ISBN 978-986-392-321-3（平裝）

1. 民族研究　2. 猶太民族　3. 成功法

536.87　　　　　　　　　　　　　　109009715